リーダーシップは
みんなのもの

フェミニズムから考える女性とリーダーシップ

ジュリー・E・オーウェン
Julie E. Owen

和栗百恵 訳
泉谷道子
河井 亨

WE ARE THE LEADERS WE'VE BEEN WAITING FOR
Women and Leadership Development in College

ナカニシヤ出版

この本を、わたしに世界を見せてくれた母、
コンスタンス・エイキンス・オーウェンに捧げる。

そして、より公正で公平、非暴力的で持続可能な世界の創造を目指す全ての人びと、
なかでも特に、過去 10 年間の「女性とリーダーシップ」授業 * 履修生たちに。

* ジョージメイソン大学統合的・実践的研究（Integrative Studies）科目群内の授業のひとつ。

○凡例

・引用されている文献は、邦訳がないものは訳者によって訳し、邦訳があるものについては
　原則として邦訳を使用した。
・訳者が補った部分は〔　〕で囲み示した。
・原文にてイタリック等で強調されているところについては訳文ではゴシック体および傍点
　にて表現した。
・各章のタイトル・見出しについては、原著者の了解のもと、原文の内容をふまえつつアレ
　ンジしている箇所がある。
・読みやすさを優先して、意味を変えることなく体裁を整えた部分がある。

目　　次

日本の読者のみなさんへ　　7

はじめに：2人のリーダーシップ教育研究者が語る『リーダーシップはみんなのもの』　11

感謝のことば　17

第1章　待ち望んでいたリーダーはわたしたち …………21

フレーミング：本書が拠って立つ考え方　25

ここから先のこと　31

第2章　いまこそ、女性「と」リーダーシップ …………35

女性とリーダーシップの現在　35

"F" ワード：フェミニズム　36

女性をとりまく社会的・歴史的文脈　38

リーダーシップ研究の社会的・歴史的文脈　42

ジェンダーの社会的構築　47

リーダーシップの社会的構築　52

批判的に考察すること　53

ナラティブの力　58

第3章　リーダーとしての「わたし」とは、いったい誰？
アイデンティティ、インターセクショナリティ、効力感が
リーダーシップの発達に果たす役割 ………………………63

リーダーシップと自己認識　66

セルフ・アウェアネスを深める方法　72

アイデンティティとインターセクショナリティ　79

リーダーシップ・アイデンティティ　83

リーダーシップへの効力感、キャパシティ、意欲、実行　87

自己を超えて考える：先駆者、焚きつけ役、継承者　90

| 3 |

第4章　どうしてこうなった？

ジェンダーの社会化が形づくる女性リーダーの姿··············97

女子たちとリーダーシップ　98

ジェンダーの社会化　102

社会化のサイクル　112

ジェンダー社会化の負の影響　114

健全なジェンダー社会化をどのように支援できるか？　118

女子たちと若い女性のリーダーシップの取組を支える　121

第5章　フェミニン、それともフェミニスト？

キャンパスやコミュニティで展開される
リーダーシップへのアプローチ··············127

女性と高等教育：その歴史　128

大学キャンパスにおける女性とリーダーシップ：問題点　131

キャンパスにおける女性とリーダーシップ：さまざまな組織や団体　144

女子学生をサポートする全米組織　151

大学でのリーダーシップへのアプローチ：フェミニンからフェミニストへ　151

第6章　「違うこと」はどんな違いを生み出すのか？

ジェンダーの代表性（男女比率）とリーダーシップに
ステレオタイプ、偏見、差別が与える影響··············157

わたしたちは今どこに？　女性比率について　158

「不在」の結果、何が起こるのか？　167

ステレオタイプ、偏見、差別に対して何ができるのか？　180

第7章　組織・システムを歩む

女性とリーダーシップにまつわる多様な比喩··············185

女性とリーダーシップにまつわるメタファー　185

女性の非線形のキャリアパス：退場と再入場と……　194

昇進を阻むもの：個人的な問題（なのか？）　198

昇進を阻むもの：組織的な障壁　202

ジェンダー平等のための戦略：個人として　204

ジェンダー平等のための戦略：組織的な取組　207

目　次

第8章　あやうい「お立ち台」に気をつけて

リーダーシップを脱ジェンダー化する················213

伝統的なリーダーの典型　*215*

リーダーシップにジェンダーによる違いはあるのか？　*217*

女性とパワー　*220*

リーダーシップの「偉大なる女性」論：ポジティブなステレオタイプとあやういお立ち台
の問題　*222*

リーダーシップと交差するアイデンティティ　*225*

リーダーシップの脱ジェンダー化　*232*

第9章　女性とリーダーシップを再想像するために

その戦略、仲間たち、そしてクリティカルな希望について···············239

社会変革運動におけるフェミニストなリーダーシップ　*240*

社会変革のためのリーダーシップ手段：アクションの分類　*242*

解放のサイクル　*242*

アライ形成：仲間たちを持とう　*248*

ノン・フェミニストの他者にどう対応するか　*253*

アクティビストとしての燃え尽きを避ける　*255*

クリティカルな希望を持ち続ける　*256*

用 語 集　*261*

訳者あとがき　*273*

文　　献　*279*

索　　引　*294*

日本の読者のみなさんへ

　一通のメールがいかに人生を変えうるか……不思議で、素晴らしいことです。「日本の福岡からこんにちは！」という件名のメールが届いたのは、2022年9月のことでした。福岡に知り合いはいないのに（義理の姉が何年も前に福岡に住んでいましたが）、と思いながらとりあえずメールを開いてみると、福岡女子大学の女性リーダーシップセンターによる興味深い活動が記されていました。これが、今では親愛なる友人となった和栗百恵さん、泉谷道子さん、河井亨さんとの出逢いでした。この3名の研究者たちは、日本の大学教育における解放的リーダーシップ開発、特に女性のリーダーシップ効力感と能力（キャパシティ）を高めることに関心を持っていました。女性とリーダーシップについての語られ方をより包摂的（インクルーシブ）なものとするために、さまざまな取組を仕掛けようとしていたのです。

　その第一歩として、わたしたちは、日米間の協力関係（パートナーシップ）を築きました。女性とリーダーシップ、そしてより広い意味でのリーダーシップというものが、西洋が理想とする個人主義、植民地主義、帝国主義、資本主義、家父長制によっていかに形づくられているか探るために。日本では早朝の、そしてわたしがいる米国東海岸では夜遅くの時間にZoomで会話を重ねました。この会話にわたしはもう1人の人物を招き入れました。それは、日米それぞれの文化や文脈を行き来しながら、インターナショナル・リーダーシップについて画期的な研究をしている、わたしの親愛なる友人そして同僚である山中葵さんです。本書では、異なる文化の中でのジェンダー化されたリーダーシップ経験を綴った彼女のナラティブを取り上げているのですが、彼女もすぐにわたしたちのパートナーシップに加わりました。国際的な文脈におけるインターセクショナリティ、アイデンティティ、リーダーシップ、異文化間リーダーシップ研究や実践への統合的アプローチ、よりよい未来のためのリーダーシップ開発に向けた深く持続的なパートナーシップの構築について、話し合いを重ねました。

　次のステップは、わたしたちの協働から生まれた学びを発信するというものです。2023年1月、モモ、道子、亨の3名が発起人となったWALP（女性「と」

リーダーシップ教育研究プロジェクト）の第1回セッションを開催、わたしが話題提供者として招かれました。続く5月の第2回セッションには葵が登壇。これらのセッションに参加してくれたのは、「リーダーシップ」を問い直したい大学教職員や学生・院生、そして企業に勤める人たちでした。さらにわたしたちは、同年秋にはバンクーバーで集い、ILA（International Leadership Association）年次大会で発表したのです。これが初めて対面で会う機会でした。たくさんのハグを交わし、日本のおみやげ文化の洗礼を受けました。このILAでのセッションで、参加者はフェミニスト・リーダーシップと日本の文化の相互作用について議論しました。直近の2024年5月には、モモのかつての教え子であり優れたリーダーシップ研究者でもある岡村利恵さんとWALPのコラボ企画が東京大学多文化共生・統合人間学プログラムの協力のもと開催されました。女性とリーダーシップに関する国際シンポジウムです。ここには、モモとわたしに加え、米国の著名なリーダーシップ教育者であるケリー・プリーストさんとサダナ・ホールさんが加わり、リーダーシップ・アイデンティティやリーダーシッププログラム開発について検討しました。

　そしてこの本が、パートナーシップの第3ステップです。モモ、道子、亨の翻訳作業、そしてナカニシヤ出版が刊行を引き受けてくださったおかげで、日本語版が現実となったのです。本書には、直接的な翻訳が可能な部分もあれば、特定の慣用句や米国の大学や職場の様子など、直訳では意味が通じにくいものもあります。そのような複雑な概念を日本語で届けられるよう尽くしてくれたことに、心から感謝しています。

　『リーダーシップはみんなのもの』原著は、リサーチへの協力や多声性を差し出してくれた、多様で賢明な学部生・大学院生女性グループの協働と知的貢献のおかげで存在しています。実は、本を書くべきだと最初にわたしに言ってくれたのは学生たちだったのです。わたしが担当する「女性とリーダーシップ」授業のために書くべきだと。学生たちは、米国企業文化における女性の功績を扱った論文や記事にうんざりしていました。社会的起業、政策立案や政治、アクティビズムなど、今日の学部生の多種多様な志やキャリア目標への視点が取り上げられていないと感じていたのです。わたしは、女性とリーダーシップに関する狭い見方を正していくのが自分の使命だと感じました。同時に、交差するアイデンティティがリーダーシップ役職の女性に及ぼす影響に

関する最近の研究を取り上げたいとも思いました。リーダー地位における女性比の低さだけに焦点を当てるのではなく、より大きな家父長制的抑圧システムの中に女性がどのように組み込まれているのか、そしてパワーと特権の役割についても掘り下げたいと考えました。そして、今日の大学生にとって興味が持てるようなものをつくりだしたいとも思いました。執筆にあたっては、矛盾や対立する見解が提示される可能性があることを示しながら、女性とリーダーシップについて読者が自分なりの意見や哲学を持っていくことを促したいと考えました。本書が読者のみなさんにとって、刺激的な提案となることを願っています。その提案とは、ジェンダー二元論的な概念に挑むこと、差異の概念を複雑化すること、リーダーシップを脱ジェンダー化すること、フェミニンなアプローチからフェミニストなアプローチに移行すること（Shea & Renn 2017）、リーダーシップの効力感、キャパシティ、実行との相互関連性に着眼すること、そして公正で公平、人道的な方法でリーダーシップを実行するための具体的な戦略と方法で締めくくる、というものです。女性のリーダーシップは世界のあらゆる悪に対する解毒剤だと言うと、力づけられるようでいて、真実はもっと複雑です。よりインクルーシブで平等なありようを実現するためには、男性、女性、そして二元論的なジェンダーのレッテルを超えたアイデンティティを持つ全ての人びとの力が必要なのです。

　わたし自身が本書を書くにあたって感じたような歓びや洞察を、本書がみなさんにもたらしますように。わたしたちは、みなさんこそが待ち望んでいたリーダーであると考えています。みなさんのジェンダーアイデンティティ、国籍、文化にかかわらず、リーダーシップの効力感、キャパシティ、意欲を見出していけますように。そして、みなさん一人ひとりに、深い学びと生涯の友情につながるようなメールを開く機会がありますように。女性のリーダーシップとジェンダー正義のための闘いは長丁場です。その旅路において、素晴らしい協働者がいてくれることは大きな助けになります。

共に在りながら

ジュリー

2024 年 5 月 20 日

はじめに
2人のリーダーシップ教育研究者が語る
『リーダーシップはみんなのもの』

○ヘザー

　ジュリー・オーウェンに初めて会ったのは、20年近く前、ACPA（学生支援の専門職団体、American College Personnel Association）の大会に参加したときのことです。キャリアをスタートしたばかりのわたしは、ACPA内の一委員会に所属しました。ジュリーはメリーランド大学のスーザン・コミベスのもとで研究する博士課程の学生だったのですが、わたしを委員会に温かく迎え入れてくれたのです。その後、共通の友人がいることで連絡を取り合ったり、カンファレンス等で行き会うと声をかけてくれたり（彼女独特のスタイルで！）、わたしのキャリア展開に関心を示し、新しい機会に目を向け続けるよう励ましてくれました。この間、全米リーダーシップ・プログラム・クリアリングハウス（National Clearinghouse of Leadership Programs: NCLP）やリーダーシップに関する多機関合同研究（Multi-Institutional Study of Leadership: MSL）、さまざまなリーダーシップ・モデルや学生向けリソースに関するジュリーの研究や実践を見てきました。また、リーダーシップ開発における女性のニーズに応える研究者の一人としても注目してきました。ジュリーは、この仕事において常に代弁者であり、リーダーであり続けてくれました。

　キャリアを積んで大学の女性センター長を務めていたとき、女性のリーダーシップに関する既存の文献や女性のリーダーシップ開発イニシアティブのほとんどが、伴走していたフェミニスト学生団体にマッチしないという現実に直面しました。それらフェミニスト学生団体のリーダーのほとんどは、協調的で、あらゆる視点を受け入れ、相互依存的……ではなく、競争的かつ階層的、自主独立的、であるという興味深い現象を目にしていたのです。そこで、担当していた女性のリーダーシップとメンタリングの授業で使えるようなリーダーシップの教科書がないかと探し始めました。

　しかしすぐに、「女性のリーダーシップ」を扱う文献の内容――その後、リーダーシップのフェミニン・モデルと呼ぶようになったもの――にうんざり

してしまったのです。これらのモデルは、女性がリーダーシップに取り組む際の重要な側面としての伝統的なジェンダー役割に言及するだけではなく、それを奨励するものでした（まるで、全ての女性に適用できる唯一のスタイルがあるかのように）。もしくは、女性リーダーが「男性」の世界に適合していくために、階層的で競争的なリーダーシップ・スタイルを効果的に発揮できるよう女性を**作り変える**・「エンパワーする」ものでした。これらのモデルは、適用範囲が極めて限定的であるだけでなく、ジェンダー二元論（女性と男性のリードの仕方は別物）を駆り立てていたのです。

　大学生向けのリーダーシップ開発の資料にあたると、立場上のリーダーシップ（役職や権限によるリーダーシップ）ではなく、社会正義、社会変革、関係性の概念を取り入れた、相互依存を奨励する魅力的なモデルがありました。それでも、女性のリーダーシップ経験を、直接あるいは意図的に中心に据えたものはありませんでした。

　そこで、「フェミニスト＋リーダーシップ」というキーワードで検索したところ、フェミニスト・アプローチを取り入れた別な文献群（ジュリーが本書で引用している著者によるもの）が見つかり、授業に取り入れようと思い立ちました。しかし、これらの法律文書や学術文献は、大学生にとっては難解で、魅力的でないことがすぐにわかりました。フェミニスト・アプローチを取り入れたリーダーシップの文献で、（a）大学生にアピールでき、（b）フェミニストなリーダーシップという観点から女性の経験を具体的かつ意図的に検討したもの、を探し続けましたが、見つけることはできませんでした。

○クリス

　ジュリーのことを初めて知ったのは、彼女の研究を通じて、でした。わたしは学生リーダーとアイデンティティ発達について（その2つを直接結びつけてはいなかったものの）研究していたので、ジュリーがスーザン・コミベスと共にリーダーシップ・アイデンティティ発達の新しいモデルを発表したACPAの会議に参加したのです。「リーダーシップ・アイデンティティの発達って？」と、ジュリーやスーザンと研究仲間たちが論じていることを聞かずにはいられませんでした。セッションはとても興味深いもので、もっと考えるためにそこにあった資料を手に取りました。そしてその2、3か月後に、スーザンにメー

ルを送ったのです。その配布物に示されていたモデルはどのように引用したら
いいか、そのモデルがいつ、どこから論文として発表されるかと。そのモデル
を用いて、アイデンティティに基づく学生組織のリーダーに関する研究、そし
て LGBTQ の学生リーダーの研究を行いました。ジュリーの MSL の研究もま
た、学生のリーダーシップについてわたしの理解を深めてくれました。

　あなたが手にしているこの本をジュリーが書いていると聞いたときにも、驚
きませんでした。ヘザーとわたしが感じたように、この本は、実に濃密で、挑
戦的で、力づけてくれるものだとあなたも感じることでしょう。ヘザーと同じ
ように、わたしも、女性のリーダーシップ、フェミニストなリーダーシップ、
女性リーダーについて考え、教えるための新しい方法を探していたのです。ヘ
ザーやジュリーがそうするのと同じく、「誰が女性か（誰がそうではないか）」と
いう二元論的認識を崩す、ジェンダー拡張的なスタンスで。

○ヘザーとクリス

　数年前、『New Directions for Student Leadership』誌の「ジェンダーとリー
ダーシップ」号に、最終章「行動を、起こそう」（Shea & Renn 2017）を寄稿す
ることになったときのことです。その章では、ジェンダーが概念化される様子
と、それがリーダーシップ教育・開発にどのような影響を与えるかを論じたの
ですが、書き終えた際、リーダーシップにおける女性の経験を扱った学生向け
の資料がほとんどないことを嘆いていました。当時、親しみやすくも挑戦的
なテキストを求めるであろう読者には、ぴったりくるものがなかったのです。
ジュリーの本が出版されると聞いてわくわくし、さらにはプレビューの機会を
得られたことに感謝しています。「はじめに」の執筆者として、ジュリーの本
書『リーダーシップはみんなのもの』は、わたしたちが待ち望んでいた学生
リーダーシップの教科書であると断言します！

　本書は、以下に挙げるようなたくさんのことを同時に成し遂げてくれていて、
それが、本書を学生にとってもリーダーシップ教育者にとっても唯一無二の本
にしています。

　まず１点目。学生の生の声を用いたという点で、特に大学生に役立つものだ
ということです。オートエスノグラフィーの手法を用いて集められた、多様な
視点やバックグラウンドを持つ学生のナラティブとカウンターナラティブは、

各章で扱うトピックに深みと豊かさを与えています。レジリエンスを体現したような力強い物語もあれば、そこに書かれた差別や暴力から読むのが辛くなるものもあります。全ての物語は、ジュリーが述べるように、「女子学生やジェンダーノンコンフォーミングな人たち一人ひとりによって生きられた経験のありのままの表現」（本書 p. 27）です。学生たちの人生の語りは、本書で解説されている概念を応用・理解するのを助けてくれることでしょう。わたしたちは、学生たちの声が取り上げられていること自体が、フェミニストなアプローチだと考えます。第 2 章でジュリーは読者に、「自身の物語の書き手になる」モデルを提供しています。それは、リーダーが、自身のジェンダー理解やリーダーシップの歩みがどのような経験によって形づくられているかを理解するために重要なステップとなります。

2 点目。本書は、交差する複数のアイデンティティ、批判的意識、そして大学生の成長理論から論じられていることです。学生向けのものも含め、女性のリーダーシップに関する多くの本が、主に白人女性リーダーによって、白人女性リーダーのために書かれてきた、というジュリーの意見にわたしたちは同意します。多様な背景やアイデンティティを持つ女性の経験や関心を中心に据えることによって、インターセクショナルな検討を可能とする場が生まれます。また、リーダーシップ文献の中に、別な潮流（counterspace）も生み出せます。さらには、あらゆる性別、人種、民族、そのほかのアイデンティティを持つリーダーが存在する世界の可能性を示すモデルとなります。

3 点目。ジュリーが本文で、そしてヘザーが先ほど説明しているように、本書は「女性「と」リーダーシップ」と 2 つの言葉に分けることで、「女性「の」リーダーシップ」というジェンダー化された概念を複雑化・多元化させている、という点です。女性「の」という所有格の存在は、読者の「リーダーシップ」理解にどのような制限をかけているでしょうか。倣うべき、普遍的な「女性」のリーダーシップなどありうるのでしょうか。本書では、「フェミニンな」リーダーシップ対「フェミニストな」リーダーシップという概念も掘り下げています。それはヘザーが仕事でフェミニスト学生団体とかかわった経験に照らしても、差し迫って必要とされていることです。

そして 4 点目。リーダーシップに効果的に取り組んでいる女性が、SHE-ro〔Hero に対して She-ro〕としてお立ち台の上に載せられるべきではない、という

素敵な考え方です。リーダーシップは、よい変化をもたらすための集団内の日常的なかかわりの中に存在するものです。自分自身を「リーダー」と認識したいか否か（「女性」と認識したいかも同じく）、そのどちらにせよ、日常の中のリーダーシップというアプローチは、グループで活動する学生たちには極めて有益なものとなることでしょう。

　本書は、リーダーシップにおける女性の経験に興味がある学生、そして、そのような学生と向き合う教育者にとって役立つものです。あらゆる状況下のリーダーシップ教育者にとって有用であり、特に女性の経験を中心に探究したい人にはもってこいのものです。また、学生支援担当の大学職員にとっては、さまざまな支援業務にも応用できるうえ、専門家としての職能開発や興味関心の探求という観点からも有益なものです。リーダーシップを教える授業を担当している、あるいは学生団体の顧問をしている教員にも役立つものです。キャンパス内外のアクティビストは、インスピレーションやチャレンジ、共鳴を見出すことでしょう。

　本書にも一貫して表れている、2017 年の「行動を、起こそう」での主張をここに改めて記します。学生リーダーやリーダー教育者は、権力構造を覆すこと、「違い」を単純化させるのではなく複雑化・多元化させること、そして社会変革を実行していくことが極めて大切です。本書においても明らかなように、学生リーダーは、いつも特権集団から出てくるわけではないものの、リーダーシップ・ポジションは（正式であっても、正式ではなくても）他の学生たちが持たない特権を有するものです。この特権を、社会正義のために使うことが必要なのです。

　読者のみなさんにこの重要な本を紹介する機会を与えてくれたジュリーに感謝しています。そして、リーダーシップ教育文献において本書が果たす役割に期待します。これこそ、わたしたちが待ち望んでいた本であり、学生のリーダーシップを応援するムーブメントなのです。

ヘザー D. シェイ　クリステン A. レン

（ミシガン州立大学）

感謝のことば

　この本を構想・執筆する過程で力を尽くしてくださったみなさんに、感謝のことばを捧げます。極めて優秀な研究チームの学生たち、アーリヤ・ファビジャン、アーネル・フランシス、シャレル・ハッセル゠グッドマン、チア・マクリジョーゴス、キャサリン・クイグリー、ルーカン・サイード、アオイ・ヤマナカ。そして、ダイアナ・フェルナンデス、カーリア・ハリス、シャノン・ネイキン、ケリー・パーテル、ショーナ・リゴード、エミリー・ボーン、ミシェル・ウォーラーステッド。ストーリー、洞察、そして励ましをありがとう。みなさんがこの仕事の土台であり、理由なのです。

　『Women and leadership development in college: A facilitation resource』編著者のジェニファー・ピッツアほか才能ある多くの執筆者のみなさんの知恵とクリティカル・ペダゴジー（批判的教育実践）へのコミットメントにも感謝しています。特にジェニファーには、執筆という長い旅における同志、カウンセラーそして支持者でいてくれたことを。

　クリティカルな読者そして賢明な友人であるエイドリアン・ビットン、ダニエル・レイノルズ、トリシャ・テイグ、そして学生編集者たち。そのうち特にギリー・ケリーとアーリヤ・ファビアン、お2人の時間と才能という贈り物に、ずっと感謝し続けることでしょう。おかげでこの本はよりよいものになりました。わたし自身が弱さをさらけ出す試行をさせてくれたこと、そしてこの本をよりインクルーシブで読みやすくするために熱心でいてくれたこと、ありがとう。

　わたしを客員研究員として迎え、この仕事のための場とインスピレーションを与えてくれたフロリダ州立大学リーダーシップ学習研究センターの教職員と学生のみなさん。特に、ジェニー・バチェルダー、キャメロン・ビーティ、ブリトニー・ブルースター、ビベッカナンド・チュノー、ブリトニー・デビース、ジェシー・フォード、キャシー・ガスリー、ジュリー・ルブラン、マリアンヌ・ローレンソン、ローラ・オスティーン、マリッツア・トーレス、サリー・ワトキンス。

ジョージメイソン大学、同大学人文社会科学部（College of Humanities and Social Science）、そして統合的・実践的研究学環（School of Integrative Studies: SIS）エグゼクティブ・ディレクターのケリー・ダンには、研究休暇取得や本書執筆にあたっての支援をいただきました。スザンヌ・スコット・コンスタンティン、キム・イービー、マーシャ・グエンツラー゠スティーブンス、エリザベス・ミラー。同大学3つのキャンパスで女性とリーダーシップ科目を創出・先導してくれた専門知識は不可欠なものです。SIS のパワフルな女性たち、特にわたしの信愛なる友であり同僚であるシェール・チェン、パメラ・ガーナー、エリザベス・フリーマン、ミスティ・クレル、ナンシー・ルーカス、ドゥヒタ・マハトミャ、ウェンディ・マヌエル゠スコット、シェイナ・マスケル、パティ・マティソン、グラッチエラ・マッカロン、ジュリア・シャドゥール、ステファニー・ズィアー。たゆまぬサポートをしてくれたフー（ジェイムス）・ジャオにも。

　出版元のスタイラス社のジョン・ボン・ノリング、デイビッド・ブライトマン、チームに、この旅^{ジャーニー}を共にしてくれたことを感謝します。担当編集長のアレキサンドラ・ハートネットの真摯さ、我慢強さ、緻密さがこの本を読めるものとしてくれました。

　米国大学女性協会（AAUW）はその報告書『Barriers & bias: The status of women in leadership』（2016）にも明らかなように、リーダーシップにおけるジェンダーエクイティ実現に向けた息の長いアドボカシー活動をしてくれています。クレイグ・スラックと全米リーダーシッププログラム・クリアリングハウス（NCLP）には、わたしの歩みをずっと支えてもらってきました。

　極めて多くのことを学ばせてもらった、本書に関連する分野の先駆者たちへのわたしの敬愛の念は、本書内の引用に見てとれることと思います。グロリア・アンザルドゥア、ヘレン・アスティン、スティーブン・ブルックフィールド、ブレネー・ブラウン、ジュディス・バトラー、リンダ・カーリ、キンバリー・クレンショー、バーバラ・クロスビー、アリス・イーグリー、ロクサーヌ・ゲイ、ジル・ヒックマン、パトリシア・ヒル・コリンズ、ベル・フックス、クリスタル・ホイト、アドリアンナ・キザー、ジーン・リップマン゠ブルーメン、オードリー・ロード、スーザン・マッツェン、ソニア・オスピーナ、デボラ・ロード、ジャニス・サンチェス゠ヒュークリース、ロザリンド・ワイズマ

ン。そして、リーダーシップ研究に批判性^(クリティカリティ)をもたらしてくれたジョン・デューガン、ペイジ・ハーバー＝カラン、ケリー・プリースト、クリス・レン、ライアン・サッターホワイト、ヘザー・シェイ、ダニエル・ティラポーほかみなさんにも感謝しています。

　大学教育における、わたしの個人的なリーダーシップ・シーロー（SHE-ro）たち。スーザン・コミベス、メリールー・マキュエン、スーザン・ジョーンズ、ジャン・アルミニオ、ナンシー・ルーカス、グレッチェン・メッツェラース。生涯にわたっての友人、そして焚きつけ役でいてくれる、ジョン・デューガン、ジョン・ガーランド、ウェンディ・ワグナー、クリスチャン・シレンテ・スキャンダル。

　わたしの家族。オーウェン家のコニー、ケネス、ローラ、ベネット、そして今は亡き父・ドナルド・オーウェンにも、ありがとう。

第1章

待ち望んでいたリーダーはわたしたち

こんな場面を思い起こしてみてください。

授業のグループプロジェクトでのこと。あなたはそのグループ内、ただ1人の女性。ノートをとるように、という先生からの指示に、メンバー全員があなたを見て、ペンを渡される。

ミーティングでのこと。あなたがいい発言をしたのに、皆にスルーされた。5分後、同じようなコメントをした男性は皆から素晴らしいと褒めちぎられる。

学生自治会役員に立候補するよう友人たちから勧められたものの、しゃしゃり出てると思われたくなくて、断る。

同僚と考えが合わず、反対意見を表明したところ、「生理中?」と聞かれる。

校則通りの格好をしているのに、先生に呼び止められ、「男子の気持ちを乱してる」と言われる。

吹奏楽部で打楽器を担当するのが夢だったのに、楽器決めのとき、顧問の先生からフルートかクラリネットを勧められる。

トイレで、「入る方を間違えているのでは?」と言われる。

読んでいる本について考えながら歩いていると、男性に呼び止められ、「美人さんなんだからもっと笑顔でいた方がいいよ」と言われる。

パーティのためにとっかえひっかえ 15 着も試した挙句、見た目がイマイチなので行くのをやめる。

女性問題に深い関心を寄せていることについて、家族から「フェミ・ナチ」と呼ばれる。

自然保護科学を専攻している私に、ある男性が地球温暖化について説明してくる。

　あなたがこんな状況を経験したことがあるなら、学校や仕事、そして「リーダーシップ」において女性が直面する課題を扱った本の必要性について、説明を必要とはしないでしょう。まだこんな経験をしたことがなければ、周りで何が起こっているか目を凝らしてみましょう。私たちの日常には、あからさまな性差別とともに、先ほど例に挙げた、より微かな、隠された形のステレオタイプや差別も存在しています。そんな差別の中には、一見、好意的なものもあります。例えば、女性の方が思いやりがある、世話好き、聴き上手……といった褒め言葉のようなもの。でもその言葉の裏側を読んでみてください。そんなありがちな褒め言葉は、組織や集団において女性に無償の感情労働をさせているのです。またそれらは、ジェンダーとリーダーシップについて二元論的な考え方を補強するものです。女性は、思いやりがあり協調的、逆に男性は、もともとアサーティブで決断力があるからリーダーシップを発揮するために存在する、というように。本書の目的は、そういった前提を問い直していくことです。「女性のリーダーシップ」ではなく「女性とリーダーシップ」というタイトルにお気づきでしょう。これは、意図的なものです。全ての女性が、同じようにリーダーシップを発揮するわけではないのですから。
　この章の冒頭にある場面は、本書を編むにあたって力を尽くしてくれた研究チームメンバーや調査協力者である、シスジェンダー、トランスジェンダー、さらには、ジェンダーノンコンフォーミングな数十人との会話で明ら

かになった実体験に基づいています。本書のいたるところで、その人たちのさらなる個人的体験談に触れることとなるでしょう。本書のタイトル〔原題〕『We Are the Leaders We've Been Waiting for（待ち望んでいたリーダーはわたしたち）』を決める際にも、その人たちの協力が不可欠でした。2008年の大統領選挙でバラク・オバマ氏が「我々が待ち望んでいたのは我々自身（We are the ones we have been waiting for）」というフレーズを頻繁に使っていたのをご存じの方も多いかもしれません。あるいは、フォーク、ルーツ、ゴスペル、ワールドミュージックを融合させたスウィート・ハニー・イン・ザ・ロック（Sweet Honey in the Rock）の曲から（もしご存じなら、あなたの音楽の好みに拍手！）。あるいは、フェミニスト作家アリス・ウォーカーのエッセイ集や、人権活動家グレース・リー・ボッグスの作品から。私が初めてこのフレーズに出逢ったのは、ジューン・ジョーダンの詩を通じてでした。4万人の女性とこどもたちが集いアパルトヘイトに抗議した1956年の出来事を記念し、1978年8月9日、国連で読んだ「南アフリカの女性のための詩（Poems for South African Women）」です。

　この言葉には、誰かがしてくれるのを待っていては、変化は生まれない、という意味が込められています。より公正な社会をつくるためには、私たち自身の深い関与が必要なのです。この本のタイトルは、あなたへの招待です。私たちが生きる世界でジェンダーとリーダーシップがどのように機能しているのかを他者と共に批判的に検討し、「リーダーシップ」というものをよりインクルーシブに、自分たち自身でつくりだしていくアプローチを描き出していくために。

　本書〔の原題〕には「Women and Leadership Development in College（大学教育における女性とリーダーシップ開発）」という副題がつけられています。本書は、リーダーシップは開発・発達（develop）できる、そしてすべきであるという考え方を基本としているのです。リーダーシップは生来のもので、あるかないかのどちらか、と考えている方には、本書は不向きかもしれません。リーダーシップとは歴史を変えるような偉業を成し遂げた選ばれた少数の人たちだけのもの、という考え方に沿った女性やリーダーシップについての本は、今すぐ、何十冊でも紹介できます。女性リーダーに関する文献の多くは、カリスマ的なエリートヒーロー、女性であればシーロー（Heroに対してSHE-ro）に焦点を当てる傾向があるのです。そのような本は、困難な状況を乗り越えながら

リードし変化をもたらした、強い有能な女性を褒めたたえます。リーダーシップを学ぶにあたって、個人に着目した物語的アプローチは魅力的になりえます。例えば、スーザン・B・アンソニー、ハリエット・タブマン、エレノア・ルーズベルト、ローザ・パークス、より最近であれば、ルース・ベーダー・ギンズバーグやオプラ・ウィンフリーといった人たち。その人たちの歩みから勇気づけられたくないと思う人などいるのでしょうか。とはいえ、多くの大学生がそうであるように、偉大な例に触れると自分自身の才能や能力について不安を覚えることもあるでしょう。「リーダーシップというものが、自分が何者であるか・人生に何を望んでいるかをすっかりわかって行動していることだとしたら、リーダーになんて、到底なれません」とある学生が語ってくれたように。シーローの例から、刺激を受ける人もいれば、諦めてしまう人もいるのです。ロールモデルとされる人のアイデンティティや経験に共感できない場合は、諦めてしまう傾向が強くなります。

　幸いなことに、進化し続けるリーダーシップ研究において、リーダーシップとは、特定の特性や行動を培うこと以上のものであるという認識が定着してきています。リーダーシップは生まれながらにして備わっているものではなく、むしろ、学習されるものであることを示す圧倒的なエビデンスがあるのです。本書は、リーダーシップとは、全てがうまくいっているときにだけ生まれるという前提には立ちません。逆に、私たちは皆、最高の自分になり続けていく（becoming）ためのチャレンジをしていて、時には、誠心誠意臨んでいても悪い結果を生むことがあるという立場をとります。リーダーシップの学びは、リーダーシップ・キャパシティ[1]、意欲、アイデンティティ、効力感、そして実行という複雑な相互作用の中で起こります（Dugan 2017）。さらには、価値観やアイデンティティ発達といった、人間的・対人関係発達の側面もかかわってきます（Guthrie & Jenkins 2018）。リーダーシップ役割やプロセスにおいて、効果的に関与するための能力を拡大するプロセス自体を指すこともあります（Day 2001）。私は、そういった多様な観点を、"leadership development" という言葉に含めています。本書では、ジェンダーとリーダーシップという概念が、どのようにして社会的に構築、展開されてきたかに迫っていきます。読み手は主に大学生を想定していますが、大学での経験のみに焦点を絞っているわけではありません。人格形成期、大学生活、職場など、一生を通じてジェン

ダーが社会化される様子を解説します。また、各章には読者のみなさんご自身のリーダーシップ開発のためのエクササイズ、そして、ジェンダーとリーダーシップを歩む個人的な体験を学生たちが綴ったナラティブを載せています。本書は、全ての人にあてはまるリーダーシップを論じたものではありません。

フレーミング：本書が拠って立つ考え方

　この第1章の情報の多くは、もともと本書の「まえがき」に入れ込んでいたものです。しかし学生たちが、「まえがき」を読む人はおらずそこに書かれた情報は無視されてしまう、と教えてくれました。そこで、この後に続く章を読むために本書が拠って立つ大切な考え方を、第1章に欠かせない構成要素としてここに入れ込んでみます。

　1）本書は、リーダーシップを、組織や職業のトップに立つことであるとは想定していません。むしろリーダーシップとは、世の中によい影響を与えようとする人と人との間に生まれるプロセスだと考えています。このアプローチについては、この後の章でより深く掘り下げていきます。実は、この本を書いた理由のひとつとして、女性やリーダーシップを扱った既存の書籍による、主に企業視点や立場上（ポジショナル）のアプローチにうんざりしていたことが挙げられます。私の経験では、企業の幹部候補として出世コースに乗りたいのはほんの一部の学生であって、多くの学生は、それとは全く異なるキャリアを望んでいます。行政や非営利団体での仕事や、社会起業家になりたい、家にいて家族をつくりたい、あるいは、これらをいくつか組み合わせたいと考えているのです。授業で使用する女性とリーダーシップに関する教科書や参考書は、学生たちの願いや経験には響かないことを痛感していました。経営幹部のリーダーシップではなく、日常生活におけるリーダーシップの例を見出すことが必要だと考えています。

　2）本書では、交差するアイデンティティ（インターセクショナル）、批判的意識（クリティカル・コンシャスネス）、大学生の成長理論を、重要な「レンズ」として位置づけています。女性リーダーシップ論の大部分は白人女性によって書かれ、そして、あえて付け加えるならば、それは白人女性のためのものになっています。私もまた米国に住む白人で、中流階級、

シスジェンダー、健常者、異性愛者であり、これらのアイデンティティが本書のアプローチや本書に含まれる・含まれない情報を形づくっているのは間違いありません。大規模な公立研究大学の終身雇用教員として、学問的な特権も享受しています。そんな特権的な立場が、私自身のジェンダーアイデンティティや表現、そしてリーダーシップへのアプローチを形づくっていることに批判的意識を向けるよう努力しています。人生の旅路（ジャーニー）では多くの間違いを重ねますし、周りの人たちから学ぼうと努めています。私の生涯のコミットメントのひとつは、「リーダーシップ」の論じられ方・あり方に、全ての人が含まれるような公正さや公平さをつくりだしていくことです。

　リーダーシップに関する文献の著者に多様性が見られないことを痛感しているからこそ、自分の特権的な地位と立場を活用して、より多くの声を招き入れたいと考えています。私は幸運にも、世界で最も構造的に多様性に富んだ大学のひとつで働くことができています。多くの国から学生がやって来ます。民族、文化、宗教も実に多様で、学生たちの経験を理解し始めたばかりです。政治亡命者、不法滞在者、一世、近親者の中で初めて大学に入学した学生、自分で学費を払っている学生、最近の渡航制限のため母国に帰れない学生。そんな学生たちから、そしてそんな学生たちと共に学び続けていて、多くの学生たちの声がこの一冊の中に集められています。これまで授業で指定してきた課題読物が、そんな学生たちの経験とはかけ離れたものであることに愕然とします。リーダーシップやジェンダー研究で最も重要とされる文献でさえ、インターセクショナリティや複数のアイデンティティについて言及したものはほとんどありません。これらの概念を知らなくてもご心配なく。この後に続く章でより詳しく説明してあります。本書では複雑で、個人の内的・心的過程と深く関連するリーダーシップの性質に迫っていきます。そして、リーダーシップ、インターセクショナルなアイデンティティ、学生の成長という観点を重ねた議論を試みていきます。

　3）本書は、協働作業から生み出されたものであるという点で、マルチボーカル、すなわち、多声的なものです。賢明で多様な女性の学部生・大学院生から構成された集団が、リサーチ支援や批評、さまざまなナラティブを提供してくれました。女子学生のパワフルな物語や経験を要約して済ませてしまうのではなく、自身の経験を自身の言葉で名づけ、自身の物語（ストーリー）を書くというオートエ

第 1 章　待ち望んでいたリーダーはわたしたち

スノグラフィーのプロセスを学生たちと共有することに取り組みました。これらのストーリーは、読者が目指すべき理想像としてではなく（見習うに値するものは多くありますが）、その語り手である女子学生やジェンダーノンコンフォーミングな人たち一人ひとりによって、生きられた経験のありのままの表現として、各章の終わりで紹介しています。なかには、性暴力やハラスメントなど、読むのが辛くなる話もあります。同時に、元気づけられ、生きるという営みを肯定してくれるようなものもあります。**読者に事前警告が必要そうな箇所については、可能な限り、トリガー警告**〔授業や講演において、学生がショックを受けたり傷つく可能性がある資料や意見（トリガー）を紹介する際には事前に警告し、学生がそれを見聞きするかどうかの選択ができるようにするもの〕**を添えました。**しかし実のところは、トリガー警告は人びとを適切に守ることができないとともに、相互理解を深めるような対話の機会を制限してしまう可能性もある、というフェミニスト作家であるロクサーヌ・ゲイ（Gay 2014）の指摘にも共感しています。ゲイは次のように述べます。「これが私がトリガー警告に感じる厄介さの真実だ。未だなされていないことに関して、スクリーン上の言葉にできることは何もない。トリガーへの生理的反応は、トリガーを生み出した実際の経験に比べれば何でもない」（p. 152〔野中訳 p. 174〕）。

　4）**本書のあちこちで、あなた自身の人生における経験や価値観、見解と相反する研究や考え方に出逢うことでしょう。**私の願いは、私が説明する考えや理論の中に、あなたが自分自身の姿を見ることです。しかし、あなたの見方や価値観とは相容れないものもあるでしょう。そんなときは、この本を怒鳴りつけてください。あるいはもっと建設的になるために、私にメールをください。どんな点が検討不足か、見当違いか、あるいは、単に間違っているのか、ご指摘ください。本書の中では、互いに矛盾する研究や、特定の学問分野や政治的観点からの研究、あるいは、あなたの経験とは一致しない研究も紹介しています。例えば、男女の賃金格差に関する既存の研究を要約した部分です。格差が一般的な受けとめられ方よりも大きいか・小さいかについて説明を試みた複数の実証的研究が存在しています。

　授業について学生たちにフィードバックを求めると、時折、私の個人としての政治的信条や立場が強く出過ぎているという反応が返ってくることがあ

ります。その一方で、中立的すぎる、特定の問題についてどのような立場をとるのかもっと知りたかった、という声も同じくらいあります。どちらのフィードバックも歓迎しています。みなさんも、複数の視点を取り扱う折にはつきものである葛藤について、考えてみてください。ある問題について、可能な見方をできるだけ挙げ、それらがどこで重なり合い、どこで食い違うかを確認するためには、どうしたらよいでしょう。見解の相違がどこにあるのかを論じる前に、見解の共通点を探し出してみたらどうなるでしょうか。同意できないということに同意する代わりに、他者の視点を知り、共通点を探しあてることにもっと時間をかけてみるというのはいかがでしょうか。

　5）本書は、「考え」というものは、社会的に構築される、という立場をとります。ジェンダーやリーダーシップという概念について考え始めた人なら、それらが社会的に構築されたものだと気づくことでしょう。つまり、リーダーシップやジェンダーといったものは、単一で具体的な形としては、この世には存在しないのです。むしろ、社会と文化が相互に作用しながら、「ジェンダー」や「リーダーシップ」という言葉に多様な意味や連想を生み出しているのです。理想とされるもの（ジェンダーの理想的パフォーマンスやリーダーシップの理想的発揮）について、ある見解が唯一の真実とされるときに、困難が訪れます。世の中の不正義の多くは、社会的に構築された考え方が社会的に強制されることで生まれます。これは、考えや見解が、ジェンダー、人種、能力、社会階級など、権力と不平等を内包したより大きな社会システムの中で構築されるゆえに起こります。しかし、幸いなことに、もし考えが社会的に構築されているとすれば、それは、脱構築や再構築の対象でもあるということです。本書では、私たちのジェンダーやリーダーシップに対する考え方を、より広い社会システムや文脈に位置づけながら批判的に分析するための戦略にも言及します。
　文脈がいかに重要であるかということを示すひとつの例があります。それは、「リーン・イン（前のめりになる）」し懸命に働くことで、席を確保し目標を達成できるという、女性リーダー向けによくあるアドバイスです（Sandberg 2013）。〔文脈としての〕より大きな社会システムが、特権的なアイデンティティや背景を持った人たちが前のめりになれるような、多くの機会や資源を与えているのではないか。職場の公正性を生み出すために取り組むべき、より大きくて

社会全体的な問題があるのではないか。第7章ではこの議論を深めます。さまざまな視点がありますが、それらが誰を利しているのかを考えられることを願っています。あなた自身の経験に最も響くものは、どんな視点でしょうか。同じ現象を、別な人はどのように経験し、それはあなたの経験とどう違うのでしょうか。もっと研究が必要となるのはどんな点でしょうか。無数の見方・視点があることを認識しつつ、自分自身の立場を探しあて、名づけてみることをおすすめします。女性とリーダーシップについての自分なりの意見や仮説をつくりだし、学びという営みにおける認知的不協和の役割を検討してみてください。

6) **本書は、私自身のレンズ、そして立場性の産物です。** 本章では、私のアイデンティティのいくつかについてすでに説明をしてきましたが、この本を書くに至った経緯についても知っておいていただくとよいかもしれません。リーダーシップ研究の教授として女子学生とリーダーシップ開発に関する本を書こうとなど、実は思ってもいませんでした。私の学生時代の経験は、女性とリーダーシップ開発についての手がかりを探すためにふりかえる対象というよりは、すぐにでも記憶から消したい間違いやつまずきだらけだったのですから。そんな私が突然、女性とリーダーシップの授業を担当することになったのです。まだ学生だった1990年代初頭、女性学の授業で学んだ内容をアップデートしようと必死になりました。これまで20年以上にわたって大学生のリーダーシップ開発について研究してきましたが、（女性としての）アイデンティティとリーダーシップの研究がどう交わりうるのかについては、十分な注意を払っていなかったのです。一方で、それに真剣に、注意深く取り組んできた人たちがいたのです。

概念や専門用語の進化にも目を見張りました。ちょうど10年前、女性とリーダーシップの授業の初日のことです。私は学生たちに自己紹介をするように促しました。「クィア、ジェンダーノンコンフォーミング、オムニセクシャルだけれど、ヘテロロマンティック」と自己紹介をした学生を前にして、全く理解が追いつかない自分がいました。かつて教員になって間もない頃に、教授として最悪の行為は、知らないことについて知っているふりをすることだと学んでいました。教室ではありのままの自分でいること、学生たちが私から学ぶのと同じくらい私も学生たちから学ぶことを誇りにしています。恥ずかしさ

と苦境を学生たちに開示しつつ、「それらはどういう意味ですか」と尋ねました。そこから学生も私も一緒になって、ジェンダーアイデンティティとジェンダー表現、第四波フェミニズム、批判理論、リーダーシップの現代的なありようについて、自分たち自身を教育していきました。この授業を 20 回以上教えてきましたが、今でも学生たちから学び続けています。しかし、その 10 年の間、ジェンダーとリーダーシップの概念を認知的発達、インターセクショナリティ、批判的 (クリティカル) な方法を伴って解説している本を、1 冊たりとも見つけることができませんでした。論文そして何十冊もの本から集めてきたさまざまな読物の氾濫の中で、学生たちは、用語や概念について整理して論じることに苦戦していました。そんなある日、PDF の読物にうんざりしていた学生が、「先生、この授業向けの教科書を書いたらどうですか」と言ったのです。その呼びかけへの応答の試みが、本書なのです。

　私は、自分自身を、クリティカル・フェミニスト、クリティカル・リーダーシップ研究者であると認識するに至っています。**クリティカル・スカラシップ**とは、研究対象（この場合、ジェンダーとリーダーシップ）から距離を取ろうとしない営みを指します。それは、知識はより大きな社会政治的な世界に埋め込まれており、そのように埋め込まれていることを〔距離を取ることで〕無視するのは危険だとするものです。クリティカル・スカラシップには、通常、より大きな力が働いていることを解説しながらも変化を生み出すことに臨む、という葛藤があります。クリティカル・スカラシップは、批判的実践と結びついているのです。これは、あなたにとっていったいどのような意味を持つでしょうか。私は、かっこいい哲学的な言葉を好みつつも、誰にとっても理解できるよう説明するというこだわりも持ち続けているので、次のように言い換えてみます。私は現状を検証し、問い、権力がどのように世界をつくりだしているか、一握りの人たちだけのための支配的なアプローチにどうやって挑んでいくのかについて考えるのに多くの時間を費やしている、ということです。それは、自身を深く省みるようなリフレクションや省察的実践 (リフレクティブ・プラクティス) が、学習や成長には不可欠ということでもあります。そして、対話や熟考を大切にしているということです。こんなふうに書いているのは、この教科書が、みなさんが慣れ親しんでいる「教科書」とは違うかもしれないからです。各章には、読みごたえのある査読付き学術論文、個人のナラティブ、リフレクションを促すエクササイズ、

詩、そして時折のユーモアが並んでいます。さらには、リーダーシップやジェンダー研究の先駆者たちの素晴らしさを読者が感じられるよう、可能な限り多くの文献を直接引用しています。多様な「知」の方法に触れられるようにするための意図的な選択です。

ここから先のこと

　以下は、この後に続く展開を簡単に説明したものです。各章には、大学生による自伝的なナラティブがひとつ以上収録されています。巻末には、各章で使用される用語集があるので参考にしてください。本書では一貫して、読み進めるにあたって読者の心に留めておいて欲しい、「どう考えることが可能か」を導くような、「考える」に挑戦させてくれるような記述を組み込んでいます。それらに共通する重要なテーマは次のようなものです。男女という二元論的なジェンダーの概念化に挑み、差異の概念を複雑化すること。リーダーシップを脱ジェンダー化し、フェミニンなアプローチからフェミニストなアプローチに移行すること（Shea & Renn 2017）。リーダーシップの効力感・キャパシティ・実行が相互に絡み合う性質を検討すること。そして、公正、公平で、思いやりのあるリーダーシップ実行に向けた具体的な戦略・戦術を提供すること。

　第2章「いまこそ、女性「と」リーダーシップ」では、女性とリーダーシップに関する社会的、歴史的背景を簡潔にまとめています。フェミニズムの3つの「波」をふりかえり、インターセクショナルなアプローチとグローバルな意識に根差した第四波の出現に言及しています。また、フェミニズムについての「波」とリーダーシップに関する考え方の「波」とを関連づけながら書いています。特権と抑圧のシステムが、人びとのフェミニズムやリーダーシップの経験にどのような影響を与えるか、ウーマニズムほか白人フェミニズムに対するポスト構造主義およびトランスナショナル・フェミニズムといった反応を紹介しながら論じます。また、ジェンダーやリーダーシップに関する専門用語や、プレスキルとブルックフィールド（Preskill & Brookfield 2009）による「リーダーシップの学習課題」にも触れています。

　第3章「リーダーとしての「わたし」とは、いったい誰？：アイデンティティ、インターセクショナリティ、効力感がリーダーシップの発達に果たす役

割」では、アイデンティティおよびインターセクショナリティ概念を紹介します（Crenshaw 1989, 1991）。この章では、自分自身の個人的アイデンティティ（役割と責任）と社会的アイデンティティ（人種、文化、宗教、性、健常・障害等）を探ってみてください。また、権力・特権・抑圧が連動するシステムの作用や、それらの力が自分自身の人生と複数の社会的アイデンティティ形成に与える影響も検討してみましょう。アイデンティティ形成に関連して、リーダーシップ・アイデンティティの発達モデル（Komives, Owen, Longerbeam, Mainella, & Osteen 2005）も紹介します。自分自身のリーダーシップに関する意欲、キャパシティ、効力感、そして実行（Dugan 2017）についても考えてみてください。

第4章「どうしてこうなった？：ジェンダーの社会化が形づくる女性リーダーの姿」では、社会、文化、政治、個人、そして組織のダイナミクスが、女子・女性の発達過程の経験を形成する様子を探ります。思春期からの女性のオフィーリア・コンプレックス（Pipher 1994）、教室の冷たい雰囲気、女王蜂<ruby>と<rt>クイーンビー</rt></ruby>とりまき<ruby><rt>ワナビー</rt></ruby>（Wiseman 2009）、自信喪失といった概念や、リーダーシップに関連した偏見について紹介します。セクシュアリティ、外見・容姿、メディアの影響といった問題も指摘します。そして、ハロによる社会化のサイクルを紹介します。

第5章「フェミニン、それともフェミニスト？：キャンパスやコミュニティで展開されるリーダーシップへのアプローチ」は、みなさん自身の文脈やコミュニティにおけるリーダーシップを検討するためのものです。ここでは、女性の健康、生殖に関する権利、身体イメージと外見、学生ローン、性暴力やレイプ・カルチャー、米国教育改正法第9編<ruby><rt>タイトルナイン</rt></ruby>に関連した大学の活動におけるリーダーシップの事例とナラティブを紹介します。女性センターやフェミニスト団体、さらには、文化団体やプライド・センター、ソロリティ、自治会、スポーツ団体に所属する女性について見ていきます。また、キャンパスの女性に対する全国組織による支援についても触れます。最後は、キャンパスやコミュニティのリーダーシップにおいて、フェミニンなアプローチから、フェミニストなアプローチにいかに移行するかについてのアドバイスで締めくくります（Shea & Renn 2017）。

第6章「「違うこと」はどんな違いを生み出すのか？：ジェンダーの代表性（男女比率）とリーダーシップにステレオタイプ、偏見、差別が与える影響」で

はギアチェンジをして、女性とリーダーシップに関するさまざまなデータを扱った文献を検証します。リンダ・カーリ、アリス・イーグリー、クリスタル・ホイト、バーバラ・ケラーマン、デボラ・ロード、そしてジャニス・サンチェス゠ヒュークリースなどによるリーダーシップ研究も見ていきます。ジェンダーとリーダーシップの特性、行動、効果の関係や、ステレオタイプ、偏見、差別がリーダー役職における女性の低比率に与える影響に関する近年の研究を紹介します。賃金や昇進についての研究も含まれています。偏見の心理学についても簡単にレビューを行い、「潜在的偏見」という考え方を紹介します。

　第 7 章「組織・システムを歩む：女性とリーダーシップにまつわる多様な比喩」では、女性のリーダーシップの旅路を表すさまざまな比喩を検討します。コンクリートの壁、ガラスの天井、くっつく床、水漏れパイプ、そして迷宮。女性のキャリアパスはえてして非線形であり、キャリアにおける退場・再入場の難しさについても論じます（Hewlett 2007）。また、リーン・イン思想（Sandberg 2013）を端的にレビューしつつその思想への批判的視点を提供し、リーダーシップ格差を解消するためには個人、組織、政策指向の戦略（AAUW 2016a）が必要であると論じます。

　第 8 章「あやうい「お立ち台」に気をつけて：リーダーシップを脱ジェンダー化する」では、女性はより参加型・民主的なスタイルのリーダーシップ、男性は独裁的・指示的なスタイルの傾向があるという考え方に一石を投じます。表 8.1〔本書 p. 219〕はリーダーシップにおけるジェンダー差異の研究をまとめたものです。この章では、パワー（power）の性質や源、それに関連する影響力やエンパワメントといった概念を探ります。ダブルバインド、ポジティブな周縁性、ステレオタイプ脅威の概念にも触れます。文化の影響を考慮したリーダーシップ学習（Guthrie, Bertrand Jones, & Osteen 2016）も紹介します。

　第 9 章「女性とリーダーシップを再想像するために：その戦略、仲間たち、そしてクリティカルな希望について」では、女性の解放と、ほかの社会変革運動のつながりを検証します。直接行動、コミュニティ・オーガナイジング、政策形成、ボイコット、社会的責任のある個人的行動など（Owen & Wagner 2010）の違いを示した市民行動の分類を通じて、社会変革に向けた多様な方法を探ります。同時に、仲間育成、フェミニストではない他者への対処、アクティビストとしての燃え尽き症候群の予防、そしてクリティカルな希望の維持

方法についても述べます。フェミニストなリーダーシップにおける、男性や
ジェンダーノンコンフォーミングな人たちの役割も論じます。そして、ラブ
(Love 2013) の、「解放への意識」で本書を終えます。抑圧的な社会構造・制度
の中で、自覚と意図をもって自身の生を生きること、絶望や諦めに陥ることな
く抑圧の力学への注意を持ち続けること、その構造や制度内での役割を果たし
ている人たちを責めることなく「役割」に意識を向け続けること、そして、そ
の抑圧のシステムを変えるという意図を実践していくことを、読者に呼びかけ
ながら。

訳注
〔1〕キャパシティ (capacity) は「能力」と訳されることも多いが、本書では、リーダーシッ
　　プに取り組む能力 (ability) に関連する知識、スキル、態度という Dugan et al. (2013)
　　の定義に則り、キャパシティとカタカナ表記する。一般的に、能力 (ability) はすでに
　　できることを指すのに対し、キャパシティは発達可能性や潜在性というニュアンスを持
　　つ。

第 2 章

いまこそ、女性「と」リーダーシップ

自分を変えることで、世界を変えるの。
—グロリア・アンサルドゥア『ボーダーランズ／ラ・フロンテラ：新しいメスティサ』（Anzaldúa
　1987）

女性とリーダーシップの現在（いま）

　この本を、授業やプログラム、読書会の一環として読んでいるのなら、友だ
ちや家族から「なぜ女性とリーダーシップについて学びたいの？」と聞かれて
いるかもしれません。「女性と男性のリーダーシップは違うの？」「女性は男
性より優れてるの？」とも。このトピックを学ぶなんてフェミニストに違いな
い、と言われたり、男性をリーダーシップから排除したいのか、と問われてい
るでしょうか。より「意識高い」友だちからは、「リーダーシップに性別が関
係あるの？」と聞かれているかもしれません。多くの人がジェンダークィア、
クエスチョニング、ノンバイナリーなジェンダーアイデンティティを持つよう
になった現在、リーダーシップ論において女性はどのような位置づけなので
しょうか。ジェンダーとリーダーシップについての見方は、権力、特権、抑圧
の相互作用からどのような影響を受けるのでしょうか。ご安心を。本書は、そ
ういったイシューひとつひとつを取り上げ、問いに対してあなた自身が答えを
導き出すお手伝いをします。

　個人的、政治的見解にかかわらず、私たちは、ジェンダーとリーダーシッ
プの両方を再検討するための極めて重要な時代に生きています。ニュースや
SNS アカウントには、いくつかの例を挙げるだけでも、#MeToo や Time's
Up 運動、職場でのセクハラ問題、リプロダクティブ・ヘルス＆ライツ〔性と
生殖に関する健康と権利〕の話題が炎上していたり、政治や産業における女性の
代表性の問題、賃金格差、性暴力やレイプ・カルチャー、世界の女性差別の現

状などの話題が溢れています。これまであたりまえとされてきたジェンダー二元論に挑戦する人びともいます。例えば、出生時にこどものジェンダーを決めないことを選ぶ親、男女二元論ではない第三のジェンダー選択肢の公的書類への反映を求める人びと、学校におけるジェンダーフリートイレ設置の議論なども読んだことがあるかもしれません。それらは決して新しい問題ではなく、ここ数年、注目が高まってきているのです。SNSでの組織化、アクティビズムの新しい展開、差別に対する認識の高まり。それらが、女性が直面する問題やフェミニズム、そしてインクルーシブで多様な声を反映しうるリーダーシップの必要性についての議論に新しい風を吹き込んでいるのです。これまでの価値観が揺らぎ、再考が必要な時代に私たちは生きているのです。

　自分自身のキャンパスや地域での経験について考えてみてください。先生や同級生、友人たちは、そういった問題を話題にしていますか。学生自治会やサークルなどの学生団体は、ジェンダーとリーダーシップの問題にどのように取り組んでいますか。所属するコミュニティに変革をもたらす当事者としてのあなたは、どのようなスキル、知識、能力を必要としていますか。本書を使って、フェミニズム、リーダーシップ、そして変革に対する自分なりのアプローチをあなたの日々の大学生活の中に位置づけ、つくりだしてみませんか。

"F" ワード [1] ：フェミニズム

　ジェンダーとリーダーシップは社会的に構築されている、という複雑な概念を論じる前に、まず、フェミニズムを概観してみましょう。フェミニズムというものは、誰もがよく知っていたり、同じ見解を持っていたりするわけではありません。実はそれが、女性とリーダーシップを検討するにあたっての障壁のひとつになっています。フェミニズムを、本質的に反男性的で反家族的なものと考える人。活動家や政治といったイメージと絡めて、過激で極端すぎると考える人。よく知らないままにフェミニズムを女性の同性愛と混同している人。特権階級の白人女性が行ってきた排除的な取組であると考える人。ロクサーヌ・ゲイ（Gay 2014）がエッセイ集『バッド・フェミニスト』〔野中訳 2017〕の中でこんなふうに書いている通りです。「実のところ、フェミニズムに欠陥があるのは、それが人びとによる運動だからであって、人びとにはどうしたって

欠陥があるのです」（p. x〔野中訳 p. 8〕）。

　女性と法学の研究の第一人者であるデボラ・ロード（Rhode 2014）は、『女性が欲しいもの：女性運動のためのアジェンダ』で、フェミニズムに関する米国の世論調査を紹介しています。例えば、アメリカ女性 75％以上が女性運動によって生活が良くなった・女性運動は役に立ったと回答し、約 80％が男女は平等に扱われるべきという考え方に概ね同意している一方で、自身をフェミニストとして認識しているのは約 25％に過ぎないということ。よく耳にする「自分はフェミニストではないけれど、女性が直面する問題には関心がある」（p. 10）という言葉について、なぜ多くの人がフェミニスト運動の目標を受け入れながらも、フェミニストというレッテルに抵抗があるのかを考察しています。

　アクティビストでもある学者ベル・フックス（hooks 2000a）は、著書『フェミニズムはみんなのもの：情熱の政治学』〔堀田訳 2020〕において、フェミニズムを次のように定義しています。

> フェミニズムとは、性差別的な抑圧をなくすための運動のことだ。その目的は、特定の女性グループ、特定の人種や階級の女性のためのものではない。また、女性だけに特権を与えるものでもない。それは、みんなの人生を変える力を持つもの。（p. viii）

　このようなフェミニズムへのアプローチは、俳優のエマ・ワトソン（そう、『ハリー・ポッター』で有名な）の 2014 年の国連でのスピーチでも言及されました。フェミニズムとは、男女が同等の権利と機会を持つべきという信念であり、男女の政治的、経済的、社会的平等の理論を指すということ。彼女はさらに、なぜ男性がフェミニストの仲間として必要とされているかを述べ、He For She という非営利団体を紹介しました（www.heforshe.org 参照）。フェミニズムはもはや過去のもので時代遅れ、と考える人たちのために、再びロクサーヌ・ゲイ（Gay 2014）を引用します。「一部の女性が力を得ているからといってそれは家父長制の死の証明になりはしない。それは幸運な人たちもいるということを証明するだけだ」（p. 101〔野中訳 p. 130〕）。ゲイの言葉は、あからさまな性差別に遭わずにいられる人がいる一方で、日々ジェンダー由来の抑圧を経験している人もまだ大勢いると気づかせてくれます。世界を見渡せばそれは明ら

かです。本書では、多くのジェンダー研究者に広く受け入れられている前述の
フックスの定義を議論の出発点とします。

　特定のアイデンティティ（例えば、女性）を持つ人が、そのアイデンティティ
を支持して活動する人びとの歴史や運動、指導者についてよく知っていると
は限りません。本書は女性運動史の教科書ではないものの（第1章での女性ヒー
ロー（SHE-roes）美化の危うさについての私の苦言も参照してください）、女性とリー
ダーシップに関する社会的・歴史的背景は紹介していきます。進む方向を決め
るためには、どのような道を歩んできたかを知ることが大切だからです。

女性をとりまく社会的・歴史的文脈

　フェミニズムの3つの「波」をご存じでしょうか。「波（waves）」は、1968
年にマーサ・ワインマン・リアが「第二のフェミニストの波（The Second
Feminist Wave）」と題したニューヨーク・タイムズ紙の記事をきっかけに生ま
れました。1960年代後半のジェンダー・アクティビズムを、それに先立つ女
性解放の動きと連ねようとしたものです。この波という比喩は、変革のために
は幾重の行動が必要であることをうまく表現しています。しかし、波という比
喩は、米国におけるジェンダー・アクティビズムが一枚岩で、フェミニズム
の核となる考え方についても合意があるという誤解を招くと考える人もいま
した。核となる考え方については未だ論争が続いています。ニュースブログ
Vox に掲載された2018年の記事の寄稿者コンスタンス・グレイディは、フェ
ミニズムの波という比喩の問題点を次のように解説します。

　　波というメタファーはフェミニズムを単純化してしまう。フェミニズムの
　　各波がそれぞれ単一の統一されたアジェンダを持つ一枚岩であるかのよう
　　に見えてしまう。しかし、フェミニズムの歴史とは、異なる考え方が激し
　　く対立して織りなされたものである。それぞれの波をひとつのステレオタ
　　イプに還元することで、フェミニズムの世代間に断絶があるように見えて
　　しまうのだ。ところが実際には、断絶どころか、それぞれの波には強い連
　　続性がある。どの波も一枚岩ではなく、ある波で流行する理論が、前の波
　　の傍流で誰かがやっていた仕事に根ざしていることがよくある。フェミニ

ズムは分裂を繰り返す運動で満ちているのに、波という比喩は主流のフェミニズムが唯一のフェミニズムであると示唆しかねない。（第5パラグラフ）

　現在では、アイデンティティの交差性（インターセクショナリティ）によって、フェミニズムは複数存在する（feminisms）という考え方が一般的になっていますが、それはまた後ほど。ひとまず、3つの波についてのステレオタイプ的なまとめ、そして、現在起こりつつある可能性があるとされる第四の波について見ていきましょう。

○第一の波

　第一波フェミニズムは、一般的には1800年代後半から1900年代前半にアメリカとイギリスで起こった参政権運動を指します。アメリカでのこの波は1848年のセネカ・フォールズ会議に始まり、1920年に女性に参政権を与えた憲法修正第19条の可決までの期間とされます。この波は、白人の中・上流階級の西洋的な政治現象だったことに留意しましょう。当時さまざまなジェンダー差別に直面していたのは、中・上流階級だけではなく全ての階層の女性たちです。行動は家庭内に制限され、財産を持つことも選挙権を持つことも許されず、多くは初等教育以上の教育の機会を与えられていませんでした。1800年代後半には多くの女性が、精神病患者の治療改善（ドロシア・ディックス）、禁酒法の制定（キャリー・ネーション、フランシス・ウィラード）、奴隷制廃止のための活動（ハリエット・ビーチャー・ストウ、アイダ・B・ウェルズ）などの社会改革運動の一翼を担っていました。権利を奪われている人びとのための組織化を通じて、女性たちは自分自身の権利剥奪の状態に目を向けるようになっていきました。奴隷廃止論者のエリザベス・キャディ・スタントンとルクレシア・モットの働きかけにより、1848年、ニューヨーク州北部の教会に200人近くの女性が集い、セネカ・フォールズ会議を開催しました。地元紙セネカ・カウンティ・クーリエは7月14日に事前告知記事「女性の社会的、市民的、宗教的条件と権利について議論するための会議」を掲載しました（Woman's Rights Convention 1848）。講演者には、ソジャーナ・トゥルースやフレデリック・ダグラスがいました。出席者は自分たちが感じる不当な扱いについて話し合い、熟議の末、投票権を含む男女同権を求める12の決議リストを可決したのです。初期のフェミニズムは奴隷制度廃止運動と直接的に関連した、白人中心の活動でした。1870年

には、元奴隷を含む黒人男性に選挙権を保証する合衆国憲法修正第 15 条が成立。しかしその後は、ジム・クロウ法が生まれたばかりの権利の行使を事実上抑制していきました。グレイディ（Grady 2018）は、当時、黒人女性は一部のデモに参加すること自体を禁じられたり、参加できても白人女性参加者の後ろで行進することを余儀なくされたと記しています。1920 年、連邦議会は女性に投票権を与える修正第 19 条を可決しました。しかし、特に南部では有色の女性が投票するのは依然として困難なままでした（Grady 2018）。

○第二の波

　第二波フェミニズムは、1960 〜 1970 年代の女性解放運動を指し、主に同一賃金と性と生殖の自由の追求をテーマにしたものでした。ベティ・フリーダン（Betty Friedan）の『新しい女性の創造』〔三浦訳 2004〕は 1963 年に出版され、300 万部以上売れました。女性の居場所は家庭にある。もし専業主婦として不幸であるならば、それはその女性が創造的で知的な自由を求めているからではなく、その女性が壊れておかしくなっているからだ——そのように教え込まれる社会全体的な性差別を告発した本です。フリーダンはこれを「名前のない問題」（p. 57）と名づけています。第二波フェミニズムは、女性の政治的平等から女性の社会的平等へと議論を進めました。グレイディ（Grady 2018）は、第二波での次のような法制度改革を紹介しています。男女の賃金格差を違法とした 1963 年の同一賃金法（The Equal Pay Act）の成立、1960 年代から 1970 年代にかけて既婚・未婚を問わず女性に避妊する権利を与えた一連の画期的な最高裁判例、女性に教育の平等を与えその波及効果が女子スポーツ（そして後には大学キャンパスでのセクハラ、暴行、デート暴力）に及んだタイトルナイン〔Title IX of the Education Amendments Act of 1972：米国の公的高等教育機関における男女の機会均等を定めた連邦法修正法。教育改正法第 9 編。1972 年成立〕。1973 年には、女性の生殖の自由を保障した、ロー対ウェイド判決がありました。女性たちは、経済的自由を増し、性暴力や職場でのハラスメントへの意識を高め、当時の米国社会に浸透していた性差別を明らかにすべく闘っていたのです。

　しかし、労働者階級の女性や有色の女性は、フェミニズム運動から疎外されていました。彼女たちは生活のために家庭の外で働かざるを得ず、強制不妊手術や二重差別（肌の色と性別）といったさらなる権利侵害に直面していたの

です。1977 年、ボストンの黒人フェミニストグループは、自らをコンバヒー リバー・コレクティヴ（Combahee River Collective）と名づけ、活動を始めます。その名は、750 人以上の奴隷を解放し、アメリカ史上唯一女性が計画・主導した軍事行動である 1863 年のハリエット・タブマンによるゲリラ活動にちなんだものです。コンバヒーリバー・コレクティヴ（Combahee River Collective 1977）は、「人種、性、異性愛、階級に基づく抑圧と闘うことに積極的に取り組み、抑圧の主要なシステムは連動しているという事実から、統合的分析と実践の展開を、我々の特別の任務とみなす」（p. 210）という黒人フェミニスト声明を発表しました。その直後、作家のアリス・ウォーカー（Alice Walker）は、1982 年のエッセイ集『いい女をおさえつけることはできない』〔柳沢訳 1986〕に収録された短編「ロード、テイシ、ガードナーを知ることによって至った「別れ」」で、有色の女性のニーズに応えるウーマニスト運動という考えを打ち出します。ウォーカー（Walker 1982）は、フェミニズムは文化から切り離して考えることはできず、黒人フェミニストは白人フェミニズムに依存しない独自のアプローチを必要としていると述べます。黒人フェミニストでレズビアンの詩人であるオードリー・ロード（Audre Lorde）は、1984 年のエッセイ・詩集『シスター・アウトサイダー』で同様のテーマに取り組んでいます。

○第三の波

　第三波フェミニズムの時期や特徴についてはさまざまな議論がありますが、1990 年代初めに、最高裁判事候補クラレンス・トーマスの公聴会でアニタ・ヒルが証言したのをきっかけに、ジェンダーをめぐる運動が活発化したと言われています。24 人の女性が連邦議会下院、さらに 3 人が上院で議席を獲得した 1992 年は、「女性の年」（Grady 2018, 第 50 パラグラフ）と名づけられました。キンバリー・クレンショー、パトリシア・ヒル・コリンズ、スーザン・ボルドー、ジュディス・バトラーといった学者が、フェミニズムの理論化を推し進めています。第三波フェミニズムには核となる政治・社会改革目標がなかったとする評論家もいますが、ナオミ・ウルフやスーザン・ファルーディのような作家が、ジェンダーや女性性の概念を問い直しています。第三波フェミニストたちは、女性のセクシュアリティの受容をよしとしました。グレイディ（Grady 2018）は次のように解説しています。

第三波フェミニズムにおける女性らしさの受容は、1980年代の反フェミニストからのバッシングへの反応という側面があった。それは、第二波フェミニストはやかましく、毛深く、女性らしくなく、どんな男にも求められないというものだ。女性らしさを否定すること自体が、女性嫌悪（ミソジニー）だという考え方にも由来する。女性らしさというものは、男性性（マスキュリニティ）や両性性（アンドロジニー）に対して価値が低いわけではない、と第三波フェミニズムは主張した。（第45パラグラフ）

○第四の波

#MeToo、そしてTime's Upムーブメントがフェミニズムの第四の波の到来を告げているとする人もいれば、〔その前から〕すでに第四の波は来ていたと主張する人もいます。第四波は、オンラインでのアクティビズム、そしてインターセクショナルなジェンダー解放アプローチを特徴としているようです。あるブロガーは、第四波フェミニズムを、クィア、セックス・ポジティブ、トランス・インクルーシブ、ボディ・ポジティブ、デジタル・ドリブン（Sollee 2015）と表現しています。また、womxnという綴りを使い始めている人たちもいて、このxは、ジェンダーフルイド、ジェンダークィア、ジェンダーノンコンフォーミング、ノンバイナリーな人たちを包摂するものです。また、第四波では、グローバルな意識が高まっているようで、世界中の女性が極めてさまざまなジェンダー由来の期待に直面し、多くの場所で深刻な抑圧のもとにあると意識されるようになっています。国境を超えたフェミニズム（トランスナショナル）に向かう運動は、「現代の帝国主義と植民地主義の文脈において、国籍（人種や民族を含む）、性、ジェンダー、階級が交差するところ」（Valoy 2015, 第7パラグラフ）に注目しています。同時に、トランスナショナル・フェミニズムは、女性の抑圧の唯一の理由としてジェンダー役割を過度に強調する西洋思想への反動でもあります。性差別による抑圧を終わらせるための現在のアクションを歴史家がどのように記すのか。それは今後明らかになっていくことでしょう。

リーダーシップ研究の社会的・歴史的文脈

女性運動について共通理解をつくるとともに、リーダーシップについて語ら

れていることを知るのも大切です。私たちは皆それぞれ、リーダーシップについて考えたり、感じたり、経験するにあたっての前提を持っています。リーダーシップに関連する女性の経験を真に検討するためには、女性運動の歴史のみならず、リーダーシップについても、研究者の見解が私たちの理解をどのように形づくってきたかを理解する必要があります。女性運動とリーダーシップ研究は相互に影響しており、ジェンダーとリーダーシップについての私たちの理解・経験と深くかかわっているのです。あなたがこれまでにリーダーシップの授業やプログラムに参加したことがあるなら、それはリーダーシップに学習可能な側面があると考えているからでしょう。今日のリーダーシップの基本原則には、一定の価値観・志向があります。リーダーシップに関する自分なりの哲学をつくりだす出発点として、ボックス 2.1 にある原則に照らしながら、自身のリーダーシップ観をふりかえってみましょう。リーダーシップ研究が絶えず進化していて、それは人の行動にも表れます。日常生活の中で展開されるさまざまなリーダーシップの影響を受けるからこそ、自身のリーダーシップ観を形づくる信念や価値観を見つめることが大切なのです。リーダーシップの定義は数えきれないほど存在しますが、本書では大学生を念頭に、「change（変えていくこと、変革）」に焦点を当てたアプローチを支える次の定義を用います。**「リーダーシップとは、人びとが共にポジティブな変化を成し遂げようとする、関係的で倫理的なプロセスである」**（Komives, Lucas, & McMahon 2013〔日向野監訳 2017〕, p. 95, 強調は筆者による）。

ボックス 2.1　現代のリーダーシップの原則

　現代のリーダーシップの考え方が表れた以下の主張は、これまで教えられてきたことや信じてきたことと同じ？　それとも違うもの？　何があなたにそう考えさせているのだろうか。以下の考え方は、リーダーシップの理論や実践にどのような影響を与えるだろうか。

　リーダーとは生まれつきではなく、なるもの。
　リーダーになるために、肩書きや特別な地位が必要なわけではない。
　リーダーになるために、フォロワーを持つ必要はない。
　カリスマ的な性格を持つことは、リーダーになるための必要条件ではない。

> 組織やグループをリードする方法はひとつではない。
>
> リーダーシップとマネジメントは異なるプロセス。
>
> リーダーシップは教えることができるもの。
>
> 出典：Komives et al.（2013〔日向野監訳 2017〕）

　ボックス 2.1 に示した原則は、リーダーシップに関する現在の考え方を反映していますが、考え方は時代の移り変わりとともに大きく変化します。そのようなリーダーシップ理論の進化は、一般的に次のように語られます。初期のリーダーシップにまつわる概念は、王、戦士、宗教指導者など、偉大な業績を達成した英雄的な男性に焦点を当てたものでした。「青い血」という言葉が貴族のような高貴な血統を示すように、リーダーシップは遺伝的な要素を持ち、継承される権利とされていたのです。1700 年代には、ダーウィニズムの台頭と遺伝についての新たな見解により、リーダーシップには遺伝的要素があるという考えが強化されました（Bass 1990）。リーダーシップ研究の初期、リーダーシップは中央集権的な統制、権力、支配に焦点を合わせたものでした（Northouse 2018）。また、女性のリーダーシップが取り上げられることはほとんどありませんでした。しかし、ジャンヌ・ダルクやエカテリーナ二世といった女性たちは存在していました。稀な例外を除いて、リーダーシップを発揮した女性は歴史的な著作や教えから省かれてきたのです。歴史上のパワフルな女性たちの名前を記したエクササイズ 2.1 を見てください。見覚えはありますか。もし、初めて聞く名前があるのなら、なぜこのようなパワフルな女性の物語が広く知られていないのか、問うてみましょう。

エクササイズ 2.1　歴史から消されて

　パワフルな女性たちの物語は往々にして歴史から消されてきた。歴史を記録したり、偉大な指導者の記念碑を建てるにあたっても、消されてきた。以下に挙げる女性たちの像は「男性的に見えるように」と後から変えられることもあった。知らない名前があったら、偉業を成し遂げた彼女たちについて調べてみよう。

　シュメールの都市国家ウルのエンヘドゥアンナ

ベトナムのチュン姉妹
中国の武則天皇后
紫式部
ビザンティウムのテオドーラ皇后
ムガル帝国のヌール・ジャハーン

出典：アマンダ・フォアマン（Amanda Foreman）の素晴らしい BBC2 ビ
デオシリーズ『女性の興隆（The Ascent of Woman)』（2016 年）

　リーダーシップが多くの人びとによって発揮されるようになると、リーダー
シップは遺伝や生まれ持った権利だけによるものではなく、個人の特性とも関
係があるのではないか、さらには、支配よりも影響力が重要なのではないかと
考えられるようになりました。また、リーダーになる可能性が高い特定の性格
特性を持った人たちがいる、とも考えられるようになりました。1900 年代初
頭、リーダーシップと身長、知能、自信などの特性との関連性が研究されま
した（Bass 1990; Komives et al. 2013〔日向野監訳 2017〕）。特性研究は、リーダー
シップ研究者の間で再び盛んになっていますが（Lord, De Vader, & Alliger 1986;
Stogdill 1974; Zaccarro, Kemp, & Bader 2004）、そこでは、知能、覚悟、自信、誠
実さ、社会性などの特性が注目されています（Northouse 2018）。特性研究から
派生したものに影響力理論というものがあり、同理論ではカリスマ性、そして
リーダーシップは影響力・社会的交換プロセスであるという考えが重視されて
います（Riggio 1988）。
　1940 年代から 1950 年代には、特性によるリーダーシップへのアプローチの
限界が議論され始めました。当時台頭した心理テストによる就職あっせんが盛
んになり、第二次世界大戦帰還兵ら個人が一連のテスト結果でマッチングされ
た職に就くようになっていました。しかし、リーダーシップ特性のテストがよ
くても職場でリーダーシップを発揮できる人ばかりではなく、特性よりも行動
が重要であることがわかったのです。1950 年代後半、リーダーシップの一般
的な定義は、「共有された目標に向かって人びとに影響を与える行動」となり
ました（Northouse 2018, p. 3）。その後オハイオ州立大学とミシガン大学の名を
冠するようになった影響力のある研究は、効果的なリーダーシップ行動は人

間関係（配慮、対人関心と呼ばれる）と課題（開始構造、または生産関心と呼ばれる）に注意を向けたものであることを示しました（Bass 1990）。

　1950 〜 1960 年代には、リーダーシップに文脈や状況が与える影響について検討されるようになりました。状況対応型リーダーシップ（コンティンジェンシー理論）は、リーダーは状況に応じて行動を調整すべきであり、状況によって異なる種類のリーダーシップが求められるとするものです。ハーシーとブランチャード（Hersey & Blanchard 1969）の状況的リーダーシップ・モデルなどのさまざまなツールが、状況や部下・フォロワーの発達レベルに応じて、どのようにリードすればよいかの処方箋を提示しています。

　リーダーシップ論の潮流については、たいてい、1980 年代以降に爆発的に増加した研究によって締めくくられます。旧来のリーダーシップの考え方は、製造業社会に適した効率性や有効性に焦点を当てた「工業化理論」、そしてインターネット時代の幕開けで到来した、知識経済に呼応したリーダーシップ理論は「ポスト工業化理論」と呼ばれるようになりました。サーバントリーダーシップ、適応型リーダーシップ、オーセンティックリーダーシップ、関係性リーダーシップ、シェアドリーダーシップなども、耳にしたことがあるかもしれません。さらには、複雑な世界における一定のパターンを見極めるために、カオス理論やシステム理論、複雑性理論などを用いた最前線のリーダーシップ研究も存在します。

　本書を通じてこれらの理論も見ていきますが、「フェミニズムの波」という比喩が単純化されステレオタイプ的であるとの批判と同様に、リーダーシップ論についても似たような批判があります。デューガン（Dugan 2017）は、今日の世界でも「古い」リーダーシップ理論は根強く、「これらの考え方は、公式・非公式両方のリーダーシップと、理論の実践への適用のありようを形成し続けている」（p. 61）と指摘します。リーダーシップの進化論は、これまで語られてきたよりも、もっと非線形なものです。デューガンは、リーダーシップの進化論に欠けているものを指摘し、脱構築していきます。ほかの学問分野ではなく、ビジネス、経営、心理学の文献ばかりから引用されているのはなぜか。極めて西洋的で米国中心的な視点を反映しているのはなぜか。文化、ジェンダー、人種、民族、性的指向やそのほかのインターセクショナルなアイデンティティへの言及が省かれているのはなぜか。さらには、社会的文脈を含めた

検討が省かれているのはなぜか。デューガンは、リーダーシップ理論を評価するにあたっては、目的、人びと、プロセス（私は4つ目に「地球」を加えたいのですが）にどれだけ関心を向けているかに注意を払うよう促します。

> 女性、有色の人びと、ほかマイノリティ化（minoritize）された人びとは、リーダーシップに関する語りから切り離されてしまっている。その人たちの物語はほとんど語られず、その貢献は正当なものとして扱われることがない。語りの過程で、リーダーシップは支配的なマジョリティと関連づけられる。女性、有色の人びと、ほかマイノリティ化されたグループの例がリーダーシップに関連づけられるときは、ほとんどが例外として、という扱いになる。（Dugan 2017, p. 67）

　1980年代以降、第三波、第四波のリーダーシップの時代が到来したという指摘もあります（Owen 2015）。第四波のリーダーシップ論は、リーダーシップの発達におけるイデオロギー、ヘゲモニー、社会的位置（ソーシャル・ロケーション）、権力、そしてエージェンシーを議論の俎上に据えます。特権的な西洋の学者によって誰の声が省かれてきたのか、先住民の声や個人よりも集団や共同体を重視する（collectivist）リーダーシップへのアプローチがどのように取り込まれてしまったのか、既存の理論を検証するものです。第四波リーダーシップ論は、批判理論（critical theory）の概念をリーダーシップ研究に結びつけ（第1章参照）、ジェンダーと同様にリーダーシップも社会的構築物だとします。ジェンダーとリーダーシップに対するアプローチを自覚することで、歴史と現在の文脈の中に自分自身を位置づけられることでしょう。

ジェンダーの社会的構築

　あなたは自分のジェンダーをどのように説明しますか？　性別？　ジェンダー表現？　性的指向？　日常生活の多くの場面で、性別（sex）とジェンダーは2つに分けて捉えられています。あなたの性別は男性か女性か、あなたのジェンダーは男性か女性か、あなたの性的指向はゲイかストレートかと、2つに分けられているのです。幸いなことに、この二元化された狭い世界観は問い直され

つつあります。性別やジェンダーの概念には、生物学的（遺伝子）決定論はほとんど関わっていないことがわかっています。むしろ、性別やジェンダーについて言及されることの大部分は、社会的に構築されたものです。社会的に構築されているというのは、その意味が社会的相互作用、つまり私たちがほかの人びとと行ったり、言ったりすることを通して生み出されて決められていく様子を表します。社会的に受容されるジェンダーの表現方法についての刷り込みは、人が生まれる前から始まっています。そして、こども期の社会化、つまり両親や宗教、仲間から教わることや、メディアや教育、そのほか社会全体的な力から学習することで加速していくのです。ボックス 2.2 に、本書全体を通じて使用される用語をまとめています。

ボックス 2.2　ジェンダー用語

　以下の定義は、Gay & Lesbian Alliance Against Defamation（名誉棄損に抗するゲイとレズビアンのアライアンス）（www.glaad.org）と Human Rights Campaign（人権のためのキャンペーン）（www.hrc.org）のウェブサイトから引用した。

○性別（sex）

　個人を男性または女性として分類すること。出生時に、乳児は外見上の解剖学的特徴に基づいて性別が決められ、出生証明書に記載される。しかし、人の性別は、実際には染色体、ホルモン、内外の生殖器官、二次性徴などの身体的特徴の組み合わせが影響する。

○ジェンダーアイデンティティ（gender identity）

　内的に深く抱く自身のジェンダー感覚。トランスジェンダーの場合、内的なジェンダーアイデンティティは出生時に割り当てられた性別と一致しない。ほとんどの人は、男か女（または男の子か女の子）というジェンダーアイデンティティを持つ。ただし、自分のジェンダーアイデンティティが2つの選択肢のいずれかにしっくりとあてはまらない人もいる（ノンバイナリーおよび／またはジェンダークィアを参照）。ジェンダー表現とは異なり、ジェンダーアイデンティティは可視化されていない。

第 2 章　いまこそ、女性「と」リーダーシップ

●シスジェンダー（cisgender）

　ジェンダーアイデンティティと出生時に割り当てられた生物学的性別が一致している人（例：男性と自認していて、出生時に男性に割り当てられている）。端的には、トランスジェンダーでない場合は、シスジェンダー。

●トランスジェンダー（transgender）

　出生時に割り当てられた性別とジェンダーアイデンティティおよび／またはジェンダー表現が、典型的な自認・表現とは異なる人をまとめて指す用語。トランスジェンダーの人びとは、「トランスジェンダー」を含む幅広いジェンダー用語のうちのひとつまたは複数を使用して自分自身を表現することもあるので、本人が好む用語を使用しよう。トランスジェンダーの多くは、自分の身体をジェンダーアイデンティティと一致させるため医師によってホルモン剤を処方されている。手術を受ける人もいる。しかし、全てのトランスジェンダーがそうできる・するわけではない。トランスジェンダーのアイデンティティは、外見や医療処置に左右されるものではない。

●トランス＊（trans）

　トランスジェンダーを意味する略語として、あるいはトランスジェンダー内のさまざまなアイデンティティを包含する意味で使われる。その意味は厳密ではなく、理解が広く共有されていないため、意味を理解していないかもしれない聴き手に使う場合は注意が必要。直接の引用や自身の語りの文脈でその用語の意味を明確に説明できる場合を除き、この用語の使用は避けること。

●ジェンダーノンコンフォーミング（gender nonconforming）

　従来の男性らしさ、女性らしさの期待とは異なるジェンダー表現をする人たちを表す用語。全てのジェンダーノンコンフォーミングがトランスジェンダーであるわけではなく、全てのトランスジェンダーがジェンダーノンコンフォーミングであるわけでもないことに注意。多くの人は型にはまらないジェンダー表現を持っているが、その事実だけでその人がトラ

ンスジェンダーだとは言えない。多くのトランスジェンダーの男性や女性は、慣習的に男性的または女性的なジェンダー表現をする。トランスジェンダーであったとしても、ジェンダーノンコンフォーミングだとは限らない。この言葉はトランスジェンダーの同義語ではなく、誰かがジェンダーノンコンフォーミングと自認している場合にのみ使用されるべき。

● **ノンバイナリーおよび／またはジェンダークィア**（nonbinary and/or genderqueer）
自分のジェンダーアイデンティティおよび／またはジェンダー表現を男性と女性のカテゴリーから外れるものとして経験する人によって使用される用語。自身のジェンダーを男性と女性の中間に位置すると定義することもあれば、これらの用語とは全く異なるものとして定義することもある。この用語は、トランスジェンダーやトランスセクシュアルの同義語ではない。ノンバイナリーおよび／またはジェンダークィアとして自認している場合にのみ使用されるべき。

● **クエスチョニング**（questioning）
自分の性的指向やジェンダーアイデンティティを探求していること、または自分自身の性的指向やジェンダーアイデンティティを探求している人。

○**ジェンダー表現**（gender expression）
自分のジェンダーの外見上の表現。服装、態度、社会的行動およびほかの要因の組み合わせによる表現で、一般には男性性と女性性の物差しで測られる。**ジェンダープレゼンテーション**とも呼ばれる（例：女性らしさ、男性らしさ、フェム、ブッチ、両性的、ジェンダーニュートラルなど）。

○**性的指向**（sexual orientation）
ある人がほかの人に対して惹きつけられる身体的、恋愛的、感情的な魅力のこと（例：異性愛、同性愛、ゲイ、レズビアン、両性愛、全性愛、無性愛）。ジェンダーアイデンティティと性的指向は同じではない。

第2章　いまこそ、女性「と」リーダーシップ

　哲学者のジュディス・バトラー（Butler 1990〔竹村訳 2018〕）は、著書『ジェンダー・トラブル』で次のように書いています。「ジェンダーの表出の背後にジェンダー・アイデンティティは存在しない。アイデンティティは、その結果であると考えられる「表出」によって、まさにパフォーマティヴに構築されるものである」（p. 34〔竹村訳 pp. 58-59〕）。私自身がそうしたように、幾度か読み返してみると、意味を理解することができるでしょう。ここでバトラーは、私たちに一定の振る舞い（より男性的、より女性的など）をさせるジェンダーの生物学的実在などないことを指摘しているのです。ジェンダーは実在ではなく、常に「遂行される」もの、つまりパフォーマティヴだということです。それは、「ジェンダーとは、人が〈なる〉ものであって、もともとそうで〈ある〉わけでないものならば、ジェンダーは一種の〈なること〉──つまり営為」（p. 191〔竹村訳 p. 201〕）だということなのです。ジェンダーは、歩き方や話し方、身につけるもの、それらの社会的意味づけにおいて遂行されるのです。もしジェンダー遂行のありようが、社会の考える二元論のジェンダーと一致しない場合（例えば、おてんばと自認する女子、自己主張がなくスポーツ好きではない男子）は、生きづらさや、ときには暴力的な事態さえ引き起こします。これは、特に西洋文化において顕著です。一方、二元論ではなく、第三、第四のジェンダー概念が文化の一部として認識される場や余白の存在も確認されているのです（ケニアのマショガ、エチオピアのアシュティメ、メキシコのムシェ、オマーンのカニース、多くの先住民コミュニティにおけるトゥー・スピリットなどを参照）。ジェンダーへの二元論以外のアプローチや、社会におけるジェンダー・イデオロギーの機能に関する詳細な研究は、ウェイドとフェリー（Wade & Ferree 2015）による『ジェンダー』が参考になります。

　ボックス 2.2 にある定義は、未完成で、変わり続けているものです。それらは女性嫌悪、人種差別、植民地主義という強力なヘゲモニーの力によって形成されています。ジュディス・ローバー（Lorber 1994）は『ナイト・トゥ・ヒズ・デイ：ジェンダーの社会的構築』で、ジェンダーの役割と規範が宗教や文化によって正当化され、法律によっても補強されていると指摘します。女性や男性の性器割礼、ベールの着用、纏足、豊胸手術といった文化的慣習について考えてみてください。構造的不平等の主要な構成要素であるジェンダーは、私たちが別のありようを想像できないほどに不可視化されているとローバーは指

摘するのです。同時に、ジェンダーは、権利と責任に紐づけられることによって、目に見える不平等な社会的地位を生み出します。ヘゲモニーがジェンダーを形づくると書きましたが、ヘゲモニーとは、支配的な集団による社会的、文化的、イデオロギー的影響力行使のプロセスなのです。

リーダーシップの社会的構築

　ジェンダー二元論に根差した規範に挑んだり、違反したりすると、大変な結果を招くことがあります。リーダーシップについても、似たような結果をもたらす規範があります。リーダーの特性とはどのようなものか、周りの人に聞いてみてください。強い、決断力、威厳、説得力、パワフルといった言葉が返ってくるのではないでしょうか。これらのうち、男性ステレオタイプに関連づけられやすいものはいくつあるでしょう。そして、それは、正しい関連づけでしょうか、それとも、私たちはリーダーシップをそのように捉えるよう、社会化されているのでしょうか。私たちが伝統的なリーダーシップ規範を否定したらどうなるのでしょうか。ムーアとサリヴァン（Muhr & Sullivan 2013）は、この問題を次のように説明しています。

> リーダーシップがジェンダー化されている理由を理解、場合によっては正当化するための議論が多岐に展開されている。女性よりも男性がリーダーとして「自然」であるとする生物学的議論から、男性に有利に働く社会的に構築された条件を強調する理論まで。私たちは、ジェンダーを生物学的決定論に拠るのではなく、言説的実践によって形成されたものとみなす。言説的実践とは、人びとが感情・身体感覚の両方を通じて遂行する、ジェンダーにまつわる一定の期待を構築していくものである。そのような実践は、リーダーシップ研究、リーダーシップに関する社会通念、そしてリーダーの行動に対するフォロワーの期待にまで、あまねく浸透している。（p. 417）

　デューガン（Dugan 2017）は、どのようなリーダーシップの研究においても、リーダーシップが社会的に構築される点を検討する必要があるとしています。

第2章　いまこそ、女性「と」リーダーシップ

「リーダーシップが意味理解や意味形成にかかわるものだとすれば、我々が構築する現実は、認識によって強力に左右されることに留意せねばならない」（p. 29）からです。では、どのようにすれば、リーダーシップにおいて「あたりまえ」とされている前提を明らかにできるのでしょうか。自分に問いかけてみましょう。「人は強くなければリーダーにはなれないの？」「強いとはどういうこと？」「誰が強さのありようを決めたの？」と。リーダーシップについて、自分があたりまえだと思い込んでいる前提を明らかにするのです。いったいどんな力が、私たちが世界をどう見るか、解釈するか、説明するかに影響を与えているのでしょうか。デイビスとハリソン（Davis & Harrison 2013）はそのような力について、「我々は、人間の差異、抑圧の連鎖、歴史、真の公正の犠牲の上に平等の幻想をもたらす制度的文脈をうやむやにしている、画一的な政策や慣習を問いただす必要がある」（p. 25）と指摘しています。

批判的に考察すること

　リーダーシップの検討は、グローバル、国レベル、地域レベルの課題に対処し、さまざまな業界や専門分野を横断して行われる必要があります。そのために、探究と知識創造への新しいアプローチが必要です。私たちは、ジェンダー、リーダーシップ、そしてそれらの交差への新しいアプローチを必要としているのです。その方法のひとつが、支配的なイデオロギーの正当性を問いただすことです。そのためには、批判的思考とともに、批判理論を参照することが必要になります。

　あなたは批判的思考と批判的省察の実践に慣れ親しんでいるかもしれません。批判的思考は多くの場合、問題や状況に論理を適用する、政治的に中立な取組だと考えられています。クリティカル・リフレクションは、批判的思考の枠を超えて、権力の性質や源泉を検討するものです。リーダーシップの取組によって誰が本当に利益を得て、誰が沈黙させられているか。どのような行動が表面的ではない真の変化をもたらすか。抑圧の社会全体的・制度的性質といった問題にも取り組むのが、クリティカル・リフレクションです（Owen 2016）。リーダーシップとクリティカル・リフレクションを接続することで、個人、グループ、コミュニティによるリーダーシップの取組が生み出す変革の可能性が

拡大するのです。それは次のブルックフィールド（Brookfield 1995）の助言にも見てとれます。

　　リフレクションが拠って立つ政治的基盤、次元、その結果を考えずにいることは容易である。しかし本来、どのように、何について省察するかを選び出すというのは、政治的な意味合いを持つものである。省察はそれ自体では不十分で、常に世界をどのように変えることができるかにつなげられるべきものである。（p. 217）

　批判理論（critical theory）とは、社会の理解・説明のみを志向するような理論とは対照的に、社会全体のありようを批判し、変革を志向するための社会理論です。それは、物事を説明するだけでなく、変えていこうとするものです。批判理論は、次のような問いを投げかけています。「支配的な社会・政治・経済・文化のシステムや構造の中に組み込まれている私たち自身のアイデンティティ・主観・前提は、私たちのリーダーシップへのアプローチをどのように形づくっているのか」。ジュディス・バトラーは、インタビューの中で、批判的であるということは必ずしも破壊的であることを意味するのではないと語ります。むしろ、より生きやすい世界を実現するために、私たちの思考が根ざす前提や仮定を検証しようとする意志を意味するということを、折に触れて思い出させてくれます。

　プレスキルとブルックフィールド（Preskill & Brookfield 2009）の「リーダーシップの9つの学習課題」は、批判的な意識を持ったリーダーシップを育成し、実践するための示唆を与えてくれます。表2.1 は、リーダーシップの各学習課題についてクリティカル・リフレクションをするための質問リストです。女性とリーダーシップの発達についての考え方を探求しながら、どのように各学習課題を実行できるか考えてみてください。ここでのポイントは、ジェンダーとリーダーシップの両方の背後にある、多くの隠れた前提や仮定を明らかにすることです。デイビスとハリソン（Davis & Harrison 2013）は、「我々が、知っていることをどのように知っているかという前提を掘り起こそうとしないのであれば、不公正なシステムを明らかにするために必要となる、根本的、かつ多くの場合、隠れた問いを問うことなどありえないだろう」（p. 19）と指摘しています。

第 2 章　いまこそ、女性「と」リーダーシップ

表 2.1　リーダーシップの学習課題についてのクリティカル・リフレクション

リーダーシップの 9 つの学習課題	クリティカル・リフレクションのための質問
他者の貢献に対して オープンでいること （開かれること）を 学ぶ	他者と協働することによって、どのようなリーダーシップの 知識、スキル、習慣を学んできたか、別の視点や、対話と熟 議にどの程度開かれているか。自分の意見の表明の代わりに 深い傾聴をしたとき、何が起こったか。
自分自身の実践を 批判的にふりかえる 方法を学ぶ	自分がリーダーシップ・プロセスに取り組む際、権力、権力 関係、権力の公平な配分の問題についてどれくらい配慮（そ して、反応）しているか。ヘゲモニー（あるひとつの考え方 が支配的になること）が作用していないか。自分、そして自 分がかかわる人びとが、民主的な成果を損なう考え方や信念、 価値観を内面化している可能性について、どの程度自覚して いるか。他者の行為主体性発揮をどのように支援しているか。 同僚や地域社会の人びとが、その人たちの仕事、学び、生活 を有意義にコントロールできるよう、どのような支援をして いるか。
他者の成長を支援 する方法を学ぶ	コミュニティ、運動、組織において積極的な参加者となるた めの他者の能力向上をどのように支援しているか。他者の沈 黙や撤退はどんなときに見られるか。他者の生活や人生を気 にかける、建設的な問いを投げかける、協働者のストーリー を学ぶ方法はどのようなものか。
集団的リーダーシップ の開発方法を学ぶ	英雄的で 1 人で何でもする、個人主義的なリーダーシップの 神話を問い直しているか。共有ビジョンをつくりだすために どのように他者と協力しているか。必要に応じて、自分の目 標よりもグループの目標や利益を優先させているか。
経験の分析方法を 学ぶ	自分の経験は、自分のコントロールを超えた力ではなく自 分がコントロール可能なことによって、どの程度形づくられ ているか。経験を検証するための別な見方をすると、自分の 経験に対する理解はどのように変化するか。どのようなリー ダーシップ経験が、行動の繰り返し、あるいは行動の回避を 促すか。
問うということを 学ぶ	知識の暗記を超え、発見と驚きをもたらすように問えてい るか。成果について、批評・検討するために、問いをどのよ うに使うことができるか。「決まりきったことを解きほぐし、 常識を脱構築する」（Preskill & Brookfield 2009, p. 130） ために、問いをどのように使えるか。

表 2.1　リーダーシップの学習課題についてのクリティカル・リフレクション（続き）

リーダーシップの 9 つの学習課題	クリティカル・リフレクションのための質問
民主的に生きることを 学ぶ	リーダーシップ（共有された目標に向かってエネルギーと才能を注ぐこと）は、いかにして本来の市民的責任の一部となるか。リーダーシップ（フルに参加し、熟議の結果に影響を与える平等な機会を持つこと）は、いかにして本来の権利となるか。地域社会の一人ひとりのニーズや関心に応じる民主的な対話をどのように促しているか。
困難に直面しても 希望を維持することを 学ぶ	希望を持つということは、いかにして社会変革の前提条件となりうるか。リーダーシップを発揮するにあたってはどうか。自分は希望を持つことをどのように続けているか。すでに決定されたことの問題点を明らかにするために、どのように異議を活用できるか。普通の人びとが並外れたことをしている例をどの程度共有しているか。
コミュニティを つくりだすことを 学ぶ	自分が所属するコミュニティは、この表で説明されている各原則をどのように体現しているか、社会を変えるために、共に考え行動する力をどのように活かしているか。コミュニティは、どのように資源の再分配を促しているか。権限と説明責任はどのように共有されているか。

出典：Preskill & Brookfield（2009）

　批判理論の哲学的源泉を詳細に探ることは本書の射程を超えるので、ここではこの後の章で扱ういくつかの中心的概念を見ておきましょう。まず、イデオロギー、ヘゲモニー、社会的位置（ソーシャル・ロケーション）、権力、行為主体性（エージェンシー）の概念、そしてこれらのプロセスがどのようにリーダーシップと学習へのアプローチに与える影響を形成しているかについての基本的理解が大切です。ブルックフィールド（Brookfield 2005）は、**イデオロギー**とは、大多数にとって真実かつ望ましいと思われる、広く受け入れられた一連の価値観、信念、神話、説明であると定義しています。イデオロギーの機能は、「既存の社会的慣習が自然に定められたものであり、全ての人の利益のためにあると人びとに納得させることによって［…］不公正な社会・政治秩序を維持する」（p. 41）ことです。イデオロギーよりも巧妙な社会的コントロールのありようが**ヘゲモニー**であるとアダムズら（Adams et al. 2013）は述べます。「被支配階級や従属階級の人びとが、単に劣っ

た立場を受け入れることを強要されるのではなく、その支配に同意」し、結果として「特定の文化的な信念や価値、文化的な実践が強化され、それ以外のものが潜在化したり一部排除されたりする」（p. 28）と解説しています。通常、イデオロギーは強制と恐怖を通じて（例えば、2017年のバージニア州シャーロッツビルにおける白人至上主義者のあからさまな行動）、ヘゲモニーは現状の黙認を通じて機能します（例えば、薬物所持に対する量刑がコカインとクラックでは差があり、白人に多いコカイン使用者の有罪判決や量刑が、黒人に多いクラック使用者に比べて少ないという現実に対する怒りがないこと）。デューガン（Dugan 2017）は、次のように注意喚起をしています。「ヘゲモニーは、意識の深部に作用するだけではなく、日常生活の機能としての社会制度によって補強されていくという点において、極めて強力である。それは、私たちがめったに目にすることがなく、一度たりとも名づけることがないほどに」（p. 37）。

　二番目に重要な概念は「社会的位置」です。社会的位置は、私たち一人ひとりの世界の体験の仕方、そしてイデオロギーやヘゲモニーの体験を左右するものです。社会的位置は、種々の個人的・社会的アイデンティティに紐づいた、社会における自分の位置づけを意味します。この概念は第3章でより深く掘り下げていきます。これらのアイデンティティの組み合わせによって、自分の世界の体験の仕方が形成されることを理解できるでしょう。また、これらのアイデンティティは、さまざまな形の権力やエージェンシーの感覚として表れます。**権力**とリーダーシップは直結するものです。双方とも影響力のプロセスを伴うからです。権力の種類と性質について、1968年、フレンチとレイヴンは、今日でも使用される重要な区別を提示しました（French & Raven 1968）。同時に持つことができる、次に述べる6つの異なるタイプの社会的勢力です。**正当勢力**とは、肩書きや地位を持つことで手にする影響力のことで、地位が高いほど増すとされます。**報酬勢力**とは、肯定的な結果を与えたり、否定的な結果を取り除く影響力です。**強制勢力**とは、その逆で、否定的な結果を与えたり、肯定的な結果を取り除く影響力です。**情報勢力**とは、ほかでは得られない知識、あるいは意思決定や仕事にとって重要と思われる知識によって発生します。**専門勢力**は、専門の知識、能力、スキルを持っていることから生まれます。**参照／準拠勢力**は、人間関係から発生します。その人が誰を知っているか、そしてサポート源としての人間関係の活用能力ということです。社会的勢力の種類に関連す

る概念として、行為主体性（エージェンシー）を持つという考え方があります。エージェンシーについて、ブルックフィールド（Brookfield 2005）は「力を持っている感覚、つまり、世界に対して働きかけるためのエネルギー、知性、資源、機会を持っているという感覚」（p. 47）と定義しています。さまざまなタイプの影響力を有していても、それを行使するエージェンシーを感じないこともありえます。

　さらには、リーダーシップの目的にも重要な違いがあります。あなたは、何かしらを変えようとするときに、平等、公正、あるいは解放を射程に入れていますか。平等と公正の違いを描いた有名なネットミームに、身長の異なる3人（背の高い人、中くらいの人、低い人）が木箱の上に立って、フェンス越しに野球の試合を覗こうとする場面があります。平等のシナリオでは、全員が同じ数の木箱を持ちます。中背の人にはちょうどいい数ですが、背の低い人には足りず、高い人にはそもそも不要です。平等とは、必要であろうがなかろうが、全員が同じ量の支援を受けるというものです。公正のシナリオでは、フェンス越しにゲームを見るのにそれぞれ必要な数の木箱を持っています。ここで示されているのは、同じ経験をするにしても、ほかの人よりも多くのサポートを必要とする人がいるということです。平等と公正の違いを示すのに役立つ可能性のある見せ方ではあるものの、的確な批判もあります。例えば、フェンスの存在です。そもそも身長の問題ではなく、試合を観るために支援が必要な状態になっているのはなぜか、ということです。この場面をシステムとして捉えることによって、抑圧を被害者の自己責任にするデフィシット〔足りないものを補う〕アプローチ（背の低い人が見えるようにするにはどうすればいいか）から、もっとインクルーシブにするために、文脈・状況自体をどのように変えられるか（フェンスをなくす！）という視点に移すことができるのです。機会均等、平等の権利、人間の自由への障害を取り除くという、「解放」の一例です。

ナラティブの力

　本章では、ジェンダーとリーダーシップについて考えるために重要なポイントをざっと説明してきました。ジェンダーとリーダーシップの交差についてより複雑な会話をするための、ボキャブラリー開発の始まりだと考えてください。フェミニズムとリーダーシップの社会的構築、さらには、批判的思考、リ

第2章　いまこそ、女性「と」リーダーシップ

フレクション、批判理論の本質といった重要な考え方から意味を汲みとり続ける方法に、あなた自身のジェンダーそしてリーダーシップの 旅 _{ジャーニー}とつなげて考える、というものがあります。ナラティブを用いる、つまり物語を語ること_{ストーリー}は、自己発見、リフレクション、そして癒し_{ヒーリング}のための奥深いツールとなりえます。ストーリーは、私たちの思考、感情、経験を他者に開き、うまくいけばつながりを見出させる力を持ちます。また、これまで気づいていなかったさまざまな経験のつながりにも気づかせてくれます。エクササイズ 2.2 の質問を読んで、あなた自身のストーリーを書いてみてください。

エクササイズ 2.2　じぶんのストーリーの書き手になる

「心の中で 2 匹の狼が戦っているようだ」と言う人がいた。「1 匹のオオカミは、復讐に燃えて、怒っている。もう 1 匹は、愛と思いやりがある」。どちらの狼がその戦いに勝つのかと尋ねられ、その人はこう言った。「わたしが餌を与える方だ」。（アメリカ先住民に伝わる 2 匹の狼の話）

この言い伝えの意味するところは、自分自身に対して語るストーリー、自分自身について語るストーリーが大切だということ。あなたのジェンダーとリーダーシップにまつわる経験に不可欠なストーリーはどのようなものだろう。それらのストーリーは、あなたの 旅 _{ジャーニー}、価値観、志について何を明らかにしているだろう。自分のストーリーを身近な人と共有することで、どのようなつながりが見つかるだろうか。ストーリーが変容と癒しの源であるとはいったいどういう意味だろうか。

ナラティブも強力ですが、カウンターナラティブは変革をもたらしうるものです。カウンターナラティブとは、歴史的に疎外されてきた人びとがストーリーを語ること、それに耳を傾けることです（Zamudio, Russell, Rios, & Bridgeman 2010）。カウンターナラティブを用いることで、これまで沈黙させられてきた人びとにエンパワメントとエージェンシーが生まれ、聴き手に理解とつながりをつくりだすことができるのです。カウンターナラティブが用いられた例には次のようなものがあります。先住民族コミュニティには、豊かな

口述歴史の伝統があり、オーストラリアのアボリジナルの人びとは、何千年もの間、生態系の知識、歴史的な出来事、スピリチュアルな伝統を伝えるためにストーリーを用いてきました。それが禁じられ違法とされたときでさえも。ラテンアメリカのコミュニティでは、人びとが直面している抑圧や社会的・政治的不平等を目撃した証として、テスティモニオを利用しています。1930 年代にハイランダー・フォークスクールを設立したアダムズとホートン（Adams & Horton 1975）、そしてかれらの同僚たちは、地域社会の問題を解決するためにストーリーテリング（物語で伝える活動）を用いました。それが、後の公民権獲得や人種差別撤廃の運動へとつながっていったのです。ナラティブの力については、本書の実践マニュアルである『大学における女性とリーダーシップ開発：ファシリテーションガイド』（Pigza, Owen, & Associates 2021）も参照してください。本書の各章は、短いナラティブあるいはカウンターナラティブで締めくくられています。ジェンダーについての考えやリーダーシップへのアプローチを形づくった経験について、大学生が書いたものです。一人ひとりが唯一無二である女性、男性、ジェンダーノンコンフォーミングな大学生によって生きられた経験のありのままの表現です。すでに書いた通り、性的暴力やハラスメント、試練などが描かれているため、読むのが困難なものもあります。同時に、力づけられたり、人生を前向きに捉えさせてくれるような話もあります。読者にとって苦痛の引き金となる内容である可能性について、できるだけ注意喚起していきます。しかし、物語のどの部分が読者にとって最もパワフルなものとなるかは、予測できません。書き手の言葉を体験し、自分の体験とどこが結びつくのか、あるいは結びつかないのか、ぜひ確かめてみてください。書き手の匿名性を守るための仮名と、自分自身のアイデンティティを表現する用語は各学生が用いたものを使っています。

　それでは、まず、白人、シスジェンダー、異性愛者、中流階級、クリスチャンの女性であるキャサリンのナラティブから始めましょう。学習障害のレッテルを貼られ教師から軽蔑的なコメントをされた経験。その経験を梃子にして教育者、リーダーとしての自らの 旅 を動機づけてきたというものです。

第2章 いまこそ、女性「と」リーダーシップ

| ナラティブとカウンターナラティブ | キャサリンのストーリー |

彼女は、世界に火をつけるわけではない
(It's Not Like She's Going to Set the World on Fire)

　わたしは7歳、先生たちの会議室にいました。お菓子と秘密でいっぱいの場所でした。そこにいる人たちはわたしについて、周りで、でも決してわたしに語りかけることなく話していて、椅子から足をブラブラさせていたのを覚えています。聞こえてきたのは……

　「この学年にしては発達が遅れている」

　「いい子だけれど、期待値を下げざるを得ない」

　「彼女は特定の才能はあるけれど、リーディングとライティングの点数が低すぎて……よくわからない」

　「ディスレクシア（読み書き障害）だ」

　その言葉の後、部屋は静かになりました。そのとき、先生が咳払いをして言ったのです。「彼女が得意なことはたくさんありますが、実際のところ、ディスレクシアなんです。彼女が大成功する（set the world on fire）なんて、ありえないですよね」。先生の目はまっすぐ母を見つめていました。

　世界に火をつける（set the world on fire）がどんな意味かわかりません。母からは、火遊びはダメと言われていたし、火をつけたことなんてありませんでした。自分の小さな頭を母の方に向けて見えた母の表情から、良くないことを言われたのがわかりました。その前の夏、独立記念日に弟が私のギプスに爆竹を入れたときの母の顔を思い出しました。母はわたしを見下ろし、額にキスをし、わたしの腕を掴むと、「今日は母と娘の日よ」と言いました。

　早退することになって、2人でアイスクリームを買いに行きました。車の中で母は黙っていました。ラジオの音が流れる中、「ママ、どういうこと？　世界に火をつけるってどういうこと？　どうしてわたしはそうできないの？」母はラジオを見て、バックミラーを見て、また黙り込みました。やがて母は音楽を止め、わたしの目を見て言いました。「かわいい子、これからも、あなたにはできない、なんて言うたくさんの人に出逢う。そして、十分に賢くないとか、強くないとか言われる。でもね、先生が言ったことなんか気にしちゃだめ。あなたは勇敢な子。これからも、いつだって十分に勇敢でいられるの。毎日、あなたがいっぱい愛し、懸命に働き、果てしなく闘うことによって、世界に火をつけて欲しいと思ってる」。そう、そしてそれ以降、わたしはそうしてきたんです。

61

訳注 ··

〔1〕Fで始まり、公の場では使われるのがはばかられる言葉。ここでは Feminism の F とかけられている。

第 **3** 章

リーダーとしての「わたし」とは、
いったい誰？

アイデンティティ、インターセクショナリティ、効力感が
リーダーシップの発達に果たす役割

ビジョンを実現するためにパワフルで――つまり全力で――いようとし続けるとき、怖れ
など気にしなくなる。
―オードリー・ロード『シスター、アウトサイダー：エッセイ・スピーチ集』(Lorde 1984)

　リーダーシップの 旅 ^{ジャーニー} における最大の困難のひとつは、古い格言でもある
「汝自身を知れ」でしょう。第2章で述べたように、リーダーシップに関する
支配的なナラティブは、リーダーというものを、未来を予見する能力や未来を
確信させるカリスマ的なコミュニケーションスタイルや、ものすごいことを実
現させるための決意と粘り強さを持った特別な人間として描き出しています。
しかし、最もよく語られる物語こそ、問われ、批評されるべきもの。実際、
リーダーというものは多くの人間と同じように、間違った、あるいは偏った思
い込みとともに苦労を重ねています。限られた情報を頼りに複雑な問題や課題
を理解しようと試み、不確実で変化し続ける状況下で前進しようと努力してい
るのです。ところが、十分なビジョンを描けない、欠点を持った人間としての
リーダーの物語が語られることはほとんどありません。なぜなら、壮大な人物
伝に比べるとインパクトや説得力に欠けるとともに、偉大な英雄対大悪人とい
うわかりやすい二元的イメージにあてはまらないからです。それは、キング牧
師の不倫やヒトラーが犬好きだったことを話すと驚く学生たちの様子にも表れ
ています。リーダーシップの善悪二元論を超えるためには、高次の思考力が必
要になります。リーダーというものは複雑な存在であり、矛盾したり、一貫性
に欠ける価値観や行動を見せることもあります。そのような相反性を受けとめ

| 63 |

るためには、リーダーシップは文脈や複雑性、そしてコミットメントに影響されるものという認識が大切になります。

　マキシーン・ホン・キングストン（Kingston 1976）[1]は、「パラドックスを内包する宇宙の広大さの如く、自分の考え方を広く、大きくすることにした」（p. 35）と書いています。パラドックスとは、一見矛盾しているようでいて、掘り下げてみると根拠や真実が証明されうる主張や命題を表します。リーダーシップに関連した多くのパラドックスのうち、クローニンとジェノヴィーズが示したものをエクササイズ3.1に紹介します。例えば、リーダーは自信家だとされる一方で、手柄を独り占めしない謙虚なリーダーも評価されること。独創的で先見性があり、将来的な課題に対処するアイデアが求められる一方で、現在の財政状況、組織や社会情勢をふまえることも要求されます。では、「正しい」導き方をどのように決めるのか。その前に、そもそも「正しい」導き方など存在するのでしょうか。存在するとして、誰が「正しい」方法だと決めるのでしょう。そう、これらの問いに簡単な答えはありません。実は私は、「偉大な」リーダーになるためのハウツーや名言が書かれたリーダーシップ本には懐疑的です。そのような本は、リーダーシップが文脈や自己認識^{セルフ・アウェアネス}から受ける影響について触れることはありません。しかし、自分自身の才能、強み、課題や制約を深く認識しながら（being deeply aware）リーダーシップに取り組むことが、不確実で複雑な時代において肝要です。自分のアイデンティティや価値観、キャパシティといったものは、あなたのリーダーシップへの効力感をどのように形づくっているでしょうか。

エクササイズ3.1　リーダーシップのパラドックス

　クローニンとジェノヴィーズ（Cronin & Genovese 2012）は『リーダーシップ・マターズ』で、リーダーシップ特有の葛藤を列挙する。一見相反したパラドックスについて、具体的なリーダーやリーダーシップのあり方を思い浮かべてみよう。あなた自身のリーダーシップの取組においては、パラドックスのどちらの要素を大切にしているだろうか。

〇冷静な算段 vs. 自然な行動

　リーダーはリーダーとしての自分をつくりだし続ける。リーダーとし

ての振る舞いは、通常、偶然ではなく、意図的なもの。しかし人びとは、リーダーが、率直、あるがまま、嘘がなく自然体であることや、集団外部から押しつけられるのではなく集団内部から現れることも望んでいる。

○リーダーがしていること？ それとも文脈がさせていること？

リーダーには大きな変化をもたらして欲しいと思いがちだが、それはリーダーの影響力を誇張しすぎた理想主義。多くの場合、リーダーというものは変革の主体_{チェンジ・エージェント}ではなく、所属組織の行為者_{エージェント}なのだ。

○リーダー／フォロワーのパラドックス

世論に従うのではなく、導くのがリーダーとされる。しかし、リーダーであると同時に、フォロワーであることも多い。実際、リーダーは従い、フォロワーが道を示したりリードしていることがよくあるというのが、大きなパラドックスのひとつ。変革がトップダウンではなくボトムアップで行われることが多々ある。そしてそれは支配的なエリート層からではなく、若い人たちからという場合も多い。

○道徳的 vs. 操作的

まっとうで公正、思いやりがあり、道徳的なリーダーが求められる一方で、時に、タフで自己主張が強く、抜け目なく、操作的で威圧的なリーダーが称賛され、必要とされることも。

○情熱 vs. 理性

リーダーシップには、激しさ、熱意、情熱、ドラマチックさ、自己 PR が求められることが多いものの、あまりにも属人的な爆発的エネルギーは組織を麻痺させうる。過剰な「個人崇拝」は依存体質や組織的な機能不全を引き起こしうる。

○代表しつつも、代表しすぎないこと

リーダーはフォロワーの代表者であるべきものの、代表しすぎないことが大切。フォロワーの相談に応じ、動かし、応える必要がある一方で、教

育し、意欲を促し、全員のベストを引き出していくことも必要である。

○自信 vs. 謙虚さ

　効果的なリーダーシップは、自信、大胆な希望、そしてときには怖いもの知らずの楽観主義を伴うもの。一方で、謙虚さ、自分を疑ってみることや自制心も不可欠。

○まとめるとともに分裂させる存在

　リーダーは効果的な交渉や連携関係の構築を通じて所属組織やコミュニティをまとめあげていく必要がある。その一方、組織に課題提起をし、現状に満足しきった状態（コンプレイセンシー）から引き上げねばならない。つまり、まとめる・分裂させるという両方の役割が求められるということ。

○ビジョナリー vs. 現実主義

　リーダーは、アイデア、理想、信条で動く、未来を思い描く者（ビジョナリー）でなければならない。同時に、論理、エビデンス、冷静な合理的分析に基づいた実用的な現実主義者であることも求められる。

出典：Cronin & Genovese（2012）

リーダーシップと自己認識（セルフ・アウェアネス）

　リーダーシップの発達に関する最も効果的な学習方法は、自分自身が経験した成功や失敗のふりかえりです。意義深い学びの機会となるような、印象的な瞬間や重大な出来事がいくつかあることでしょう。痛みを伴うような出来事については、忘れようとするのではなく、分析、省察することが必要です。過去の出来事からの学びを受け入れることで、自分の役割、志向や意思決定、さらには、より大きな社会構造が自分自身のリーダーシップの機会や選択に与える影響について、理解が深まります。

　ここで、弱さをさらけ出す実践として、私自身の大失敗からの学びの瞬間をひとつシェアしましょう。ちなみに、大失敗は数えきれないほどあります。

第 3 章　リーダーとしての「わたし」とは、いったい誰？

大学のリーダーシップセンター長をしていた私は、地元のジュニア・リーグ〔1901 年に社会活動家メアリー・ハリマンによって創設。女性の市民リーダー育成を米国、カナダ、メキシコ、英国で展開〕主催の女性リーダーシップをテーマにしたパネルディスカッションに、パネリストとして招かれました。事前に知らされていたのは、ビジネス、医療、非営利、教育分野でリーダー職を務める 5 名が登壇するということだけでした。それ以前にもよく地元団体が主催するパネルディスカッションに登壇していて、形式には慣れていました。パネリストの簡単な紹介後、テーマに関する鋭い問いが投げかけられ、その問いについてパネリスト同士が活発な意見交換や対話を行うものです。登壇にあたっては、テーマに関連したアイデアをいくつかメモしたカードを準備しておくのが常でした。さてここで、音響効果オン（不吉な音楽）。学生支援担当職の普段着（カジュアルパンツとポロシャツ）で会場に到着し、見渡すと……カチッとしたスーツに身を包み、私の月給より高価なハイヒールを履いた女性でいっぱいだったのです。5 名のパネリストはステージに並んで着席し、演台とマイクをスポットライトが照らし出す設えでした。司会者はパネリストを紹介し、それぞれの業界において自身のリーダーシップがいかに体現されているかについて、それぞれ 15 分間の講演を行う、と説明しました。意見交換スタイルではなくフォーマルな講演用の準備はしていませんでした。脳内は一気に加速、胃はキューッとなり、額には玉のような汗が浮かび、呼吸が浅くなるのがわかります。不幸中の幸いは、トップバッターではなかったことです。自分の番になるまでにどうにか考えをまとめました。登壇。アドリブで話をするのが好きだと前置きしながら、社会変革型リーダーシップモデルにおける 8 つの C〔本書 p. 72 参照〕を紹介し始めました。どうにかその場を切り抜け着席すると、隣のパネリストからこんな耳打ちをされました。「おつかれさま。カードを見てすごく心配していたのだけれど」。この経験をふりかえったとき、自分が陥りがちな誤った思考パターンに気づきました。過去に経験したパネルディスカッションをもとに未来を想定していたものの、未来は必ずしも過去と同じようになるとは限らないわけです。

　このような決定的な出来事は、自分の価値観を浮き彫りにしてくれるものです。私は自然体で臨むことに価値を置いていますが、周到な準備の価値も学ぶ必要があります。価値観は個人の行動を導くだけではなく、他者の行動を判断

する基準になるという点でも重要です（Rokeach 1973）。価値観は、興味関心とは異なるものです。興味関心は自分の嗜好のことであって、他者を評価するためには使いません（例えば、サッカーは私の興味関心であって、価値観ではありません）。価値観はまた、ニーズとも異なるものです。ニーズは行動の動機になりますが、満たされれば永続しません。価値観の中でも社会的に適用されたものが倫理です。自分にとって優先順位の高い価値観は、仕事やキャリア、人間関係、趣味、スピリチュアリティなど、人生のさまざまな場面での選択を決定づけます。自分が持つ価値観どうしの衝突も、特に生活上の役割に関連して起こることがあります。例えば、キャリアにおける価値観と家族についての価値観が衝突、競合すると、両面価値感情、先延ばし癖、ストレスや不安を抱える場合もあります。特に女性に生じやすいという点は、この後の章で詳しく説明します。大切なのは、自分の価値観と行動を一致した状態にすることです（エクササイズ 3.2 で、自身の価値観と行動の一致について検討してみましょう）。価値観は文化の影響を受けます。文化そして社会化のプロセスは価値観とは切っても切り離せないので、ジェンダー、人種、エスニシティによって価値観は異なりうるのです。価値観は短期的・長期的な目標や人生の満足度も規定します。

　自分が持つ価値観どうしが対立した場合、どうなるでしょうか。例えば、生活の保障や安定に価値を置くゆえに、高収入ではあるものの惨めな気持ちになる仕事に就き、幸せでいたいという想いに反する、というような場合です。自分が大切にしたいことを、どのように見直し、見定めたらよいのでしょうか。そのようなセルフ・アウェアネス（自己認識）は、ポスト工業化時代のリーダーシップ理論の多くにおいて重視されているものです。自分のことはよく知っていると思いがちです。無事大学に入学できているとしたら、あなたのこれまでの人生はそれなりにうまくいっているのでしょう。高校で一定の成績を獲得するためのスキル、能力や粘り強さ、大学に出願し学費を納めるという課題解決能力、そして夢を現実にするためのコミットメントがあったわけですから。それと同時に、人生で学ぶべきことはまだたくさんあり、なかでも最も重要な学びは授業や本だけではなく、経験や人間関係から生まれるということもわかっていることと思います。いつ自分が変わる必要があるか、どのように自分を変えればよいのか、それはどのようにわかるでしょうか。エクササイズ 3.3 で、変化からの学びについて考えてみましょう。

エクササイズ 3.2　価値観と行動は一致しているか

　先週1週間の時間の使い方について、カレンダーを確認するか、思い返してみよう。学校、家族、友人、スピリチュアリティ、SNS、何らかのグループや組織、それぞれにどれくらいの時間を費やしているか。誰かがその時間の使い方を見たとして、あなたにとって一番大切なものが何かを推し量ることができるか。自分の価値観を反映しない時間の使い方をしているとしたら、それはあなたの目標達成感や充足感に対してどんな意味を持つか。例えば、私の例だと、家族との関係が大切としながら、今週は家族に電話もせず、一緒に過ごす時間もなかった、というような場合。

エクササイズ 3.3　変化から学ぶ

　政治的な信条、宗教で大切にされている価値、あるいは論争中の社会問題など、自分にとって重要なことについて、最後に考えを変えたのはいつか。何がきっかけで、それまで信じていた考えに疑問を持つようになったか。それまでのスタンスを保ちながら、どのようにして新しい情報を受けとめられたのか。考えを変化させたときを思い出せないとしたら、それは、新しい情報や経験に対するあなたの開放性について何を示しているだろうか。また、あなたのリーダーシップの旅にどのような影響を与えるだろうか。

　第2章ではリーダーシップの一般的な理論やアプローチ（特性、スタイル、行動、状況など）を簡単にまとめ、ポスト工業化時代のリーダーシップ理論（知識社会のリーダーシップ）が工業化時代のリーダーシップ理論とは異なる特徴を持つことに言及しました。ポスト工業化時代のリーダーシップ理論に共通する大きな特徴は、セルフ・アウェアネスの重視です。以下では、現代の代表的なリーダーシップ理論とともに、各理論における自己認識の役割について説明します。

○適応型（adaptive）リーダーシップ

　適応型リーダーシップとは、人びとが困難な課題に対処し解決する活動を指します（Heifetz 1994）。ハイフェッツは、世の中には解決策がすでに存在する

技術的問題と、答えが存在しないゆえに実験や新しい学習、行動の調整が求められる適応課題の2種類が存在すると指摘します。適応課題に対しては、与えられた権限（他者から与えられた力）とリーダーシップの区別や技術的問題と適応課題の見極めといった、セルフ・アウェアネスが鍵となる能力を培うことが必要です。セルフ・アウェアネスを深めるプロセスは、学び続けることや個人的および組織的な価値観・ミッションへの留意、そして行動を起こす勇気を伴うものです。

○オーセンティックリーダーシップ

　オーセンティックリーダーシップとは、高次の目的（パーパス）、意味、価値観を通じてリードすること、そしてメンバーと、本物の末永い関係を築くものです（George 2003）。リーダーシップにおける自分らしさ（オーセンティシティ）、ありのままで偽りのないありようを育むには、セルフ・アウェアネスが要です。オーセンティックなリーダーは、1人の人間としての自分自身そして他者が、世界をどのように捉えているかを理解するために学び続けようと常に努めるなど、他者からの信頼が生まれる行動を実践しています。ジョージ（George 2003）は次のように記します。「よいリーダーになるためには、自分自身を成長させる必要がある［…］オーセンティックリーダーへの成長とは目的地のことではなく旅（ジャーニー）自体を指す。本当の自分、そして自分の人生の目的を見つけるための旅（ジャーニー）そのものなのだ」（p. 27）。

○感情知性型（EQ）リーダーシップ

　感情知性型リーダーシップとは、ダニエル・ゴールマン（Goleman 1995）が提唱する「自分自身と他者の感情を認識し、調整する」（p. 2）能力である感情知性（emotional intelligence）を土台とするものです。感情知性型リーダーシップ、つまり感情知性を伴ったリーダーシップは、自己への意識、他者への意識、文脈への意識の3つの側面に注意を向けます（Shankman, Allen, & Haber-Curran 2015, p. 10）。自己に意識を向けることは感情知性型リーダーシップ開発に不可欠です。自己への意識は、自身の能力、感情や認知の自覚、そして、「リフレクションや内観という内的作業を重視し、セルフ・アウェアネスとは常に進行するプロセスであるという理解」（Shankman, Allen, & Haber-Curran 2015, p. 10）を伴います。また、自己への意識は、自己の感情の認識、自己の感

情の制御、真正性、健全な自己肯定感、柔軟性、楽観性、自発性、達成感にも含まれます。

○関係性（relational）リーダーシップ

　関係性リーダーシップにおいて、リーダーシップは「人びとが共にポジティブな変化を成し遂げようとする、関係的で倫理的なプロセス」（Komives et al. 2013〔日向野監訳 2017〕, p. 95）とされています。関係性リーダーシップの５つの要素は、（1）高次の目的や意味への留意[2]、（2）多様な人びとそして視点の包摂、（3）関係者をエンパワーすること、（4）倫理的であること、（5）これらの４要素はプロセスの重視によって可能になること、というものです。ここでは、自分自身が知る（knowing）、在る（being）、行う（doing）ことについてのセルフ・アウェアネスが必要になります。自分自身と他者を知り、新しい知識や能力をつけていくのです。違いに開かれていることや、異なる見方や方法を大切にする必要があります。関係性リーダーシップの実践には、傾聴、理解にむかうための誠実な議論（シビル・ディスコース）、協働といった行動も不可欠です。

○サーバントリーダーシップ

　サーバントリーダーシップの出発点は、「誰か／何かのために役立ちたい（to serve)」という自然な感情です。そして、効果的なリーダーは、まず仕える人（サーバント）であるというものです（Greenleaf 1977）。サーバントリーダーシップが目指すところは、人の人生を豊かにし、よりよい組織をつくり、究極的にはより公正でケアし合う世界をつくりだすことです。サーバントリーダーシップは、自身の「誰か／何かのために役立ちたい」という気持ちへのセルフ・アウェアネスから始まるのです。最近では、セルフ・アウェアネスを含むサーバントリーダーの特徴の研究が進んでいます。スピアーズ（Spears 2010）は次のように述べます。

　　物事への気づき・認識（アウェアネス）、特にセルフ・アウェアネスは、サーバントリーダーを強くする。アウェアネスによって、倫理、権力や影響力、価値観がかかわる問題の理解が促されるからである。それは、多くの状況を統合的で全体的な視点から見ることを可能とする。グリーンリーフの言葉を借り

れば、「アウェアネスは慰めや癒しを与えるものではなく、その全く逆である。つまり、混乱させ、覚醒させるのだ。有能なリーダーというものは、多くのことがはっきりと見えており、それなりに混乱もしている。しかし、慰めや癒しを求めはしない。内なる平穏があるのだ」(pp. 22-27)

○社会変革型リーダーシップ

リーダーシップ開発の社会変革モデルでは、リーダーシップを、社会にポジティブな変化をもたらす、高次の目的を有した協働的で価値観に基づくプロセスとしています (Higher Education Research Institute 1996)。同モデルは、リーダーシップとは立場ではなくプロセスであり、そのプロセスは公正性、社会正義、自己理解、個人のエンパワメント、協働、市民性、奉仕の価値観に根差すものであると明確に打ち出しています。自己理解、つまり、自身の強み、価値観、そして興味関心についての理解は効果的なリーダーシップのためのキャパシティに影響を及ぼすため、特に重要とされています。社会変革型リーダーシップに不可欠な8つのCとは、自己意識 (Consciousness of self)、自己一致 (Congruence)、コミットメント (Commitment)、協働 (Collaboration)、高次の目的の共有 (Common purpose)、相互理解に向かうための丁寧な論争 (Controversy with civility)、市民性 (Citizenship)、そして変化 (Change) です。これらの価値観がそれぞれ個人、所属集団、コミュニティ・社会の3つの次元に分類されています。個人次元に分類されているものは、(1) 自己意識 (個人の行動の動機となる信念、価値観、態度、感情の自覚)、(2) 自己一致 (他者に対して、自身の考え、感情、行動に一貫性、真正性、正直さをもって接すること)、(3) コミットメント (役に立とうと動機づけ、チームの協力を駆動するような情熱、真剣さ、エネルギーをもって臨むこと)、です (HERI 1996)。

セルフ・アウェアネスを深める方法

ネットや地元の書店を探してみれば、「自己啓発」や「自己発見」といった情報源は無数にあります。セルフ・アウェアネスについて理解するために役立つツールや解説を提供しているものもあれば、荒唐無稽に近いものもあります。リーダーシップに関連するセルフ・アウェアネスを探求し、深めるための

いくつかの方法を以下に紹介します。

○診断テスト

　自分の性格、タイプ、リーダーシップのスタイルの隠れた面を明らかにすることを目的としたアセスメントやクイズは数多く存在します。最もよいのは、実証的研究に基づき、妥当性と信頼性が確立されたものです。パフォーマンスや能力のピア評価を求めるものもあれば、自己申告だけのものもあります。これらのアセスメントはリーダーシップの特性理論に根ざしているため、その結果をリーダーシップ開発に活用する際には注意が必要です。診断結果を用いてレッテルを貼る危険性もあるからです。有料のもの、無料のものがあります。大学生のリーダーシップや教育で人気があるものをいくつか紹介します〔日本語版があるものもあります〕。

- ・クリフトンストレングス〔旧称：クリフトンストレングス・ファインダー 2.0〕（www.gallupstrengthscenter.com）
- ・DiSC クラシック（The Dominance, Influence, Steadiness, and Conscien-tiousness Scale 2.0）（www.discprofile.com）
- ・The Emotionally Intelligent Leadership Inventory for Students
- ・マイヤーズ・ブリッグス タイプ（MBTI）（www.mbtionline.com）
- ・The Student Leadership Practice Inventory（www.studentleadershipchallenge.com）
- ・VIA Survey of Character Strengths（www.viacharacter.org）

○コミュニティ・エンゲージメント

　コミュニティ・エンゲージメントの定義は、「高等教育機関とコミュニティが、相互にとって有益な知識や資源をやりとりするために、互恵的な文脈の中で連携・協力すること」（Carnegie Foundation for the Advancement of Teaching 2015, 第 14 パラグラフ）です。地域コミュニティとのかかわりは、自分自身そして世界における自分の立ち位置についてより深く学ぶために最適な方法のひとつです。コミュニティ・エンゲージメントの高次の目的のひとつは、民主主義的価値観と市民的責任感を強く持った、教養があり関与する市民の育成です。

サービス・ラーニングや地域連携学習、参加型アクション・リサーチ、体験的学習などでも経験できるものです。デューガン、コダマ、コレイアとアソシエイツ（Dugan, Kodama, Correia, & Associates 2013）は、「コミュニティ・サービスへの関与は、リーダーシップ・キャパシティを示す強力な予測因子であり続けている」（p. 12）と述べます。しかし、単にコミュニティ・サービス活動を行うよりも、コミュニティとのかかわり方、そしてリフレクションや経験からの学び方の質が重要になります。コミュニティとのかかわりは、セルフ・アウェアネスや集団活動のスキルを培い、特定の社会課題についての個人的なコミットメントを深め、変革を生み出すために複雑な状況の中で活動するレジリエンスを育み、既存の社会システムや制度運用が根ざす前提を問いただす可能性を持っているとデューガンらは指摘しています。

○クリティカル・リフレクション（critical reflection）

　本章の冒頭で、私自身の過去の経験（恐怖のパネルディスカッション）のリフレクションによる学びを共有しました。大切なのは、日常生活で行うふりかえりと、クリティカル・リフレクションを区別することです。ジャコビー（Jacoby 2015）は、「クリティカル・リフレクションとは、さまざまな問題や知識という広い文脈において、自分の経験を分析し、再考し、問い直すプロセスである」（p. 26）と定義しています。クリティカル・リフレクションは政治性を伴うことが多々あります。それは、経験や問題の背景に働いている社会的、政治的な力や覇権的イデオロギーを検証し、第2章で検討したような社会変革のための行動へと明示的につなげていくという志向性です（Owen 2016）。単なるクリティカル・シンキングとも異なるクリティカル・リフレクションは、権力の性質と源を見定め、自身のリーダーシップの努力によって誰が利され、誰が沈黙させられているのかという視点を持ちながら、社会全体的・制度的な抑圧という課題に取り組むためのものです。セルフ・アウェアネスや成長のための強力なツールとなるものなのです。

○違いを超える対話（Dialogue Across Difference）

　違いを超える対話や類似した民主的な対話のアプローチ、そして社会文化的会話と呼ばれるものは、違いについて（例：多様な視点の存在を明らかにする

ようなトピックについて）、違いを超えて（例：異なる背景や考え方を持った人たちと共に）、他者とかかわるプロセスを指します。リーダーシップに関する多機関合同研究（MSL）によると、このような対話の実践は、あらゆる人口集団〔同研究では、白人、先住民族、多民族ルーツ、中東、ラティーノ、アジア・太平洋諸島、アフリカ系・黒人の7集団についてのデータを収集している〕の大学生の社会的責任リーダーシップ・キャパシティ[3] に最も影響する予測因子となっています（Dugan et al. 2013）。デューガンらは、社会文化的会話がリーダーシップ開発において極めて重要な影響を与えうるのは、学生たちに次のことを求めるからだと指摘しています。

・自分自身の視点を整理、言語化、表現する
・他者の世界観を理解しようと努める
・個人の価値観は社会構造や社会構造に拠った見方から影響を受けることを理解する
・ポジティブな変化に向かって「違う」コミュニティとどのように協力するかを見出す

○フィードバックを求める

　ブレネー・ブラウン（Brené Brown）は2018年の著書『デア・トゥ・リード』で、リーダーシップの学びにおいてはフィードバックを得ることが重要であると述べます。タスクや役割を全うしたいのであれば、フィードバックに対してオープンである必要があります。しかしそのプロセス、特に批判的なフィードバックによって、傷ついたり、不快な思いをすることも少なくありません。ブラウンはそのようなフィードバックを受けるための戦略を挙げているのですが、そのうちのひとつが、フィードバックの恐れに向き合うために自分に対して唱える言葉を持っておく、というものです。彼女のものは、「私には聴く勇気がある」（p. 203）。私は、フロリダ州立大学のリーダーシップ教育者であるキャシー・ガスリーが教えてくれた言葉をよく使います。それは、「フィードバックは愛」というものです。ブラウンは、受けるフィードバック全てについて繰り返し考え込んだり自己防衛的になるよりも、自分に役立ちそうなものだけを受け入れることを勧めます。フィードバックから逃げずに、「聴く、フィー

ドバックを検討する、フィードバックを責任をもって生かす。それらを巧みに組み合わせていく」（pp. 204-205）ことが、フィードバックを受ける目的だと述べています。

○メンタリング

リーダーシップに関する多機関合同研究（MSL）はメンターを、「学生の成長を意図的に支援し、キャリアや個人としての成長に資する機会につなげる、大学教職員、雇用者、家族、地域住民や同年代の仲間」（Dugan et al. 2013, p. 10）と定義しています。メンターや他者と有意義な関係を築くことは、自分自身について深い洞察をもたらし、社会的責任リーダーシップの発達にも影響を与えます。ただし、デューガンら（Dugan et al. 2013）は、「全てのメンター関係が、学生のリーダーシップ発達に同様の効果をもたらすとは限らない。人種によって効果のあるメンターは異なる」（p. 10）ことを明らかにしています。具体的には、アフリカ系アメリカ人／黒人、アジア太平洋系アメリカ人、そして白人の学生のリーダーシップ開発には、メンターとしての教員が重要だと示されました。多様な文化的背景を持つ学生には学生課などの職員、そしてラテン系の学生にはピアメンターが効果的とされています（Campbell, Smith, Dugan, & Komives 2012）。

○セルフ・オーサーシップ

セルフ・アウェアネスを培うために、より複雑なセルフ・オーサーシップ〔自分自身の人生の書き手となること〕についても検討してみましょう。すでに実感しているかと思いますが、大学時代はさまざまな移行が起こる時期です。アーネットとタナー（Arnett & Tanner 2006）は、思春期と成人の間の時期を、**成人形成期**（emerging adultness）と呼びます。社会人学生であるなら、キャリアチェンジや職場から教育環境、またその逆という移行も経験しているはずです。この時期は、単なる学位取得を超え、自分自身のアイデンティティ、他者とつながる能力、そして意味づける力を自覚させるようなプロセスが起こります。

バクスター＝マゴルダ（Baxter-Magolda 2001, 2004, 2014）はそのプロセスを**セルフ・オーサーシップ**と呼び、「自身の信念、アイデンティティ、社会的関係

を定義する内的能力」(Baxter-Magolda 2014, p. 25) と定義しています。セルフ・オーサーシップ理論は、核となる次の3つの問いに答えようとするものです。私はそれをどのように知っているのか（How do I know?)、私は何者か（Who am I?)、私は他者とどのような関係を望むのか（What relationships do I want with others?)。セルフ・オーサーシップは4つの段階から構成されます。第1段階は、**外的な公式に従っている**状態です。それは、他者が決めた計画に、たとえ自分自身が同意したゆえにその計画が存在していたとしても、自分ではなく他者が決めたこととして従う、という姿勢です。第2段階は、これまで従ってきたものを自分にそぐわないように感じ、新たな計画を必要とする**岐路**に立つ時期です。この時期は、自分自身に対する不満や、「若年成人が自分の道を切り拓こうとする中で、外部からの影響と内なる声の高まりとの間」(Baxter-Magolda 2014, p. 28) に葛藤が生じることが多々あります。対立や反対意見に直面した際に、自分自身の考え方に拠って立ち主張する選択ができるようになるのが、セルフ・オーサーシップ、すなわち**自分の人生の書き手となる**という第3段階です。自己決定に基づいた信念体系に根差し、強い自己意識と人間関係における相互関係を展開できるようになるのが第4段階です。セルフ・オーサーシップの**内的基盤**を有する状態です。

　リーダーシップ学習では、セルフ・オーサーシップのプロセスが不可欠です。バクスター=マゴルダ（Baxter-Magolda 2014）は、激動の時代においては、より複雑な「知る」方法が必須であると述べます。

　　この変容的学習、つまり曖昧さへの対処を可能とする、より複雑な意味づけの仕方への移行は、広い世界の市民として活躍する人を育成する大学教育にとって、核となる課題である。現代の社会人生活を特徴づける曖昧さの中で力強く生きていくために、大学生はセルフ・オーサーシップすなわち自分の信念、アイデンティティ、社会的関係を決定する内的能力を身につける必要がある。(p. 26)

　しかし、エイブスとヘルナンデス（Abes & Hernández 2016）は、セルフ・オーサーシップのモデルを社会的に不利な立場にある人の観点から問い直しています。それは、セルフ・オーサーシップが個人が置かれた文脈ではなく、個

人そのものに着眼してきたという指摘です。

　　長い間、文脈は人間の発達のありように関係するものとされてきた。しか
　　し近年の研究者は、そのような文脈の中でも特に人種差別、階級差別、異
　　性愛主義などの抑圧のシステムとセルフ・オーサーシップの発達の相互作
　　用を検証しつつある。抑圧のシステムへの着眼は、研究対象を個人そのも
　　のから、人種差別的、階級差別的、異性規範的な文脈などの個人をとりま
　　く社会環境へとシフトさせるのである。(p. 97)

　この研究が明らかにしたのは、抑圧的なシステム内では、個人の内なる声を
発達させるのは潜在的に困難であるということです。セルフ・オーサーシップ
理論について、個人が何かを欠いているという観点（a deficit perspective）を離
れて、より集団的で批判的なアプローチによるさらなる検討が必要だとしてい
ます。
　エイブスとヘルナンデスによる、セルフ・オーサーシップの再検討のための
具体的な指摘は、(a) 周縁化されたアイデンティティを持つ人びとが「知る」
営為を検証すること、(b) 共同体が持つ知識、共同体内の人間関係と自己意識
に留意する、(c) ターゲット・アイデンティティ〔次項で説明〕の人びとのエー
ジェンシーと真正性に結びついた困難とリスクを考慮する、(d) アイデンティ
ティの行為遂行性（パフォーマティビティ）を確認する、というものです。4点目
の行為遂行性については、第2章のジェンダーそのものが行為遂行性であると
いう議論にも通じます。エイブスとヘルナンデスはまた、抑圧のシステムにおけ
る学生の抵抗のありようを、セルフ・オーサーシップと対立するものとせず
に検証すべきと指摘します。このように、セルフ・オーサーシップ、そしてク
リティカル・セルフ・オーサーシップがいかにリーダーシップと関係するかに
ついて、さらなる検討が必要でしょう。セルフ・オーサーシップは、リーダー
シップに欠かせないものでしょうか。抑圧からの解放（liberation）においては
どうでしょうか。セルフ・アウェアネスとセルフ・オーサーシップを論じるに
あたって極めて重要となる概念が、アイデンティティと 交 差 性 です。

アイデンティティとインターセクショナリティ

　自分自身のセルフ・アウェアネスへの 旅 をふりかえってみましょう。個人的、社会的アイデンティティは、あなたのリーダーシップ・ジャーニーにどのくらい影響を与えてきたでしょうか。**個人的なアイデンティティ**とは、自身の役割や責任の集合体です。あなたは姉それとも妹ですか。姪、叔（伯）母、母ですか。監督者、それともアシスタントでしょうか。こういった役割の結びつきが、あなたの人間関係や経験を形づくっています。エクササイズ 3.4a には、自分の経験に多大な影響を与える社会的アイデンティティ（人種的、文化的、宗教的、性的、障害の有無など）を並べています。これまで自分の**社会的アイデンティティ**が日常経験に与える影響を感じることが多々あったのではないでしょうか。ほとんどの人は、ターゲット（target）とエージェント（agent）両方のアイデンティティを持つとされます（Davis & Harrison 2013）。**ターゲット・アイデンティティ**とは、社会的な抑圧の標的となる個人のアイデンティティの側面です。それに対して**エージェント・アイデンティティ**は、社会的に利益が与えられた特権的集団と合致する個人のアイデンティティの側面を指します。ターゲット・アイデンティティ保有者が、エージェント・アイデンティティ保有者によるステレオタイプや誤った情報を信じ始めるという、**内面化された抑圧**を経験することもありえます。そのような経験については、内面化されたジェンダー由来の抑圧を取り上げる第 8 章で掘り下げます。多くの人は、**ステレオタイプ化**の対象になっています。ステレオタイプ化とは、社会的アイデンティティを構成するひとつの側面（人種や宗教など）を、その人のアイデンティティの全てとみなすことです。しかしアイデンティティには、他人から見えやすい要素（肌の色や年齢など）とともに、隠れていたり、隠されたりする側面（能力や性的指向など）もあります。

　デイビスとハリソン（Davis & Harrison 2013）は、「アイデンティティは単に私的で個人的なものではなく、個人と社会の間で起こる複雑な交渉」（p. 33）という重要な見解を示します。第 2 章で述べたように、アイデンティティは社会的に構築されるため、立場性、優位性、従属性の影響を受けます。人は自身をとりまいている世界やそこにいる他者とのかかわりあいの中で、強いメッセージを吸収していきます。社会における自分自身の特権性に気づかない、あるいは、

気づきたくないこともあります。**特権**とは、「アイデンティティの特定の要素だけに基づいた、一部の人間だけが労せずして享受する権利、利益、免除」（p. 35）というものです。その特権について、最近、ハイキングに出かけた国立公園の日当たりのよいベンチで休憩しながら考えていました。自分自身の白人としての特権です。ポカポカの陽射しとハイキングの疲れから、そのベンチで横になり昼寝をしました。私は白人であるゆえ、「徘徊している」と警察に通報されたり、公園にいる権利を問われたりすることはありませんでした。アイデンティティにまつわる**実力主義神話**が存在します。特に、白人である私のようにエージェント・アイデンティティを持つ集団に属する者が、全ての人びとは公平な土俵にいるとみなし、政策や慣行がターゲット・アイデンティティ保有者に与えうる異なる影響を看過するというものです。しかし同時に、エージェント・アイデンティティ保有者自身が、社会全体的（システミック）な抑圧こそが変えられるべきものと捉えるのではなく、自分自身を変えられないと無力感を持つこともあります。それは、デイビスとハリソンによる「我々は、個人と制度をまぜこぜにしている」（p. 39）という指摘そのものです。エクササイズ 3.4b で検討するように、アイデンティティの社会的構築は次の観点から重要なものです。

　誰が成功する・しないか、誰が必要不可欠な資源を利用でき、誰が生活、自由、幸福の追求にあたっての障害を持っているか。個人の努力と人格こそがそれらを決めるという考え方。アイデンティティの社会的構築を理解することは、そのような考え方に待ったをかける。（Davis & Harrison 2013, p. 33）

エクササイズ 3.4a　社会的アイデンティティ

　以下の社会的アイデンティティのカテゴリーについて、あなた自身のアイデンティティの要素を表す説明を書き出そう。続いてエクササイズ 3.4b にある問いに答えてみよう。

年齢：

認知、発達、情緒的能力：

エスニシティ：

第 3 章　リーダーとしての「わたし」とは、いったい誰？

ジェンダー：

使用言語：

国籍：

身体能力：

人種：

宗教または信仰：

性的指向：

社会経済的階層：

エクササイズ 3.4b　アイデンティティ、優位性、従属性

　エクササイズ 3.4a にあるアイデンティティのカテゴリーのうち、あなたが最もよく考える要素は何だろうか。自分自身を 1 人の人間として見るうえで、そのアイデンティティ要素はどのような役割を果たしてきたか。最も気にかけないものはどれで、それはなぜか。気にかけることが少ないものほど、社会で優位にある、つまり特権を有しているアイデンティティ要素であることに注意しよう。自分のアイデンティティのどの要素についてもっと学び、より深く探求したいだろうか？

出典：Center for Service-Learning & Civic Engagement, Michigan State University（2015）

　複数のアイデンティティについて語るうえで、交差性は重要な概念です。インターセクショナリティとは、権力、特権、抑圧が絡み合うシステムが持つ影響や、これらの力がいかに日常経験や複数の社会的アイデンティティを形づくっているかを表す言葉です（Crenshaw 1989, 1991）。インターセクショナリティという言葉のルーツは、フェミニズムに直結しています。キンバリー・クレンショー（Kimberié Crenshaw）は『シカゴ大学リーガル・フォーラム』に掲出された 1989 年の論文において、人種差別と性差別を別々に取り扱うことは、黒人女性の理論的抹殺、そして黒人女性が負う多重の負担の無視につながると主張しました。クレンショーは、2015 年のワシントン・ポスト紙にこう書いています。

法学部の若い教員として、この深刻な不可視性を法との関連で定義したいと考えた。人種差別とジェンダー差別は職場のみならず、日常生活のあちこちで重なり合って起こっていたのだ。同様に深刻だったのは、フェミニストや人種差別反対主義活動家の主張においても、その重なりの視点がほぼ存在しないことだった。そこで、インターセクショナリティという私なりの試みを通じて、フェミニズム、人種主義反対主義アクティビズム、差別禁止法がなすべきことをさせようとした。人種そしてジェンダー由来の抑圧が起こる複数の道筋を明らかにすることで、起こっている問題を議論し、理解しやすくするためのものだった。（第4パラグラフ）

インターセクショナリティをアイデンティティ・ポリティクスの極端な形態とする批評家もいるものの、クレンショーは、この概念をアイデンティティをはるかに超えた、排除そして抑圧する組織や制度を告発するものだとしています。研究者であるパトリシア・ヒル・コリンズとスルマ・ビルゲ（Collins & Bilge 2016〔下地監訳 2021〕）は『インターセクショナリティ』において、インターセクショナリティ概念の近年の広がりを解説するとともに、それが批判理論に根差すという理解もなきまま気軽に用いられている現象をお飾りのインターセクショナリティと呼んでいます。クレンショー（Crenshaw 2015）自身は、インターセクショナリティがより拡大した概念となることの利点を次のように説明しています。

> 交差するものの抹殺は黒人女性だけに起こっているのではない。LGBTQ運動における有色の人びと、「学校から刑務所へのパイプライン」対策における有色の女子、移民権利運動における女性、フェミニスト運動におけるトランス女性、警察による暴力と闘う障害者……皆、人種差別、性差別、階級的抑圧、トランスフォビア、非障害者優先主義の交差から生じる脆弱性を有する。インターセクショナリティという概念は、当事者の状況を定義し、可視化と包摂のために闘う方法を多くの運動家に与えてきた。（第5パラグラフ）

コリンズとビルゲ（Collins & Bilge 2016〔下地監訳 2021〕）によると、インターセクショナリティは3つの核となる概念を有します。これらは、**絡み合う抑圧**

第3章　リーダーとしての「わたし」とは、いったい誰？

のマトリックス（多様な社会的不平等の交差）、**スタンドポイント理論**（知識とは主観的であり、個人の社会的立場によって形成される）、そして、**抑圧と客体化への抵抗**（目指すべきところ）です。入門書としての本書で紹介するさまざまな概念と同じく、インターセクショナリティについての説明も極めて簡素化してありますから、さらに調べてみることをおすすめします。エクササイズ3.5ではフェミニストの視点からインターセクショナリティについて考えてみましょう。

エクササイズ3.5　インターセクショナリティとフェミニズムをつなげよう

以下の問いについて考えてみよう。

1. 自分自身が持つインターセクション〔アイデンティティの交差〕は何か？
2. 自分自身のアイデンティティやインターセクションについてよく聞く話はどのようなものか？
3. 女性の解放に必要な戦略・方策はどのようなものか？
4. インターセクショナルな〔アイデンティティの交差によって起こる〕抑圧に直面する女性たちが効果的に協力し合うにはどうしたらいいか？ 何が必要となるだろうか？
5. 権力とは何か？ 権力が何であるかを知ったのはいつか？
6. 女性（または女性ではない人びと）がエンパワーされるために、何をしたらいいか？

出典：Francis & Said（2021）

リーダーシップ・アイデンティティ

　個人的／社会的、可視化／不可視化された、ターゲット／エージェント、そして交差するアイデンティティを持つということは、リーダーシップにどのように関係するでしょうか。リーダーシップそのものがアイデンティティの要素あるいは形であるのか、そうであれば個人が持つほかのアイデンティティ要素とどのように交差するのかについて、研究が始まっています。

　リーダーシップ・アイデンティティの発達に関するグラウンデッド・セオリー（Komives et al. 2005）とそのモデル（Komives, Longerbeam, Owen, Mainella, & Osteen 2006）は、「集団のプロセスとしてのリーダーシップに相互依存的に

| 83 |

臨む、協働的で関係的なリーダーとしてのアイデンティティを個人がいかに発達させるか」を理解するための枠組みを提示するものです。この研究は、役職にかかわらず、インクルーシブで協働的な集団プロセスにかかわれる人とかかわれない人がいることへの着眼から生まれました。非階層的なリーダーシップを快適と感じるようになるにはどのような過程があるのでしょう。リーダーシップは地位・役職であるという考え方から、リーダーシップはそこここで起こりうるものという捉え方に、どのようにして至るのでしょう。リーダーシップ観の変化は、「かつてリーダーシップとはどのようなものであると考えていたか、現在はどうか」という学生への質問から見えてきたものです。研究により、ボックス 3.1 に示したリーダーシップ・アイデンティティの 6 段階が明らかになりました。

ボックス 3.1　リーダーシップ・アイデンティティ発達モデルの 6 段階

○第 1 段階「気づき」

「どこかに」リーダーが存在するという初めての認識。大統領、宗教者、親、教師など、自分以外の誰か。幼児期はたいていこの段階。

○第 2 段階「探索／関与」

グループでの活動・体験に浸る段階。他者とかかわることを学ぶ（スポーツチーム、教会等の宗教的集まり、ガール／ボーイスカウトなど）時期で、幼少期を通じて生じる。

○第 3 段階「リーダーの特定」

ある集団における、立場上（ポジショナル）のリーダーの行動がリーダーシップであるという考え方。集団内の階層的関係への意識。高校から大学低学年次にかけて到達する段階。米国におけるリーダーシップの支配的ナラティブもこの考え方。

○鍵となる移行（キー・トランジション）

リーダーシップは属人的かつ役割に付随するもの（リーダーがリーダーシップを発揮する）という考え方から、人間どうしの相互依存的で協働的なプロセスという捉え方への変化。何がこの移行を促すのか。1 人では困難なタス

84

第3章 リーダーとしての「わたし」とは、いったい誰？

クをし始めてみて、目標達成のために他者を頼ることを学ぶ場合が挙げられる。例えば、グループプレゼンテーションを1人で仕上げることは可能だったとしても、ホームカミング〔米国大学で新学年のスタートとなる秋学期に、卒業生を母校に迎え入れる一大イベント〕行事1週間分を1人で担うことはおそらく無理、というような場合。リーダーシップ理論を研究し関連用語や表現に慣れることも、次の段階への移行の一助となる。

○第4段階「リーダーシップの識別」

地位・役職に拠らないリーダーシップや、集団が共有するプロセスとしてのリーダーシップがあるという考え方への進化の段階。

○第5段階「世代継承性の重視」

他者のリーダーシップを育み、社会課題解決や集団としての目的達成に情熱を持ち続けることにコミットする段階。

○第6段階「統合／総合」

この段階に到達する者は比較的少ない。どのような場でもリーダーシップに取り組むための自身のキャパシティを認識しており、地位や役職に拠らないリーダーとしてのアイデンティティを有する。リーダーシップ・アイデンティティは自らのありよう（being）にとって欠かせないものとなる。大学卒業後のリーダーシップ・アイデンティティ発達研究についてはロッコ（Rocco 2017）を参照。

出典：Komives et al.（2006）

リーダーシップ・アイデンティティ発達（LID）モデルは、特に第3段階（リーダーの特定）以降は、年齢に拠って立たないことに注意してください。アイデンティティのシフトが起きる年齢や次の段階に示されるリーダーシップへの臨み方は学生によって異なるとともに、多くの学生は第3段階を超えません。第1、第2段階は他者、つまり両親、保護者や教師に依存した状態で経験します。第3段階は、依存する立場（リーダー地位にいる人の指示を仰ぐメンバー

として）、もしくは独立した状態（他者に指示を与えるリーダー地位を有する者として）で経験します。第4、5、6段階と進むにつれて、他者とのつながりの重要性を認識しながら、リーダーシップを相互依存的なものとして経験します。

　リーダーシップの発達には、日常生活における大人の役割、同年代が果たすようになるさまざまな役割、諸活動に参画する機会、省察的な学びなどが影響を与えます。各段階では、個人要因（自己認識の深化、自信の高まり、対人関係における自己効力感の確立、リーダーシップスキルの伸長、目的意識の明確化）や集団要因（友人関係から組織、さらにはより大きなシステムとしての集団観への変化、集団における意義深い経験、主要集団への所属の維持）が作用します。第3段階から第4段階の考え方への移行のプロセスは以下のようなものです。

　　　リーダーシップは集団の中で学習される。リーダーシップ・アイデンティティの発達には、集団内における個人のダイナミックな相互作用が不可欠である。そのような関与が発生することで、学生は、他者とかかわる自己に対する見方を変える。フォロワー役割では従属的（dependent）であり、リーダー役割になったときは独立的（independent）となり、それらを経た後に他者との相互依存性（interdependence）を認識するに至る。自己概念の変化とともにリーダーシップ観も変化するのである。リーダーとは自分以外の大人という認識から、リーダー地位・立場にある全ての人、そして、相互依存の価値に気づくことにより地位・立場とは関係なく起こる、集団が共有するプロセスというように。(Komives, Longerbeam, Mainella, Osteen, Owen, & Wagner 2009, p. 15)

　以上まとめてきたことは、関係的（relational）リーダーというものは、効果的なリーダーシップが他者との相互依存関係で成り立つプロセスであるという意識を持つべき、ということです。ここでの「他者」とは、第2章で示したように、フォロワー、コラボレーター、共謀者、グループメンバーとも呼ばれます。他者と共有されたプロセスとしてのリーダーシップにおける相互依存性を理解するためには、自分自身のリーダーシップへの効力感、キャパシティ、意欲のセルフ・アウェアネスが必要になります。

第 3 章　リーダーとしての「わたし」とは、いったい誰？

リーダーシップへの効力感、キャパシティ、意欲、実行

　セルフ・アウェアネスがより深まり、役割やアイデンティティの交差がより明確になり、自身の強みや限界をより把握できるようになると、リーダーシップによりよく取り組めていると感じるかもしれません。逆に、私のように自分の欠点や変わり者であるところを自覚するほど、自信がなくなるかもしれません。リーダーシップのプログラムや授業を始めたばかりの学生は、自分の能力を疑わないものです。しかし、さまざまなリーダーシップ理論や方法論の難しさを知り、自分のリーダーシップ・キャパシティを的確に把握できるようになると、自信をなくすことがよくあります。ここで、リーダーシップ効力感という重要な概念を紹介します。心理学者のアルバート・バンデューラ（Bandura 1997）は効力感を、「外部からの要請に達成をもたらすために必要な一連の行動を計画し実行」（p. 3）できるという考え方を指す概念として定義しています。それはつまり、特定の何かについて「できる」と思うことです。効力感は領域に特化するものです。高い効力感がある領域（美味しいケーキを焼くことについては、私は高い効力感がある）、低い効力感がある領域（マラソンを走ることについては低い効力感がある）ということです。効力感は、より一般的な自己信頼感を表す自信（confidence）とは異なります。バンデューラはまた、集合的効力感という概念も打ち出しています。能力に関する集団や組織として共有された捉え方のことです。

　デューガン（Dugan 2017）は大学生を対象とした調査を行い、リーダーシップに関する効力感、キャパシティ、意欲（motivation）そして実行（enactment）がお互いに絡まり合う様相を、驚くべき相互関係として表しました（図3.1）。それは、リーダーシップに必要なあらゆるキャパシティ（特定の能力（competence）、才能（ability））を持っていても、リーダーシップに対する高い効力感（自分はリーダーシップへの取組で力を発揮できるという考え）を持っていなければ、そのキャパシティを使って行動する（リーダーシップの実行）可能性は低いというものです。ここでリーダーシップに関する多機関合同研究（MSL）を確認してみましょう。女性は社会的責任リーダーシップの 8 つの能力のうち 7 つにおいて男性より高いスコアであるにもかかわらず、リーダーシップへの自己効力感においては男性よりも著しく低いスコアとなっています（Dugan &

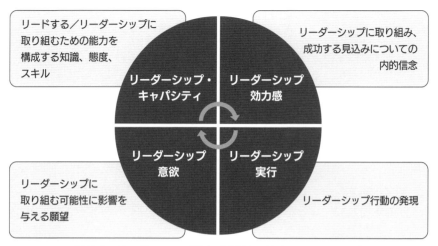

図 3.1　リーダーシップ効力感を培う（出典：Dugan 2017）

Komives 2010）。この自己効力感の低さは、あなた自身の経験や認識と重なりますか？　もし重なるのであれば、なぜでしょう？　女性のリーダーシップ効力感への障壁としては、完璧主義、周りのご機嫌を伺う傾向、能力不足、詐欺師と受けとめられると思い込んでいること（インポスター症候群）が挙げられるでしょう。これらの障壁については第6章と第8章で詳しく見ていきます。

　繰り返しになりますが、調査開始以来、女子大学生は社会的責任リーダーシップの能力では男性よりも高いスコアとなっています。そして、リーダーシップの実行のための自己効力感においては、男性よりもずっと低いスコアなのです。バンデューラは、自己効力感を高める4つの方法として、制御体験（有意義な実践体験）、代理体験（他者を観察することによる学習）、言語的説得（フィードバックと社会的支援）、生理的情動的状態（社会情動的健康やウェルビーイング感）を挙げています。表3.1では、リーダーシップ効力感を高めるための具体的方法を紹介します。

　リーダーシップへの自己効力感を高めるために、次のような方法があります。何かしらのリーダーシップ役割、あるいはこれまでにない挑戦となる体験をすること（制御体験）。リーダーシップへのさまざまなアプローチをロールモデルの態度や行動から注意深く観察すること（代理体験）。自分のリーダーシップの取組について、肯定的で建設的なフィードバックを他者に求めること。メ

第 3 章　リーダーとしての「わたし」とは、いったい誰？

表 3.1　リーダーシップへの自己効力感を築く方法

自己効力感を築く方法	リーダーシップ自己効力感を引き起こす方法（やってみよう）
制御体験 ・タスクのレベル、構造、複雑さ、スキル開発の状況の構造に応じた、有意義な実践体験	・公的な役割とその責任を担い、積極的に参画する（学生団体や立場・役職としてのリーダー役割） ・ピアメンターや学生アシスタントを経験する ・社会文化的会話を行う（違いについての、そして違いを超えるような他者との会話） ・リーダーシップに関する語彙、理論、方法論の知識を身につける
代理体験 ・他者のタスク達成を観察したり、他者の経験から学ぶ ・効果的なやり方を示すロールモデルを持つ	・大学キャンパスや社会の変革に働きかけるロールモデルを観察する（教育者や学生） ・地域や国、そして世界で活躍する人の話を聴く ・世界のさまざまな国や地域におけるリーダーシップの物語の動画を視聴する ・変革のための運動（アクティビズム）のリーダーと自分を比べてみる
言語的説得 ・能力に関するフィードバック ・行為主体性（エージェンシー）を高めるような応援コメント	・リーダーシップに取り組む他者と会って学び合う ・何らかの団体・組織にかかわることで、その組織内外での人間関係を構築する ・同じような、あるいは違う背景や経歴を持つメンター、教職員、地域住民とかかわる ・SNS でリーダーシップに関する対話・会話（社会文化的会話）に参加する
生理的情動的状態 ・ウェルビーイング感や達成感に影響を与える社会情動的な健康	・ウェルビーイングや、多人種、多文化、多言語環境／社会においてリーダーシップに取り組むための力や意欲を支える霊的（spiritual）（心理的）な源を意識する ・多人種、多文化、多言語環境における自分自身のリーダーシップ経験をふりかえる ・自分自身のリーダーシップ・ジャーニーの目的（パーパス）や今後について考える

出典：Owen, Hassell-Goodman, & Yamanaka（2017）

ンタルヘルスやウェルビーイングに注意すること（生理的情動的状態）。大学で自身のウェルビーイングに注意を払うことの重要性を幾度も聞かされているかもしれません。ストレスや感情との付き合い方がリーダーシップへの取り組み方に違いを生み出すことが、研究においても明らかになっています（Inceoglu, Thomas, Chu, Plans, & Gerbasi 2018）。

ハウズ（Howes 2016）は、女性と自認する大学生を対象とした学位研究を行い、彼女たちのリーダーシップ効力感の発達を検証しました。その結果はバンデューラの指摘と合致しただけでなく、社会的アイデンティティやインターセクショナリティがリーダーシップへの自己効力感に影響を与えるという新しい発見ももたらしました。ハウズの研究は、リーダーシップへの自己効力感の発達の核となる、次の概念を明らかにしたのです。(a) 人間は生涯を通じて、社会的規範、制度、経験、他者との交流からリーダーやリーダーシップに関するメッセージを受けとる、(b) これらのメッセージの効果は、他者や経験によって調整される、(c) 個人の内的プロセスによってリーダーシップへの自己効力感は形づくられる、(d) 個人の複数のアイデンティティが、リーダーシップへの自己効力感の発達に影響を及ぼす（Howes 2016）。同研究参加者は、励ましや肯定、そしてリーダーシップ開発体験に取り組むことで、リーダーシップへの自己効力感を築くことができました。ハウズは、リーダーシップへの自己効力感に悪影響を与えうる支配的なナラティブに対する女性たちの抗いを調べ、次のように指摘しています。「学生が、不公正なシステムの中で困難を内面化するのではなく、外部環境の抑圧的な力に困難を起因させ対処することを学べば、（リーダーシップへの自己効力感を）害することなく歩んでいける可能性が高くなる」（Howes 2016, p. 217）。

自己を超えて考える：先駆者、焚きつけ役、継承者

　女性がリーダーシップ開発に取り組むにあたり、敵対的な勢力の中を歩むということは、何も新しいことではありません。ヘレン・アスティンとキャロル・リーランド（Astin & Leland 1991）による『影響を与える女性、ビジョンを打ち出す女性』は、ジェンダー公正に向けた女性たちの活動を3つの世代に分けて描き出しています。ひとつめの世代は**先駆者**（predecessors）。自分たちよりもずっと前に女性の権利やジェンダー平等を唱えた先駆者の価値を指摘します。フェミニズムの言葉を使っていたかはわかりませんが、先駆者たちは男性ばかりの集団や職場で唯一の女性であることがほとんどでした。そういった空間や場で初めての、あるいはたった1人の女性である、という自覚のもと、男女平等実現に向けた教育の重要性を主張していました。アスティンとリーラ

ンドは、2つ目の世代を焚きつけ役（instigators）と名づけ、女性もしくはジェンダー関連のアクティビズムに携わる女性たちについて書いています。焚きつけ役世代はあるジェンダーに特化した課題に取り組む組織・グループの一員として、ジェンダー平等の代弁者やアクティビストとして前面に立ち、家父長制に根差した組織構造や制度に直接対決をする人も含みます。焚きつけ役世代は政策立案や政府への働きかけを通じて、あらゆる人の平等を実現させようとします。アスティンとリーランドが名づけた3つ目の世代は継承者（inheritors）、若者世代を指します。少しは公平になった世界を享受しながら、さらなるジェンダー平等のためにすべきことがまだあると認識する世代です。継承者は、先駆者や焚きつけ役に育てられながら、次の世代のロールモデルとしての役割も果たしています。女性運動を持続させる存在であり、より包摂的で身近なフェミニズムの形をつくりだすために活動しています。

　ジェンダー正義への闘いの中で、自分に先立って活動した人びと、これから続く人びとについて考えてみるのは大切なことです。形式や文脈は変わったとしても、差別、いやがらせ、拒絶を受けながらも抑圧のシステムに挑む経験をした多くの人たちがいるわけです。先駆者、焚きつけ役、継承者の3世代は皆、変革を生み出そうとするつながりの中に存在しています。自分自身のネットワークにおいてはどうでしょうか。あなたの人生における**先駆者**、つまり、あなたが生まれる前に生き、あなたが経験できることやあなたに開かれている機会への道を切り拓いてくれたのは誰ですか。もしその人たちと話せるとしたら、当時直面した困難や未来の世代への願いなど、何を聞いてみたいですか。抑圧のシステムを壊すべく現在活動している**焚きつけ役**は誰でしょうか。あなたにとっての焚きつけ役にインタビューをしてみてはどうでしょう。社会的なアクションを生み出す情熱の源は何か、絡まり合う抑圧の中で、どのように希望を持ち続けているのか。焚きつけ役の経験からどのように学び、触発されることで、自分自身の人生で変化を生み出していけるでしょうか。**継承者**としてあなたの後に続くのは誰でしょうか。妹や弟、いとこ、あるいは友人のこどもたちを思い浮かべてください。将来、ジェンダーやリーダーについてどのような経験をしてほしいですか。その人たちが歩む旅のメンターとして、あなたはどのように行動しているでしょうか。どういった知恵を共有できるでしょう。その人たちが夢や志を探求していくために、どのような会話ができますか。あな

たはどのような方法で、後に続く人たちのために道を拓いているでしょうか。

これらに加え、エクササイズ3.6にある質問によって、ジェンダーとリーダーシップの交差と、それがあなたの目標や決断、歩む道に与える影響を探ることができます。本章が、リーダーシップに関連する、自分へのホスピタリティについてもっと考えるきっかけになったことを願っています。自分のことをどれくらい知っていますか。自分自身の価値観、信念、考え方にどのくらい真剣でいますか。あなたの個人的アイデンティティそして社会的アイデンティティは、日常の経験をどのように形づくっているでしょうか。セルフ・アウェアネスを深めリーダーシップへの自己効力感を高めるために何ができそうでしょうか。自分を、リーダーシップに取り組めるとみなしていますか。その理由は何でしょうか。セルフ・オーサーシップへの 旅 のどの地点にいますか。リーダーシップ・アイデンティティ発達のどの段階にいそうでしょうか。自分自身のリーダーシップへの意欲、効力感、実行という点からは自分自身をどのように評価しますか。そろそろこのあたりで、リーダーシップ行動計画を作成し、目標達成に向けた具体的なステップを描いてみるとよいでしょう。

エクササイズ 3.6　先駆者、焚きつけ役、継承者への質問

その人の……

・経歴や背景はどのようなものか？

・最も顕著なジェンダーおよび文化的アイデンティティ、あるいは経験は何か？

・リーダーとしての自分を形づくる、ジェンダー由来の経験はどのようなものか？

・人生の目的をいかに発見したか？　リーダーシップに取り組むことは、他者から請われたからか、それとも自分が抱く信念によって自ら進み出たのか？

その人は……

・直面した障壁や困難からどのように学んだか？

・取り組んだリーダーシップによってもたらされた永続的な影響はどのようなものか？　特に、女性とリーダーシップに関連してどのような変

第 3 章　リーダーとしての「わたし」とは、いったい誰？

化をもたらしたか？

その人の……
- 人生とリーダーシップ経験から得られる教訓（ポジティブなもの、ネガティブなもの）
- リーダーシップ観は？　その人物の行動に影響を与えた前提や信念はどのようなものか？

その人は……
- 所属組織のメンバーとはどのようにコミュニケーションをとっているか？
- 所属組織のメンバーと共通の目的^{パーパス}に向けて協力し合うためにどのような働きかけをしているか？

　この章を、交差するアイデンティティとそれらのレッテルの中で歩むネタの詩で終えましょう。ネタは自分に押し付けられたステレオタイプを拒否し、自分が誰であるかを自分で決めることに誇りを持っています。

　ネタは、黒人、シスジェンダーの女性と自認しています。

ナラティブとカウンターナラティブ	ネタのストーリー

黒人のお嬢ちゃん

黒人のお嬢ちゃん
「女らしさ」はいったいどこに
ちょっとアグレッシブすぎるんじゃないの

黒人のお嬢ちゃん
「謙虚さ」はいったいどこに
そんなに自慢話ばかりするのはやめて

黒人のお嬢ちゃん
なぜそんなに好き勝手にするの
少し抑え気味にしてちょうだい

黒人のお嬢ちゃん
列に並びなさい
決しておしゃべりをするんじゃないよ

言葉を感じた
まるで
わたしを傷つけるためのものだと

言葉を感じた
振る舞いややりとりを通じて
自分にとってのジェンダーと人種の意味を理解する前に

言葉や指示を感じた
侮辱、非難として
自分で**自分**のアイデンティティだと決める前に
「名札」を感じた
引き剥がし難いもの

社会の態度にもかかわらず
わたしは、自分がなりたい黒人女性
そして実に、わたし自身を誇りに思ってる
だってわたしを定義できるのはわたし自身

訳注

〔1〕中国・米国 2 つの文化の板ばさみとなる中国系米国人 2 世女性を描いた『チャイナタウンの女武者（The woman warrior: Memoirs of a girlhood among ghosts）』（1976〔藤本和子訳 1978〕）の著者。

〔2〕原文は being purposeful。直訳では「目的意識を持つ」。Komives et al.（2013〔日向野監訳 2017〕）が提唱した関係性リーダーシップモデルは、リーダーシップ開発の社会変革モデル（Social Change Model of Leadership）とも通底する「社会的責任」をリーダーシップの目的そして前提と捉えており（p. 23）、市民参加（civic engagement）や市民

第3章　リーダーとしての「わたし」とは、いったい誰？

的責任（civic responsibility）がリーダーシップのありようとして述べられている（ibid., p. 24）。この社会的責任や市民性といったニュアンスが、日本における体育祭やサークル企画といった行事や、産学連携教育などにおける商品開発や集客といったプロジェクトにおける「目的」においては含有されることが少ないという訳者の問題意識から、ここではあえて、「高次の目的や意味への留意」と訳出している。

〔3〕キャパシティ（capacity）に関しては第1章訳注〔1〕を参照。

第 **4** 章

どうしてこうなった？

ジェンダーの社会化が形づくる女性リーダーの姿

親分肌の女性って最高。一日中、そばにいたいくらい。ボッシーって、わたしにとっては
全然悪口じゃないのよ。情熱的で、本気で、野心的で、リードすることを嫌がらない、っ
てことなの。
—エイミー・ポーラーの発言（ケイティ・クーリックによる引用）、グラマー誌（Couric 2011.3.28）

　第3章の終盤にかけて、リーダーシップの先駆者、焚きつけ役、継承者につ
いて考えることの大切さを述べました。そこで紹介したヘレン・アスティンの
秀逸な研究を、女性とリーダーシップの授業のインタビュー課題として活用
したのは、メリーランド大学カレッジパーク校のマーシャ・ゲンズラー・ス
ティーブンスです。その課題からヒントを得たものを私自身の授業で使って
10年になりますが、リーダーシップ・ジャーニーを話し合うことから生まれ
る知恵とインスピレーションにいつも感動します。**先駆者**、つまり私たち以前
にジェンダー公正のために闘った祖父母世代あるいは第二波フェミニストは、
生きている間に世界の大きな変化を経験しただろうと想像できます。**焚きつけ
役**、つまり現在ジェンダー課題に取り組む組織・グループに所属しジェンダー
平等に取り組む人たちにインタビューすると、分断が進む今日の世界における
ジェンダー正義の闘いを語ってくれます。しかし、**継承者**、つまり一般的な大
学生よりも若い場合もある、ジェンダー公正の継承者とされる相手とのインタ
ビューこそが、学生が毎学期最も興味深い話ができている相手のようです。継
承者としての話を聴けるのは、妹や弟、いとこや、放課後に世話をする近所の
こどもだったりします。ときには、学生が許可を得て小中学生を対象にジェン
ダーとリーダーシップについてインタビューをすることもあります。そういっ
た場でのやりとりから見えてくるのは、ジェンダー社会化や青少年のリーダー

シップについての研究知見との一致です。

　小学校低学年のこどもたちは、ジェンダー規範やジェンダー・ステレオタイプでいっぱいです。男子と女子の違いについて聞いてみると、学童年齢の女子たちは男子のことを「くさい」「大騒ぎする」「車やトラックに夢中」と言い、一方女子について男子に聞くと、「ピンクが好き」「おとなしい」「人形やままごとに夢中」といった具合です。少し年齢が上がって思春期前くらいになると、男子と女子をより平等に見るようになります。その年齢のこどもたちに、リーダーシップとは何か、誰をリーダーだと考えるかを学生たちが尋ねています。すると、第３章で紹介したリーダーシップ・アイデンティティ発達（LID）研究結果とも通じる、大統領などの政治的リーダー、イエスやムハンマドのような信仰上のリーダー、両親、スポーツ選手やアイドルの名が挙がります。最近では、小学４年生がテイラー・スウィフトが理想的なリーダーである理由をたくさん挙げてくれ、そこには、話の上手さ、親切さ、正直さ、が含まれていました。笑ってしまうかもしれませんが、なかなかいいリストです！　自分自身をリーダーだと思うかという質問に対しては、ほぼ全ての低学年学童は「はい」、しかし、高学年から12歳くらいまでの女子は「いいえ」と答える傾向にありました。その理由は、「口下手」「ボッシーになりたくない」「目立ちたくない」といったものです。すべきことがあるのは明らかです。本章では、経験や成長する中で受け取ったメッセージが、どのようにリーダーシップとジェンダーへのアプローチを形成するかについて検証します。また、原体験（formative experience）、ジェンダー社会化、記憶の持続について詳述する２つのナラティブも紹介します。

女子（ガールズ）たちとリーダーシップ

　こどもの頃、ジェンダーについてどのようなメッセージを受けとっていましたか。「女の子は木登りなんてするもんじゃない」「男の子なんだから泣いちゃだめ」と言われたことはありますか。リーダーシップについてはどうでしょうか。リーダー役の動きに従わなかったら「アウト」になる「リーダー探し」ゲームをしたことはありますか。本章ではまず、自分自身のジェンダー観がどのように社会化されたか考えてみましょう。この後続く章で詳しく取り上げる、社会化がリーダーシップ観に与える影響についても探っていきます。ジェ

ンダー社会化は生まれる前に始まり、生涯にわたって続きます。どのような人間であるかは、社会化によって形づくられるのです。

2008年、ガールスカウトアメリカ連盟は、女子のリーダーシップに関する意識と経験について大規模調査を実施しました。同調査では、165人の女子、男子、その母親を対象に、フォーカスグループとインタビューが行われています。ノンバイナリーの参加者やノンバイナリーの観点については言及がないものです。同調査はまた、4,000人以上の8歳から17歳の女子と男子を対象に、米国国勢調査結果に準拠した人種および民族集団割合によってウェイト付けされたサーベイを実施しています。サーベイには、女子男子それぞれによる、リーダーシップの定義、リーダーシップに関する経験および抱負（aspirations）、リーダーシップへの障壁の認識、リーダーシップに関連する資質とスキル、リーダーシップに関連する支援制度および教育機会についての質問項目があります。調査結果では、リーダーシップの抱負において顕著なジェンダー差があることが示されました。女子の大多数は、自身をリーダーであると捉える一方、リーダーシップのあり方について葛藤を抱いているのです。「文化の中に浸透している従来型の指揮統制というリーダーシップ・モデルは、自らが生きる世界に変化をつくりだしたいという女子の願いと響き合うものではない」（Girl Scout Research Institute 2008, p. 7）ことが明らかになったのです。女子と自認する回答者は、従来型とは異なる、個人の信念、倫理的行動、社会変革へのコミットメントを重視するリーダーシップへのアプローチを好んでいます。この結果は、ハーバー（Haber 2011）が行った大学生によるリーダーシップの定義の研究とも一致します。それは、女子学生は社会にポジティブな変化をもたらす協働的で関係的なプロセスとして、一方、男子学生はより従来型で階層的、指揮命令志向の概念として定義する傾向です。

同調査では、リーダーシップへの女子の効力感についての課題が明らかになっています。それは、第3章で紹介したリーダーシップに関する多機関合同研究（MSL）の結果である「女子が直面したリーダーシップへの最大の障壁は、自分のスキルや能力に自信がないという自己認識」（Dugan et al. 2013, p. 7）と同様のものです。92％の女子が「リーダーシップは学習可能」と回答する一方で、「自分にはリーダーシップに必要となる重要な資質がある」はわずか21％でした。強い願望から完全な拒絶まで、女子には幅広いリーダーシップ・アイ

デンティティが見られました。自身をリーダーとみなさない理由には、笑われること、怒られること、人前で話すこと、ボッシーだと思われること、嫌われることへの恐れが挙げられました。リーダーシップに取り組もうとした際、やる気をそがれたり、バカにされた経験があったのは39％、女子がリーダー地位・役割を得るためには男子以上に努力せねばならないと考えるのは57％となっています。#banbossy のようなキャンペーンは、女子による権力や影響力の行使とボッシーという考え方を切り離すよう働きかけています。

同調査がリーダーシップへの意欲についても調べたところ、次の結果となっています。

> 女子は男子よりも、他者を助けたい（67％対53％）、自分の知識やスキルを他者と共有したい（53％対45％）、世界をよりよく変えたい（45％対31％）。男子は女子より、自分の好きなようにやりたい（38％対33％）、もっとお金を稼ぎたい（33％対26％）、もっと権力・影響力を持ちたい（22％対14％）。
> （Girl Scout Research Institute 2008, p. 13）

高所得者ほどリーダーシップの経験があるとされることについて、同調査では、人種および所得とリーダーシップの経験に強い相関があることも明らかになりました。アフリカ系アメリカ人とヒスパニック（調査で用いられた用語をそのまま使用）の女子男子ともに、白人とアジア系アメリカ人に比べて、リーダーシップへの意欲と自信を示したのです。白人女子は実に、アフリカ系アメリカ人とヒスパニック女子に比べ、リーダーシップの「拒否者」が2倍となりました。これらの結果をふまえ、人種、ジェンダーとリーダーシップの交差についてのさらなる研究を呼びかけています。このガールスカウト研究調査は総じて、女子が若い頃からリーダーシップに取り組むための環境や機会の欠如を明らかにしています。まとめると、これらの調査結果は以下の課題が山積していることを示しています。

・女子にとってより訴求力があるポスト工業化時代のリーダーシップの定義を広めること
・女子がリーダーシップに取り組める場や空間を増やすこと

第 4 章　どうしてこうなった？

・女子をリーダーシップから疎外するような、特に仲間にどう思われるかという恐れや不安に対処していくこと
・マイノリティグループの女子のリーダーシップの取組も見本として示していくこと

　では、そもそも女子たちは、どのようにしてこれまで見てきたような考え方をするようになったのでしょうか。エクササイズ 4.1 で、こどもの頃の体験がいかにあなたのジェンダーとリーダーシップについての考えを形づくっているのかを考えてみましょう。それはどのような体験でしたか。その体験はエクササイズを通じてどのように捉え直せるでしょうか。

エクササイズ 4.1　思い出してみよう

　以下の質問に答えながら、自分のジェンダーアイデンティティやジェンダー表現を形成した幼少期の体験の影響について考えてみよう。

・幼少期、お気に入りだったおもちゃやゲームは何か？　その遊びや活動から、自分のジェンダーアイデンティティや表現はどのような影響を受けたか？
・自分のジェンダー規範・期待への見方を、両親、保護者、きょうだいはどのように形成したか？
・当時の親友は誰か。親友からはどのようなジェンダー関連のメッセージを受けとったか？
・男子や女子あるいは男性や女性であること、あるいはジェンダーに対してノンバイナリーである〔二元論的でない〕ことについての自分の理解は、学校教育からどのような影響を受けているか？　宗教の影響は？
・男子や女子あるいは男性や女性であることについての他者からのメッセージにはどのようなものがあるか？　ジェンダーノンコンフォーミングなメッセージは？　容姿、服装、外見についてのメッセージは？　人前での振る舞いについては？
・自分が男らしくないあるいは女らしくないと思う行動を誰かがした折に、馬鹿にしたことはあるか？　自分が馬鹿にされたことはあるか？

| 101 |

ジェンダーの社会化

　ジェンダー役割とは文化的なステレオタイプで、生物学的な性別に基づいた適切な行動に作用するとともに、そのような行動への期待を生み出します。ジェンダー役割は、メディア、家族、環境、そして社会からの影響を受けます。こどものジェンダー役割の理解は、同世代との付き合い方や関係形成に作用し、自分が誰であるかという自己概念にも影響を及ぼすことがあります。多くの幼児はジェンダーアイデンティティに確たる感覚を持っている一方で、ジェンダーアイデンティティの混乱を経験する幼児もいます。幼児期の社会化がジェンダーアイデンティティの発達に及ぼす影響は、数多くの心理学的、社会学的研究で検証されています（例えば、学術誌『Gender & Development』を参照してみましょう）。本章では、社会化させる多くのものの中から、特に、玩具とゲーム、家族、学校、ピア〔同級生、先輩・後輩〕、スポーツ・チーム・組織、宗教、テクノロジーとメディア、社会と文化を取り上げ、ジェンダーとリーダーシップに与える影響を検討します。

○玩具とゲーム

　マーティンとルーブル（Martin & Ruble 2010）による、米国国立小児保健・人間開発研究所の助成を受けた、幼児期のジェンダーアイデンティティの発達を扱った研究のメタ分析を紹介します。それによると、ほとんどのこどもが生後18か月から24か月の間に、ジェンダー集団識別と発話におけるジェンダー呼称使用の能力を発達させていました。また、ほとんどのこどもは、4歳までには自分自身のジェンダーアイデンティティが揺らがないものとなっていました。こどものジェンダー差異の知識は、強固にステレオタイプ化された玩具（例：女子には人形、男子にはトラック）で遊ぶ機会の増加と関係するという際立った発見もありました。2歳を過ぎると、ほとんどのこどもは身体的な外見、役割、玩具、活動についての基本的なステレオタイプを持つようになり、一定の抽象的性質をジェンダーに関連づけ始めます（例：乱暴と男子、穏やかさと女子）。

　成長するにつれ、スポーツ、職業、学校での活動、大人の役割とステレオタイプの範囲は拡大し、関連づけの性質はより複雑になります（Sinno & Killen 2009）。幼稚園に通う頃までには、ジェンダー・ステレオタイプは非常に強く

なり、ジェンダー規範にあてはまらない玩具で遊ぶこども（例：男子が人形、女子が消防車）は、まわりのこどもから馬鹿にされたり（「ボブ〔男子名〕は女だ」）、あるいは罰せられたり（例：仲間外れにされる）こともあります。10歳ごろまでは、異なるジェンダーアイデンティティを流動的に試すこともあります。トランスジェンダーアイデンティティ（例：出生時は男子と判断されたこどもが3歳以降女子と自認する）が揺らがないこどももいれば、青年期を通じて異なるジェンダーアイデンティティを試したり（例：女子が「スティーブ」という男子名で呼ばれることを求める）、思春期を迎えるまで、あるいは一度も、異なるジェンダーアイデンティティを試さない人もいます。

> ジェンダーアイデンティティは、常に「どちらか一方」なものではない。全てのこどもが男性あるいは女性いずれかのジェンダーアイデンティティを選択する道を歩んでいるわけではないと認識する必要がある。多くのこども（そして大人）は、両方のジェンダーである、もしくはどちらでもない、と感じたり、両方のジェンダーを行ったり来たりするものなのだ。典型的なジェンダー概念の外にある最終目的地にすでに到達している場合もある。あるいは、まだ途上で見つけようとしているのかもしれない。こども自身がそれを知り伝えられるようになるには、まだ何年もかかるかもしれない。大切なのは、こどもたちのリードに従いながら、こどもたち自身のペースで自分が誰であるかを理解できるようにさせることだ。（Gender Spectrum 2019）

○家族

　妊娠がわかるとともに、女の子か男の子かとまず聞かれるものです。好むと好まざるとにかかわらず、ジェンダーお披露目パーティ〔赤ちゃんの性別を家族や友人に発表するパーティ〕は一般的になりました。親による子のジェンダーの社会化に関する研究では、こどもへのジェンダーの割り当てが、こどもの人生を形づくる強力な社会的アイデンティティとなることが指摘されています（Leaper 2014）。幼児期には、こどもは家の中で多くの時間を家族と過ごし、両親、保護者、兄姉が教えてくれることを頼るものです。ここで、家族とは遺伝的な関係だけを指すものではありません。祖父母、養親、片親、あるいは親戚

に育てられたとしても、同じように影響は生じます。大人はこどもに、服を着せることや呼び名を通じてジェンダーについての最初の学びを与えているのです。正直に告白しますが、私は、誰かが自分のこどもを「リトル・マン（little man）」や「パパのお姫様（daddy's princess）」と呼ぶことに抵抗があります。その抵抗感は、リーパー（Leaper 2014）による、親がこどもに手本となる振る舞いを示したり、息子と娘で異なる行動や活動を促すことが、こどものジェンダー発達に影響を与える、という指摘にも通じます。

　親や家族はさまざまな方法でジェンダー役割を伝えています。性格的な特徴（例：男子は押しが強く女子は優しい）、キャリアへの願い、家族の役割について親はジェンダー役割に基づく期待を示します。親や家族はジェンダー化された態度や行動の手本となります。働きに出る母親や育児や家事に積極的な父親の姿を見ることで、より平等なジェンダー役割の捉え方が育まれます。リーパーは同性親の家庭を分析し、そのこどもがジェンダー・ステレオタイプを支持する傾向が低いことを明らかにしました。しかし、同性親の家庭でも、片方の親が主たる子育て担当、もう片方が主たる稼ぎ手という分業がある場合、そのこどもは大人の役割や職業についてステレオタイプ的な見方を表す傾向が見られました。

　親は息子に対しては乗り物やヒーローフィギュア、スポーツ用品を、そして娘には、人形やおままごとセット、着せ替え人形を与える傾向があります（Kollmayer, Schultes, Schober, Hodosi, & Spiel 2018）。誕生日会にもジェンダー化が見られます。研究によると、父親は母親よりもジェンダー化された遊びをさせる傾向がやや強く、非西欧の家庭では男子女子両方に対して厳密なジェンダー役割期待があることがわかっています。こどもがメッセージとして受けとる仕事に関するジェンダー化された期待が、後のリーダーシップへのアプローチを形づくるとされています。

○学校

　1982 年、ロバータ・ホールとバーニス・サンドラーは、米国カレッジ協会〔現、AAC&U〕による女性の状況と教育プロジェクト内で、「教室の雰囲気：女子には冷たいものか」という報告書をまとめました。同報告書には、教室において女子が受ける、男子とは異なる扱いが 50 種類挙げられています。こ

のような異なる扱いは、幼児期に始まり大学でも続いているのです。善意ある教師や学校制度にもかかわらず、今日でもなお、同じ問題が存在します。報告書は、教師が意図せずとも女性の自己評価や職業意欲を低下させうると述べています。そのような冷却（chilling）を起こす扱いは次のようなものです。

・授業で女性よりも男性をよくあてる
・女性の功績は運、男性の功績は才能や能力によるものとし、女性の功績に
　疑いを持たせる
・授業中の男性の発言に対しては、称賛、批評あるいはコーチングによって
　より詳しく応じる
・質問するのが女性だと内容について知らない、あるいはわからないからと
　みなし、男性は賢く、好奇心旺盛で、積極的だから、とみなす
・男性については授業の課題や能力、女性については外見を褒める

　このように根強く蔓延する差別は、いったいどのような影響をもたらしているでしょう。幼稚園から高校を通じて起こる性差別の蓄積の影響を解説したのが、メアリ・パイファー（Mary Pipher）の著書『オフェリアの生還：傷ついた少女たちはいかにして救われたか？』（1994〔岡田訳 1997〕）です。題名にあるオフェリア（オフィーリア）とは、シェイクスピアの戯曲に登場する人物です。彼女はポローニアスの娘で、ハムレットと恋に落ちたことで自分自身のアイデンティティを失い、ハムレットに認められるためだけに生きるようになります。ハムレットを喜ばせようと必死になるものの、ハムレットに拒絶されたことで狂気に陥り、川で溺死するのです。パイファーは、オフィーリア・コンプレックスと呼ばれる、青年期に女子が経験する複雑なプロセスについて、次のように説明します。「「女性」を演じるための狭苦しい空間に自分自身をはめ込んでしまうもの。自分自身に正直でいると疎んじられることと、女性という窮屈な定義内に収まろうともがき続けることいずれかの選択を強いる、「少女を毒する社会」により、輝きや興味、IQ すらも失う女性が多く存在する」（p. 24）。パイファーは、若い女性に影響を及ぼす性差別とメンタルヘルスの問題の深刻化に警鐘を鳴らしています。離婚、うつ病、摂食障害、ドラッグやアル

コール、自傷行為、セックス、性暴力などに悩む女子たちの姿を描き、フェミニスト運動がそのようなティーンエイジャーを取り上げておらず、さらなるサポートが必要だと主張します。

○ピア〔同級生、先輩・後輩〕との関係

ロザリンド・ワイズマン（Rosalind Wiseman）による『女王蜂ととりまき』(2009)[1] は、青年期の女子の社会的行動と、10代がクリーク〔友人関係の中でも親密で排他的な小集団・派閥〕で見せる攻撃的な行動パターンに関する画期的調査です。ワイズマンは、クリーク内の様々な地位を、女王蜂、二番手、とりまき、板ばさみの傍観者、ターゲット、チャンピオンなどと名づけました。女王蜂は、「カリスマ性、影響力、お金、容姿、意志、操作によってほかの女子の上位に君臨し、下位の女子どうしの友情を弱めることで自分自身の権力と影響力を強める」(p. 87) 女子を指します。二番手は「副官・補佐官的存在で、女王蜂に最も近い。二番手の権力は、女王蜂が二番手に寄せる信頼に左右されるゆえ、何があっても女王蜂を支える。この 2 名はほかの女子にとっては不可侵の勢力であるとともに、自分たちがやりたいように進めるためほかの女子をいじめたり、黙らせたりする」(p. 90)。

とりまきは、女王蜂や二番手から気に入られるために何でもします。別名は「イタイまねっこ」で、あるクリークの一員でなくとも、そのクリークの洋服、行動、興味関心を真似ます。板ばさみの傍観者は女王蜂や二番手のターゲットとなる人を助けたいと思うものの、どうしたらよいのか、それによって何かを変えられるのかわからない人。ターゲットは、女王蜂とそのクリークの犠牲者となる女子で、からかわれたり、恥をかかされたり、排除されたりします。ターゲットはクリークの内外にかかわらず存在しえます。クリーク内で女王蜂に逆らうと、ターゲットとなるのです。

最後に、ワイズマン（Wiseman 2009）は健全な女子、チャンピオンを次のように説明します。「批判を受け入れ、他人の友人関係をとやかく言わず、自分勝手な理由のために人を裏切らない［…］。複数のグループに友人を持ち、異なるグループが一緒になったときにも人を平等に扱う。必要があれば女王蜂に対しても、女王蜂も自分も尊重するような方法で立ち向かう」(p. 98)。これらの用語をどこかで聞いたことがあるかもしれません。ワイズマンの原作は、脚

本家ティナ・フェイによって映画とミュージカル『ミーン・ガールズ（Mean Girls）』になっています。同映画で描かれるクリーク「プラスティックス」には、究極の女王蜂役としてのレジーナ・ジョージを筆頭に、上述した役割の典型的人物が登場します。第6章では、社会的地位や役割が大学入学前に限ったものではないことを検証します。職場、そしてさまざまなリーダーシップの文脈においても、女王蜂、とりまきやターゲットに遭遇しうるのです。

エクササイズ 4.2　女王蜂ととりまき

　これまで学校で、ワイズマンが示した役割（女王蜂、二番手、とりまき、板ばさみの傍観者、ターゲット、チャンピオン）になったことはあるか？

　それら以外の地位や役割は存在したか？

　誰と一緒に過ごし、自分自身の社会的地位はどのようなものだったか？

　学校で社会的地位が高いのは誰だったか、そう思う理由は何か？

　その人たちはどのような外見で、どのような行動をしていたか？

　学校で社会的地位が低い人は誰だったか、そう思う理由は？

　思春期と青年期の経験から、ジェンダーとリーダーシップについて学んだことは何か？

　学習棄却する必要があったものは何か？

　エクササイズ 4.2 を使って、自分自身がどの役割であったかを考えてみましょう。学校でからかわれたことはありますか。もしあったとしたらどのように対処したでしょう。学校でクリークのような集団に所属していましたか。学校のいじめっ子がすることに納得できないとき、どのように対処しましたか。自分がいじめをしていた場合、自分の行動の動機は何だったのでしょう。なぜいじめは女子の表面的な通過儀礼と考えられているのでしょうか。クリークやいじめは女子に何を教えているのでしょうか。クリークやいじめの経験は、その後どのような女性になっていくかに影響を与えていますか。将来持ちうるステレオタイプや偏見の形成にはどのような影響があるのでしょうか。クリークやクリーク内での地位を気にしすぎる傾向に抗っていくうえで、授業・学校外活動はどのように役立ちそうでしょうか。

○スポーツ・チーム・組織

　個人スポーツやチームスポーツへの参加は、多くの女子にとって貴重な経験となります。しかし長い間、女性のスポーツ参加の機会には大きな不公正が存在していたのです。1972年、米国教育改正法第9編成立により、連邦政府の補助金を受ける組織における、性別を理由とした教育プログラム・活動への参加の排除が全面的に違法とされました。タイトルナインは、性暴力の報告義務も含めて大学にとって影響が大きい法律で、第5章でより詳細に取り上げます。教育における女性と女子のための全米連合（The National Coalition for Women and Girls in Education: NCWGE）は、組織的スポーツへの参加がもたらす多くの利点を報告しています。スポーツに参加する女性や女子は、非参加者に比べて成績がよく、中退率が低く、妊娠率が低く、薬物を使用する可能性が低く、大学を卒業する可能性が高く、生涯にわたって役立つリーダーシップスキルを学べる（NCWGE 2017）というものです。

　スポーツへの参加とリーダーシップスキルや能力の発達との関連性は、よく知られています。特に、校内でのスポーツ機会（intramural）、クラブ（club）、大学代表チーム（varsity）などのキャンパス活動に参加する学生は、参加しない学生と比較して、リーダーシップ能力や効力感を発揮します（Dugan, Torrez, & Turman 2014）。悲しくも、ミレニアル世代とZ世代の世代別調査ではチームスポーツや組織的活動への参加率の減少が明らかになっており、「身体を動かすことよりもオンライン上でのやりとりが勝る」（Seemiller & Grace 2016, p. 14）と指摘されています。現在、スポーツに参加する約43％が女性です（NCWGE 2017）。後述するカリオペの物語の視点から、スポーツへの女性の参加が年齢に従って変わること、それに付随して、リーダーシップやものごとへのかかわり方に関するポジティブ／ネガティブなメッセージ両方が強化されることについて、考えてみてください。

○宗教

　宗教的、精神的実践からのジェンダーに関するメッセージは、女子や女性のアイデンティティ、効力感、そして自己肯定感の発達に大きな影響を与えうるものです。ほとんどの宗教はジェンダーを二元的にしか語っておらず、ノンバイナリーな人びとについては、最も普及した世界の宗教の文書全てから排

除されているのです。米国調査機関であるピュー・リサーチセンターの報告書（Pew Research Center 2016）によると、米国女性は米国男性と比較して、人生において宗教は「非常に重要」（60％対47％）、「毎日祈る」（64％対47％）と答える傾向があり、そして週に1回以上礼拝に出席する（40％対32％）ことがわかっています。これは特にキリスト教系に見られる傾向です。イスラム教男女においては、より同程度の宗教的実践が明らかになっています。

　同調査では、女性は宗教により価値を置き、信仰の表現により一貫性があることが判明していますが、さまざまな宗教の教義は女性のリーダーシップの機会を制限するとともに、女性を特定の役割に追いやっています。ローマ・カトリック教会、末日聖徒イエス・キリスト教会、ユダヤ教正統派を含む多くの宗教では、女性は聖職には就けません。他方、この「ステンドグラスの天井」を打ち破ることができた女性も存在します。2006年、米国聖公会のキャサリン・ジェファーツ・ショーリ主教は、世界各地にある聖公会における初の女性総裁主教となりました。米国福音ルーテル教会では、エリザベス・イートン牧師が初の女性総裁監督に、そしてディサイプル派ではシャロン・E・ワトキンス牧師が議長・総裁となりました（Kuruvilla 2014）。聖典や経典には、男性は家族の霊的な長であり女性はその長に従順たれといった、ジェンダー役割や機能を示したものがあります。男女平等を説く宗教もあります。あなた自身は精神的・宗教的な実践からどのようなメッセージを受けとってきたでしょうか。そのようなメッセージはジェンダーやリーダーシップについての考え方をどのように形づくっているでしょうか。

○テクノロジーとメディア

　本書のあちこちと同じく、この「テクノロジーとメディア」セクションだけでも1冊の本になりえます。携帯電話やソーシャル・メディアが行き渡るようになった今日、社会は、メディアの大量消費が若者や若年成人に及ぼす影響を理解しようとしています。ワイズマン（Wiseman 2009）は、現代の女子は現実世界と仮想世界という2つの世界を同時に生きており、一方の世界で起こることが他方に影響を与えると指摘しています。ネット上の安全とプライバシーに関する懸念はもとより、ソーシャル・メディアはゴシップ、辱め、揉め事の拡散や激化に拍車をかけるのです。ワイズマン（Wiseman 2009）はソーシャル・

メディアを大量破壊兵器と呼び、「テクノロジーがあらゆる他人の生活を常に更新し続ける」(p. 24) ことによって、いじめや嫌がらせ、不安感の炎を煽りうると指摘します。そして、テクノロジーの使用には中毒性があるという事実も存在するのです。信じられなければ、携帯電話をチェックしたり、ネットを見たりせずにこの章を最後まで読めるか試してみてください。私の友人の大学教員は、担当授業の期末試験で、10 日間携帯電話を使用せずにいれば自動的に A 評価になるという機会を提供しています。利用した学生はまだいないとのことです。

　テクノロジーが身体(ボディ)イメージ、消費主義、うつといった問題に与える影響についても研究が進んでいます (Simon & Hoyt 2012)。ソーシャル・メディアに費やす時間がより多い若者は、より少ない若者と比べ、摂食行動やボディイメージに関する懸念を訴えるリスクが約 2.5 倍となっています (Sidani, Shensa, Hoffman, Hammer, & Primack 2016)。ピッツバーグ大学医学部による別の研究では、ソーシャル・メディアに費やす時間が多いほど睡眠障害やうつ症状の傾向があると示されました (Levensen, Shensa, Sidani, Colditz, & Primack 2017)。

　若者に対してそれを断ち切れと言う代わりに、テクノロジーやメディアの過剰消費の危険性をどのように教えていけるでしょうか。メディア消費の利点と落とし穴について、多くの親そして教師は若者に話をしています。「ジーナ・ディビス メディアにおけるジェンダー研究所」(https://seejane.org) は、メディアコンテンツの問題に取り組んでいます。メディアとエンターテイメント産業内におけるジェンダー・バランスの改善、ステレオタイプの縮減、娯楽作品に登場する女性キャラクターの多様化のための研究活動を展開する組織です。ジェンダーがより平等に示された表象を学べる学校授業案、広告におけるジェンダー・ステレオタイプを検討する教材、メディアとジェンダーについての調査報告を提供しています。

　映画というものは、リーダーシップにふさわしい人物像についてのメッセージを発します。アリソン・ベクデル (Bechdel 1986) の連載漫画『目が離せないレズビアンたち (Dykes to watch out for)』に登場したベクデル・テストは、次の 3 つの基準を使って映画に現れる性差別を測るものです。少なくとも 2 名の女性が登場するか。その女性たちが会話するシーンはあるか。その会話の内容は男性について以外のことか。ベクデル・テストのサイト (https://bechdeltest.

com）にて、合格・不合格それぞれの映画のリストが確認できます。不合格と
なった映画には、『ハリーポッターと死の秘宝 PART2』『スラムドッグ＄ミリ
オネア』『ラ・ラ・ランド』『トイ・ストーリー』『トイ・ストーリー2』『アベ
ンジャーズ』『アバター』そして『ロード・オブ・ザ・リング』三部作全てが
含まれます。女性は不可視化された、装飾的で、傷つきやすい存在だとする
メッセージを、女性自身が浴びているわけです。

○社会と文化からのメッセージ

　本章で解説するジェンダー社会化の要因はいずれも複雑なもので、容易に対
処できるものではありません。同調圧力やテクノロジー使用について、単に女
子に注意喚起するくらいではどうにもなりません。なぜなら、より大きな社会
や文化といったものに組み込まれた問題だからです。学校でこれらの社会化要
因について教育していても、ジェンダー公正のための教育やエンパワメントと
は矛盾するメッセージに継続的にさらされるような、性差別的な家父長制世界
に生きているという事実は変わりません。あなたは何らかの周縁化されたアイ
デンティティを持っているでしょうか。もしそうであればなおさら、女性ある
いはリーダーとしてのあなたの価値に関して社会が発信するメッセージによっ
て社会化されてきた部分があるはずです。

　カリオペは、白人、シスジェンダー、異性愛者、中流階級、ギリシャ正教
徒、女性と自認しています。

ナラティブとカウンターナラティブ	カリオペのストーリー

　小さい頃は、男子と一緒にスポーツをする女子は、おもしろくてかっこいい
とされます。それが少し大きくなると、ボッシーと言われるものの、それでも
一緒にやらせてもらえます。高校生になると、今度は「男子にモテたいから目
立とうとしている」に。これが、スポーツをする多くの女子が辿る道なのです。
　小学校4年生の頃は最高でした。休み時間に毎日やっていたキックボールの
メンバー決めで、わたしは真っ先に選ばれるんです。ホームランを決め、アウ
トを取り、どんな男子も捕まえられない盗塁王。太陽の下で走り回るのが大好
きで、休み時間が終わると汗だくで喉がカラカラになって教室に戻る。周りの

ことなど気にもしない。好きなことを好きだからやっていただけで、誰かの気を引くつもりもありませんでした。

中学1年生。男子と遊ぶことの意味が変わってきました。キックボールに女子の姿はほぼ見られず、男子からは変な目で見られます。男子のチームメイトと全く同じことを言っても、ボッシーだと言われる。男子も同じことをしてるのに、わたしが判定に文句を言うと感情的だとされる。体育館から戻って来ると、先生からはほかの女子と一緒に縄跳びをした方がいいと言われる始末です。

高校になるとまた状況がガラリと変わります。体育館で男子と遊ぶ女子は全くいなくなるから。男子と一緒に遊ぼうとしようものなら、目立ちたがり、尻軽、気を引こうとしていると非難されるのです。サッカーチームのキャプテンになったりしたら、「ピッチ上みたいに、普段でも激しいの?」と聞かれるし。

わたしのジェンダーは、スポーツをしていたり、競技に長けた様子を見せるときに最も目立ってしまうのでした。男子はどれだけ筋肉質か、強いか、速いか、体型が整っているかを示すことが求められる。でもわたしが筋肉質だと、男らしいと言われる。速ければ、目立ちたがり屋。体型が整っていれば、体型を気にしすぎた摂食障害。プレーしているときは、素晴らしいかダメすぎかのいずれかで、その中間でいることは許されない。そんなふうに受けとめることを選ぶように強いられていた。つまり、ただ、自分自身でいることを、あるがままに、好きなことを楽しむことを、選べなかった。女子であるがために、わたしの選択は常に縛られていたのです。女子だからという理由で。

社会化のサイクル

ハロ（Harro 2013b）は、社会化の力に抗うことがなぜそれほどまでに困難かを示すモデルを考案しています。お互いの違いを認め合い、敬意をもって接すれば抑圧は存在しなくなる……多くの善意ある人びとはそう思い込んでいますが、それほど単純なことではありません。ハロは、私たちが「抑圧のダイナミックなシステムの中の不平等な役割」（p. 45）を生じさせる一連の社会的アイデンティティ（ジェンダー、社会階級、宗教、性的指向、人種、文化、障害の有無など）の中に生まれ出てくる様子を解説しています。この不平等なシステムにおける特定の役割を演じさせる強大な力に支配されているというものです。図4.1で示したハロの社会化のサイクルは、社会化がいかに多方面にわたり、一貫し、循環し、永続するもので、多くの場合は不可視あるいは無意識、そして明らかにされない様子を説明しています。私たちはまず、両親、親戚、教師に

第 4 章　どうしてこうなった？

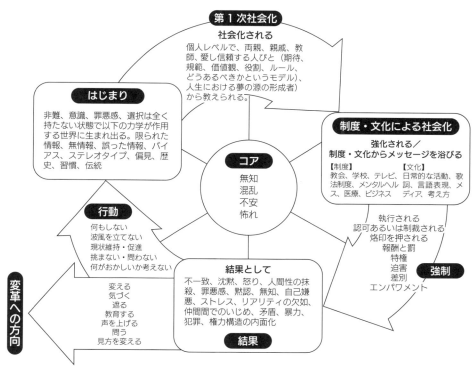

図 4.1　ハロの社会化のサイクル（出典：Harro（2013b）から引用）

よって、そして後により大きな文化や制度によって社会化されていきます。

　自分をとりまくメッセージ、ルール、役割、社会構造や前提に気づいたとしても、システムを維持する強制力があることから、抗うことはほぼ不可能です。既存の権力構造に挑むと、トラブルメーカーとされ、差別や暴力を受け、施設に収容され、投獄され、殺されることすらあるのです。波風を立てない見返りはいつも通りの営みの継続であり、サイクルも続いていくのです。人間は抑圧のシステムからのメッセージを自ら内面化させるので、システムが何かをする必要はありません。帰属意識をもつ集団に対するステレオタイプを信じ始めることで、無力感や絶望を経験します。しかし、ハロは社会化のサイクルを壊す方法にも言及します。図 4.1 の矢印のうち、出口を表す矢印です。気づく、問う、異なる視点から捉える、遮る、声を上げる、といった行動は、変革をつくりだすことができるのです。

ジェンダー社会化の負の影響

　本章の冒頭で説明した社会化の力は、多くの影響を及ぼすものです。ここから紹介するものは、ジェンダーに関するネガティブな社会化が日常生活に現れたものです。図 4.1 にあるように、これらのメッセージは混乱、無知、自信のなさ、恐れから生じ、社会化のサイクルの中に閉じ込め続けるものでもあります。

○さりげない完璧さ

　2003 年、デューク大学のウィメンズ・イニシアチブ運営委員会は、「さりげない完璧さ」が女子学生を蝕む作用をまとめた報告書を作成しました。さりげない完璧さとは、特に女性が感じるプレッシャーで、目に見えるような努力をしたり見せたりせずに、賢く、有能で、健康的で、美しく、人気者であるべきというものです。この現象は、本章でこれまでに見てきたジェンダー化された行為主体性や配慮と直結します。主体的すぎる行動を見せたり、「必死」に見えるのは女性らしからぬとされるなら、代替案は、何でも無理せずやっているように振る舞う、となります。さりげなく完璧でいる女性はあらゆる領域（私生活、社会、学業、キャリア、健康や美容）で成功し、「汗をかく姿を決して見せない」という大義に従っているのです。

　さりげない完璧さは実現不可能な神話でしかありません。成功、リーダーシップ、達成にはハード・ワークが必要となります。ワイズマン（Wiseman 2009）は「完璧な女子」の幻想を次のように述べます。

　　誰もが彼女の人生を完璧だと思うのとはうらはらに、彼女は自分自身をペテン師のように感じ、今にも誰かがカーテンを開け正体が暴かれると思っている。決してミスをしないように必死で、ありえないほど自分に厳しい。自分の欠点ばかりに目が行き、十分にやっているとは決して思わない。自分のイメージを維持するために自分を追い詰める。(p. 203)

○インポスター症候群

　心理学者であるスザンヌ・アイムズとポーリーン・ローズ・クランスによっ

て 1970 年代に初めて提唱された**インポスター症候群**は、自己不信感の一種です。さりげなく完璧でいるように見られたいという願いは、インポスター症候群すなわち価値に値しない、詐欺師であると露見することへの恐れと一体になると、特に不安を生み出すようになるのです。これらの現象が連動して女性にストレスや不安を生み出す様子は、こんな独り言に見てとれることでしょう。「人生のあらゆる面で完璧でなきゃならない。でも私は全く完璧じゃない。完璧じゃないとわかったら、価値のない人間とされてしまう」。

インポスター症候群、別名インポスター現象に関する研究では、特に女性や周縁化されたアイデンティティの保有者が、インポスター症候群に陥りやすいことが判明しています。テキサス大学オースティン校の研究者による 2013 年の調査では、アジア系アメリカ人はアフリカ系アメリカ人や中南米系アメリカ人に比較して、インポスター感情を経験する傾向を示しました。この結果は、成長期において成功へのプレッシャーを経験するとインポスター症候群に苦しむことが明らかになった 1970 年代の先行研究とも重なります。興味深いことに、インポスター感情は、少数化・周縁化された社会的地位関連のストレス以上に、メンタルヘルス問題の予測因子であることも明らかになっています（Cokley, McClain, Enciso, & Martinez 2013）。インポスター症候群の対策法としては次のようなものがあります。成果ではなく成長マインドセットで目標達成に向けた前進に着眼すること、それはつまり、目標だけではなく、そこに至る過程において教えたりメンタリングするといった他者支援を通じて自分が持つ知識や技術を共有し、自分ができることを認識するというもの。また、成果への無理な期待に対処するために、メンターやプロのカウンセラーに相談すること。

○内面化された抑圧

内面化された抑圧とは、エージェント・アイデンティティを持つ集団が流布するウソや誤情報をターゲット集団側が内面化つまり信じることだと定義できるでしょう（Adams et al. 2013）。内面化された抑圧とは、常に、抑圧の体験に対する無意識の反応です。黒人女性は怒りっぽいというメッセージを社会が送ることにより、黒人女性が実際に侮辱されたとしても、ステレオタイプにあてはまりたくないために自己抑制し、声を上げない可能性があります。最もよく語られる物語は、自分をどのように見るか、見ないかに影響を与え、自分自身

（内面化された抑圧）と他者（ステレオタイプと偏見）に対して持つ期待を規定します。デイビスとハリソン（Davis & Harrison 2013）が述べるように、抑圧そのものは、「深く組み込まれ、徹底的に目立たないもので、システムの中に位置している」（p. 42）のです。

○マイクロアグレッション

マイクロアグレッションについては、コロンビア大学のカウンセリング心理学教授であるデラルド・ウィン・スー（Derald Wing Sue）が、サイコロジー・トゥデイ誌の 2010 年のブログ記事で次のように定義しています。「意図的もしくは非意図的な、日常的に起こる、言語的、非言語的、あるいは環境的な軽視、冷遇、侮辱であり、周縁化された集団への所属だけを根拠として、相手に敵意や見下し、否定的なメッセージを発すること」。これらのメッセージについては次の説明があります。

> ターゲットとなった人の集団アイデンティティや経験的現実を無効化し、個人的あるいは集団的レベルで卑下し、劣った人間であると伝え、多数派集団には属さないことを示し、脅し、おびえさせ、劣等的な地位および扱いに追いやりうる。

ボックス 4.1 には、スーによるマイクロアグレッション例とマイクロアグレッションから明らかになる支配的イデオロギーを示します。

ボックス 4.1　典型的なマイクロアグレッション〔() 内は隠されたメッセージ〕

○人種

- 白人が、有色の人びとが近づいてくるのを見てハンドバックや財布をしっかり握る。（あなたとあなたの所属集団は犯罪者。）
- 米国で生まれ育ったアジア系アメリカ人が「英語上手」と褒められる。（あなたは真のアメリカ人ではない。祖国では永遠のよそ者。）
- レストランでほかに空いているよりよい席があるのに、有色の人びとの集団がキッチン近くのテーブルに座っている。（あなたは二級市民で一流の待遇を受ける資格はない。）

第 4 章　どうしてこうなった？

○ジェンダー

- はっきりと物を言う女性マネージャーが嫌な女（ビッチ）とレッテルを貼られる一方、男性の場合は「自信に満ちたリーダー」とされる。（女性は受け身で、男性に意思決定をさせるべき。）
- 聴診器をつけた女性医師が看護師と間違えられる。（女性は意思決定ではなく、お世話係（ナーチャリング）の役割を担うべき。女性は男性よりも能力が劣る。）
- トランスジェンダーの人が、ジェンダー別のトイレに入ろうとして問いただされる。（あなたのジェンダーアイデンティティは皆の問題。）
- 道を歩いていると口笛や女性への声がけ（キャットコール）が聞こえてくる。（あなたの身体や外見は他人の楽しみのためのもの、性的対象。）

○性的指向

- つまらないと感じた映画について、「ゲイ」という表現を使う。（ゲイであることが否定的で望ましくない性質と関連づけられている。）
- 公共の場で手をつないでいるカップルが、セクシュアリティを見せびらかすなと言われる。（同性間の愛情表現は異常かつ不快。プライベートな場所で自分たちだけでやって。）

○宗教、障害の有無、社会階級

- 商品の値段を交渉する客に向かって、店主が「値切る（Jew down）のはやめてくれ」と言う。（ユダヤ人（Jews）はケチで金儲け主義だ。）
- よく大声で話しかけられるという全盲男性。「声を大きくせずとも、ちゃんと聞こえてます」（何かしらの障害を持つ人は身体的・精神的に全ての面で劣っている。）
- 双極性障害を持つ人が親しい友人から頭がおかしいと言われる。（他者の精神的安定をからかってもよい。）
- テレビのリアリティ番組参加者の着ているものを、低能で低俗と表現する。（下層階級の人は趣味が悪く洗練されていない。）

出典：Sue（2010）

○社会的圧力

　集団に適合したいという願望は強力なものです。集団の期待に沿うよう、女子や若い女性が自身の態度や行動、または価値観を変えるといった破壊的な行動に駆り立てます。同時に、健全で道徳的な行動が集団の目的であるのなら、ポジティブな結果をもたらすことができるでしょう。自分自身で境界線を理解、設定することは、どんな社会的状況にも存在する圧力の中で歩んでいくためには不可欠となります。

○ストレスと不安

　人は生涯を通じて、ストレスや不安を引き起こすような困難な状況や人間関係を経験していきます。特に青年期に現れやすいものですが、それはストレスや不安に対処するために必要となるスキルが十分に発達しないまま、多くの複雑な課題に直面することによります。国立精神衛生研究所（The National Institute of Mental Health: NIMH 2019）は、全人口の30％近くが人生において何らかの不安障害を経験する中で、若者の不安障害の増加を指摘しています。さらに、女性（38％）は男性（26％）よりも極度の不安を経験する傾向で、パニック障害、全般性不安障害、広場恐怖症、特定の恐怖症、社会不安障害（社交不安障害）、心的外傷後ストレス障害、強迫性障害、分離不安障害も含まれます（NIMH 2019, 第2パラグラフ）。ストレスは誰にでも影響を与えますが、仕事や学校、人間関係に支障をきたすようになると、特別な治療が必要になる場合があります。重度あるいは長期の絶え間ないストレスを経験すると、圧倒され、絶望的になりえます。あなた自身や愛する人が自死を考えている場合は、フリーダイヤルの National Suicide Prevention Lifeline（www.suicidepreventionlifeline.org）1-800-273-TALK（8255）に電話してください（1日24時間、週7日対応）[2]。このサービスは誰でも利用でき、全ての通話は秘密厳守となっています。

健全なジェンダー社会化をどのように支援できるか？

　西洋社会はヒエラルキー、競争、個人主義、支配、資本主義、植民地主義、希少性の原理といった一連の前提の上に成り立っています（Harro 2013b; hooks

2000b, 2011）。これらの社会的価値観は、第2章で検討したようにリーダーシップに、そしてジェンダー社会化にも影響を及ぼします。女子や女性を育てるにあたって、そのような価値観に抗うために、どのような対策を講じることができるでしょうか。女子や女性がお互いを脅威としてではなく、仲間や支援者<ruby>とみなしたり、リーダーシップのプロセスに取り組めると感じるための方法を示した研究もあります（Fagell 2018）。いくつかの実践的な介入方法を説明していきましょう。

○ソーシャル・メディアをよいことに活用する

　ポジティブ心理学の専門家であるキャロライン・ミラーは、女子がお互いの功績を少なくとも2つのソーシャル・メディア上で共有する #Share222 運動を始めています。セルフィーやパーティの写真に替えて、個人的な目標を達成した友人について発信するものです（Fagell 2018）。人気や外見ではなく、誰かを想う行動の応酬が友情や相互支援のポジティブな循環につながっていくようにという願いが込められています。

○開放的で拡がりのある（expansive）ボディランゲージを促す

　女子が存在感を示せるようになるための支援は、女子のエンパワメントにつながります。女子は中学生になると「縮こまる（shrink）」ようになり、できるだけ場所を取らないように、そして目立たないように振る舞うという研究があります。ウォール街の巨大な雄牛像チャージング・ブルの眼前に、挑戦的に立つ少女像「恐れを知らない少女（フィアレス・ガール）」〔2017年の国際女性デーに合わせた、女性の地位向上を訴えるゲリラアートとして登場。現在はニューヨーク証券取引所の前に設置されている〕のように、強く、誇り高い女子の例を目にすることにより、空間認知と、自分は力を持っているという感覚を高められます。マン・スプレッド（男子や男性が、他者のスペースを侵害している感覚もなきまま、空間いっぱいに足や腕を広げる習慣）に抗いうる方法を教えましょう。

○支援を与える・求めることをあたりまえに

　支援を得られる場と利用方法の把握、そして支援を得ること自体が学びと成長に不可欠であると、女子に教えましょう。助けを求めることに怖れがある女

子は、危機や困難に直面した際に必要なサポートを得られにくいものです。

○成果よりも習得を強調する

女子が成果をゼロサムあるいは勝ち負けのように扱う、つまり他者よりもいい成果を出そうとするのではなく、自分が取り組みたい目的に向けて臨めるように支えましょう。ガールズ・オン・ザ・ラン（Girls on the Run）〔身体を動かすことを通じた小学校〜中学校の女子の全人的成長を支援するNPO〕が提供するプログラムでは、個人の目標設定とその社会的支援を通じて、他者への共感と目標達成の両立を女子が学べるようにしています。

○勇猛でありながらも優しい女性キャラクターを探し出す

情報が氾濫する今日、目標達成と他者を支える行動を両立させているロールモデルを持つことが女子にとって重要です。ディズニーは、ムーラン、メリダ、モアナなど、強さと勇気とともに思いやりや慈悲の心もある、偏りのない女性キャラクター開発に取り組んでいます。以前に見られたような、自分の声を愛する男性のために差し出す『リトル・マーメイド』のアリエル、ストックホルム症候群となり自分を捕えた野獣と恋に落ちる『美女と野獣』のベル、そして自分の意思に反してキスされる、眠れる森の美女（フェミニスト視点でディズニー女性キャラクターを論じたページはこちら https://jezebel.com/a-feminist-guide-to-disney-princesses-5925424）とは対照的です。色々意見はありますが、ディズニーの女性キャラクターは、そもそも女性登場人物が少ない時代から女性のロールモデルを提供していました。また、プリンセスを主人公として捉え直そうとする近年の試みも、正しい方向に進んでいると言えるでしょう。そのほかに、フィアースな女性登場人物としては、スター・ウォーズのレイや、もののけ姫、アリエッティなど宮崎駿のアニメ映画に登場する多くの女性主人公が挙げられます。

○チーム活動への参加を促す

チームスポーツを通じて、女子はエゴを脇に置き、お互いの成功に関心を持つことができます。リーダーシップ・アイデンティティの発達（LID）に関する研究調査参加者の多くが、リーダーシップへの関係的なアプローチを育んだの

はこどもの頃からのチーム経験だったと述べています（Komives et al. 2009）。水泳や陸上といった個人と団体両方の競技があるスポーツが、特に効果的だったようです。スポーツだけではなく、演劇や地域団体におけるチーム活動も同様でした。

女子たちと若い女性のリーダーシップの取組を支える

　さて、ジェンダーそしてリーダーシップのメッセージに対する自分自身の社会化についてふりかえり、女性がリーダーシップ経験を歩む中で直面する状況に関する用語にも触れたところで、女子や若い女性のリーダーシップ能力を発達させるための具体策の検討が大切になります。

　ハーバー＝カランとソルピジオ（Haber-Curran & Sulpizio 2017）は、女子と若い女性向けのリーダーシップ教育・開発プログラムの設計のために４つの提案をしています。ひとつめは、リーダーシップを役割や特性としてではなく、開発可能なプロセスあるいはキャパシティとして扱うというものです。ガールスカウトの調査（Girl Scout Research Institute 2008）にも明らかだったように、女子は、よりインクルーシブでエシカル、プロセス重視のリーダーシップ・モデルに共感します。リーダーシップが役割として、あるいは権限のある立場としてのみ捉えられると、女子や若い女性はリーダーシップとは全くかかわろうとしなくなるかもしれません。さらには、伝統的なリーダー職に女性が占める割合が低いゆえに、若い女子にとってのロールモデルが少なくなり、女性はリーダーに向いていないという間違った前提を生み出す可能性があります。ハーバー＝カランとソルピジオ（Haber-Curran & Sulpizio 2017）は、「リーダーシップを権限付きの役割と定義すると、権限に拠ることなくリーダーシップに取り組む多くの女性を見落としてしまう」とともに、「誰もがリーダーシップに取り組むことができるという考え方が、女性が多様な文脈においてリーダーシップに取り組んでいくためには極めて重要」（p. 40）と指摘しています。

　ハーバー＝カランとソルピジオ（Haber-Curran & Sulpizio 2017）の第二の提案は、リーダーシップに対する、女性的、男性的、そして、中性的全てのアプローチの受容を重視しながら、ジェンダー表現の問題を扱うことです。女子がジェンダー社会化から深く影響されているのであれば、ジェンダーアイデン

ティティと表現という話題を取り入れ、リーダーシップと女性性・男性性に関するメッセージの複雑さを検討できるようなプログラムにすべきです。リーダーシップを、男性らしい／女性らしいリーダーシップ・スタイルと二元化するのではなく、「凝り固まったジェンダー化基準に挑む」こと、そして「学習者が、リーダーシップ行動や方法のスペクトラムの中でリーダーシップ・プロセスに取り組む能力を発達させながら、本当の自分（authentic self）を探求できるように支援する」（p. 41）ことが、プログラム設計において必要なのです。

　3つ目の提案は、リーダーシップ・プログラムは、声（voice）、権力（power）、そして自己肯定感（self-esteem）を重視すべきで、「女性に悪影響を及ぼすジェンダー化されたリーダーシップの側面を明確に名づけ、対処することで、女性のリーダーシップを前進させられる」（Haber-Curran & Sulpizio 2017, p. 42）というものです。そのためには、参加者がリーダーシップにおけるジェンダー・バイアスに関する自分自身の経験について話し合い、そのようなバイアスへの対処方法のアイデア出しができる場を設けるのも一案です。

　ハーバー＝カランとソルピジオによる最後の提案は、女子や若い女性向けのリーダーシップ・プログラムは、関 与を育む工夫と、メンターシップ要素を組み込むというものです。これは、高校におけるリーダーシップ経験、リーダーシップ研修への参加、学生団体での経験、地域団体や地域活動への参加、リーダーシップ役割への従事が、女性のリーダーシップ発達に寄与するという研究知見からの提案です（Dugan et al. 2013; Dugan & Komives 2010; Haber 2011）。メンターとのかかわりは女子や若い女性のリーダーシップ発達に特に重要とされています（Dugan et al. 2013）。第3章でリーダーシップに関する多機関合同研究（MSL）によるメンターの定義を紹介しましたが、メンターとは、学生の成長を意図的に支援し、キャリアや個人としての成長に資する機会につなげる人を表します。大学教職員、雇用者、家族、地域住民や同年代の仲間がメンターになりえます。

　これまでメンターを持ったことがあれば、メンタリング関係は容易に発生するものではないことはおわかりでしょう。それは、メンターする側とされる側（メンティー）双方のコミットメントが必要で、関係発達には時間がかかるからです。MSLは効果的なメンタリング関係構築のために、以下を勧めています。

・メンターに対して、リーダーシップのためのメンタリングを求めること（学生が、権力構造内で交渉し、社会システムの中で歩み、レジリエンスを高めていくための、複雑で、開かれた議論が必要となるもの）
・メンタリングの利点をメンティー自身が理解できるように手助けするとともに、メンティーが今後自分自身でメンタリング関係を築いていくための情報やスキルを提供すること
・周縁化されたアイデンティティを持つ学生を支援するために、違いを超えてかかわる能力を持つメンターを育てること
・権力、特権、抑圧がいかにリーダーシップに組み込まれているかについてメンターが認識するための支援をすること

　ここまでの4つの提案を全て採用したプログラムの一例が、ガールズ・インク（www.girlsinc.org）です。ガールズ・インク（Girls Inc. 2014）は女子のための独自の権利章典〔「権利章典」は合衆国憲法における人権保障規定、修正第1条から第10条〕を打ち出し、全ての女子は以下の権利を持つとしています。

1. 女子は、自分自身でいることの権利、すなわちジェンダー・ステレオタイプに抗う権利を有する
2. 女子は、独自性と熱意をもって自らを表現する権利を有する
3. 女子は、気兼ねなくリスクを冒し懸命に努力し、成功に誇りを持つ権利を有する
4. 女子は、自身の身体を受け入れ、その価値を認める権利を有する
5. 女子は、自分に自信を持ち、安全でいる権利を有する
6. 女子は、働き甲斐のある仕事と経済的自立に向けて取り組む権利を有する

　ジェンダーとリーダーシップに関連してあなた自身が社会化されてきた様子をふりかえることで、あなたがどうやって今日のあなたになったかを見いだせたでしょうか。幼少時から今日まで受けとってきたメッセージを特定し、それらのメッセージがジェンダーやリーダーシップへの今のあなた自身のアプローチに影響を及ぼしているか、考えてみてください。

次のナラティブは、白人、シスジェンダー、パンセクシュアル、中流階級、無神論者の女性であるナタリアによるものです。明示的そして暗示的なメッセージが内面化されていった様子が綴られています。

ナラティブとカウンターナラティブ　　ナタリアのストーリー

母はいつも教えてくれた

兄や弟とは
違う扱いを受けると
世の中からだけではなく
母からもだと

母はいつも教えてくれた

「ガソリンを入れるとき
ドアはロックして
車の中にいて」と

初めての自分の車
半年間
ひとりでスタンドに行くのが怖かった

今でも毎度　わたしは車の中で待つ

母はいつも教えてくれた
「家に1人のときは
誰が来てもドアは開けないで」

先週のことだった
ナイフをバスローブの袖に隠してた
管理業社が家の点検をする間

母はいつも教えてくれた
そんな恰好で

第 4 章　どうしてこうなった？

ノース・アベニューに行っちゃだめ

今日のミーティングに遅刻しかけた
わたしの格好が男性にどう映るか
考えているうちに

母はいつも教えてくれた
微笑んでくる男たちにしかめ面はだめ
でも　決して微笑み返さないこと

・・・・・・・・・
わたしのせいなの？

母は決して教えてくれなかった
同意（コンセント）については
でも見せてくれた
恐れが最初の防衛線だと

訳注

〔1〕ここで引用されているのは第 2 版であり、現時点で日本語訳は未刊行であるが、初版の日本語訳としては小林・難波訳（2005）『女の子って、どうして傷つけあうの？：娘を守るために親ができること』がある。

〔2〕日本国内の類似の取組はこちらから。厚生労働省 HP「電話相談」https://www.mhlw.go.jp/stf/seisakunitsuite/bunya/hukushi_kaigo/seikatsuhogo/jisatsu/soudan_tel.html

第 **5** 章

フェミニン、それともフェミニスト？

キャンパスやコミュニティで展開されるリーダーシップへのアプローチ

自分の価値観を生きようとする果敢なリーダーは、タフな話題に口を閉ざさない。
—ブレネー・ブラウン『デア・トゥ・リード』(Brown 2018)

　本書を大学の授業やプログラムの一環として読んでいるなら、あなたの大学
が女性に門戸を開くよう尽力した力強い先駆者たちの労に想いを馳せてみま
しょう。高等教育の大半で見られた排他的なジェンダー慣行に抗して、女子の
みの大学、つまり女子大学も設立されてきました。しかし、今日でも、あらゆ
る女性の支援を可能とするインクルーシブな大学カリキュラム、ポリシー、実
践の実現に向けた課題は山積しています。ジェンダーフルイド、ジェンダー
クィア、ジェンダーノンコンフォーミングあるいはノンバイナリーな人びとの
受け入れにいたっては、程遠い状況です。女性の健康と生殖に関する権利、学
生ローン問題、性暴力やレイプ・カルチャー〔性暴力をあたりまえのこととし、被
害者に非があるようにみなす文化〕、米国教育改正法第9編、女性スポーツ、女性
センターや女性団体に関する取組を、キャンパス内で見たこともあるかと思い
ます。本章では、女性と高等教育の歴史を概説した後、キャンパスにおける女
性とリーダーシップに関連する課題や諸団体を簡単に紹介していきます。女性
と自認する人が皆、女性の歴史を意識しているとは限りません。しかし、状
況を変えていくためにはその知識が必要になります。章の最後には、大学で
学ぶ、あるいは働く女性のための支援団体リストと、シェイとレン（Shea &
Renn 2017）による行動の呼びかけ、「女性らしいリーダーシップからフェミニ
ストなリーダーシップへ」を紹介します。

女性と高等教育：その歴史

1848 年、米国初の女性の権利に関する会議がニューヨークのセネカフォールズで開催されました。同会議で、教育施設からの女性の排除、すなわち「全ての大学が女性に対して門を閉ざしている」(Stanton, Anthony, Gage, & Harper 1922, p. 9) 状況に対する異議も含む「感情宣言」が起草されています。当時のフェミニストは奴隷廃止論のレトリックを活用しながら男女平等を訴え、男女共学を求めていました。男女共学で初等中等教育が行われていた地域もありましたが、高等教育機関としては、オーバリン大学が 1837 年に女性の入学を認めたのが初めてです。ただし、アフリカ系アメリカ人女性の入学はごく少数にとどまっていました。女性では初めてとなった学士号取得者はオーバリン大学の女子学生たちで、1841 年のことです。その後ヒルズデール大学（1844 年～）、アンティオーク大学（1853 年～）などの小規模校が続きますが、南北戦争中は入学審査を停止せざるを得ませんでした（Micheletti 2002)。アイオワ大学（1855年～）は創立から一貫して女性の入学を認めてきました。これらの大学が教育を提供できた女性数は限られているのですが、当時は入学者の女性割合がそもそもごくわずかだったのです（Renn & Reason 2012)。

南北戦争後の初等中等教育ブームは教師不足を引き起こしました。その結果、より多くの大学が女性学生を入学させるようになるとともに、より多くの女性、特に戦争で未亡人となった女性が生計を立てるために、大学教育の機会を求めるようになりました。多くの大学が女性の入学を拒んでいましたが、教師養成のための師範学校設立が相次ぐ中、女性は重要な存在となりました。師範学校は、通常の大学入学年齢ではない学生の受け入れにも積極的でした。公立・私立の 2 年制大学は設立当初から女性が入学できました（Renn & Reason 2012)。1862 年にモリル・ランドグラント法（The Morril Land-Grant Act）が制定され、実用的な専門分野の教育を行う公立 2 年制大学設立が各州で支援されるようになると、納税者は息子や娘が公立大学で等しく学べる機会を要求するようになりました。この時代、女性が学べたのは、「**女性の科目**」と呼ばれた家政、教職、看護課程の授業に限定されており、ほとんどの大学〔当時は 4 年制ではなく 2 年制の大学の方が多かった〕は、キリスト教徒でシスジェンダーの白人女性にのみ開かれていました。ウィルバーフォース大学（1856 年）や

第 5 章　フェミニン、それともフェミニスト？

フィスク大学（1866 年）のような歴史的黒人大学（Historically Black Colleges and Universities: HBCU）は、財政的そして信条的理由で開学初期から女性を受け入れていました（Micheletti 2002）。1890 年制定の第二次モリル法（Morril Act of 1890）により、各州において黒人向けの公立大学を設立するための限定的な補助金が提供されました（Renn & Reason 2012）。イェール大学のようなエリート大学の多くは、女子学部生の受け入れ（1969 年〜）よりもはるかに先に（1892年〜）女子大学院生を受け入れていましたが、それは主に経済的な理由からでした。

　初期には、男女共学化に対しての抵抗も現れました。1873 年、ハーバード大学医学部教授のエドワード・クラークは、女性がその限られたエネルギーを学問に注ぐことで生殖に関する健康を損ねてしまう、学習課題遂行に対して身体的に向かない、そして男女共学は人類に対する罪だという持論を展開しました。キャンパスに女性がいることは、性的不道徳が助長され（これが理由となりカトリック系大学の共学化は最も遅れた）、男性の学業の妨げとなり、学位の価値低下につながる（Micheletti 2002）という主張もありました。このような敵対的風潮への対応という意味も持ちながら、男性と同等の教育機会提供のために、独立した非営利の女子大学が設立されていきました。それらの多くは女子神学校を前身とし、後に大学連携制度（coordinate college system）のもとで男子大学とペアになり正課外での相互交流機会を持つようになります。バーナード（1889 年）、スミス（1875 年）、マウント・ホリヨーク（1837 年）、ヴァッサー（1865 年）、ブリンマー（1885 年）、ウェルズリー（1875 年）、ラドクリフ（1879 年）の 7 校は、当時男子校であった米国東海岸名門のアイビーリーグ 8 校との交流もあったことから、1927 年に「セブン・シスターズ」と名づけられました（Harwarth, Maline, & DeBra 2005）。研究では、女子大学は共学大学と比較すると、キャンパスの雰囲気が学習効果ほか教育的な利点にプラスの影響を与えるとされています（Kinzie, Thomas, Palmer, Umbach, & Kuh 2007; Yates 2001）。レンとパットン（Renn & Patton 2011）は女子大学の利点を以下のように解説しています。

　　女性だけの環境があるということは、女性の声が聞かれ、そして尊重され、女性にとって重要な課題は誰に遠慮することもなく女性の経験に基づき検

討され、共学大学では伝統的に男性が担うリーダーシップ役割を果たす経験を積むことができることを意味する。同性の仲間に対してポジティブな影響を与えようとする作用も強く働く。そして何よりも、女子大学の使命が女子教育の歴史とともに深く織り成されているという点だ。女子の教育が中核となりキャンパス環境のあらゆる側面と交差し続ける今日の女子大学と女子教育の歴史は、接続しているのだ。(p. 247)

　第二次世界大戦中に男性が戦地に赴く中、経営的理由から、多くの大学がようやく女性に門戸を開くようになりました。第二次世界大戦後の復員兵援護法、通称 GI 法により大学に入学する学生が急増したことから、男性を受け入れ始めその後共学となった女子大もあります。より多くの帰還兵受け入れのために大学を辞めて家庭に戻るべきというプレッシャーを感じた女子学生もいました (Martínez Alemán & Renn 2002; Renn & Reason 2012)。1976 年、米国陸軍士官学校は女性の受け入れを開始しました（米国陸軍士官学校 [USMA]、米国海軍士官学校 [USNA]、米国空軍士官学校 [USAFA]、米国沿岸警備隊士官学校 [USXGA]）。1979 年、米国学部生の女性割合は 50％を超え、現在では大学院も含む高等教育機関全体の 57％を超えるようになっています (Renn & Reason 2012)。コロンビア大学はアイビーリーグの最後の男子校でしたが、1983 年に男女共学となりました。1996 年、合衆国対バージニア州の最高裁判決は、バージニア州立士官学校のような州立の男子校への女性の受け入れを認める判決を下しています。現在、女性の大学生の 95％が共学の 2 年制あるいは 4 年制大学に通うようになりました (Micheletti 2002)。しかし、高等教育へのジェンダー化されたアプローチの名残は、多くの大学キャンパスに残っています。それは、男女別の寮、女子学生部長、性差別的なコンテスト、リングダンス〔進級や卒業を祝して行われる舞踏会。しかし最近では階級主義や家父長制、異性愛主義に根差すものとして批判の的にもなっている〕などの伝統、男子だけの秘密結社などです。

　女子の入学許可自体がキャンパスにおける男女平等を意味するわけではありません。バスティード (Bastedo 2011) は、1970 年代のフェミニズムの広がりが大学にも強い影響を与え、人びとが、女性や女性問題の研究がカリキュラムに取り入れられることを求めるようになったと解説しています。「女性学の教員や学生は、黒人学の教員や学生と同様に、社会の中に制度化された性差別と

第5章　フェミニン、それともフェミニスト？

女性嫌悪を是正すべく、大学カリキュラムの変革の必要性を明確に打ち出した」(p. 472) のです。しかし、女性に対する冷たい雰囲気（第4章参照）は多くの大学で根強く残っていると、レンとリーズン（Renn & Reason 2012）が指摘しています。女子学生に不親切な文化は、大学1年目における認知能力の低迷（Pascarella et al. 1997）や、科学・技術・工学・数学（STEM）専攻を避ける傾向（Sax, Bryant, & Harper 2008）を生み出しています。「大学において、女性が多数派となり成功をより手にしているとしたら、なぜ未だに彼女たちに敵対的な文化が残っているのか」(Renn & Reason 2012, p. 101) という問いは、未だ応えられていないのです。

　キャンパスにおける多くの文化は、ガイランド（Guyland）(Kimmel 2008) と特徴づけられるでしょう。それは、「男性と女性が自分自身を真に表現する能力の犠牲の上に成立した、異性愛規範に基づいた男性性を奨励する全方位的社会文化的環境」(Renn & Reason 2012, p. 101) というものです。女子大学がトランスジェンダー女性を初めて受け入れたのは、2014年のことでした（Kellaway 2014）。ジェンダーノンコンフォーミングな個人をとりまく雰囲気についてレンとリーズン（Renn & Reason 2012）は次のように説明しています。

　　キャンパスのジェンダー風土は、ガイランドのエートスに支配され、誰もが二極（男・女）のいずれかに位置した、単一のジェンダーアイデンティティを持つことを義務づけるジェンダリズム（Bilodeau 2009）に組み込まれている［…］大学において人種とエスニシティがジェンダーと交差することで、これらの基準や期待を補強しているのだ。(p. 102)

　次に、大学キャンパスで女性が直面する重要な問題を探っていきましょう。

大学キャンパスにおける女性とリーダーシップ：問題点

　制度化された性差別が蔓延する中で、大学や国の政策自体が、キャンパスに正義や公正性、持続可能性が実装されるのを妨げていることがよくあります。学内の女性センターや女性問題に取り組む学生団体を調べたり、エクササイズ5.1にあるキャンパス文化査定を行って、女子学生が今日直面する問題を感じ

取ってみましょう。この後取り上げていくものは、大学で女性たちが率先して取り組んでいる問題のほんの一部です。取り上げる問題の要約を読みながら、自分自身の知識、スキル、態度、そして体験と照らし合わせてみてください。諸問題に関連する学内での活動やリーダーシップ・プロセスにどのように取り組んでいますか／取り組まずにいますか。自分を取組に向かわせる、あるいは、引き留めるものは何でしょうか。諸問題についてもっと学びたい、何かしたいときのためのリソースやサポートにはどのようなものがありますか。

エクササイズ 5.1　キャンパス文化査定

エドガー・シャイン（Schein 2016）は『組織文化とリーダーシップ』で文化を次のように定義している。

> 文化とは共有された基本的な仮定パターンである。基本的な仮定とは、外部に適応したり、内部を調整したりといった問題を解決する際に組織が学習した方法である。それらは組織によって承認され、新しいメンバーが組織に加わった際には、問題に気づき、考え、感じるための正しい方法として彼らに伝えられる。(p. 18) [1]

また、組織文化を 3 つのレベルに分けて解説する。

・文物（人工物）

文化が可視化されたものは何か。組織が、見る、聞く、感じるようにしているものは何か。公式・非公式な人工物を探してみよう。学生は自らの居場所を文物（人工物）を使ってどうつくりだしているか。

・標榜されている価値観

組織は、何を大切にすると言っているか。公式に表明されている組織のミッション、ビジョン、価値観、出版物、掲示板、組織内表彰などを見てみよう。

・背後に潜む基本的仮定

組織を導く基本的仮定は何か。基本的仮定は無意識あるいは当然とされ

ており、見つけ出すのが難しい場合もある。

　これらの定義のもと、自分の大学における共学の歴史を考えてみよう。共学への道を切り拓いた女性は大切にされているだろうか。大切にされていることはどのようにわかるか。ジェンダー化されたアプローチは残っているか。女性の体験やリーダーシップへの取組に肯定的な空間や場所はあるか。ジェンダークィアやノンバイナリーな個人にとってのそのような空間や場所はどうか。人工物、標榜されている価値、そして背後に潜む基本的仮定に見てとれるジェンダー化されたメッセージにはどのようなものがあるか。あなたはジェンダー化された体験について話せる団体に所属しているか。している・していないのはなぜか。女性がリーダーシップ・プロセスにかかわり、変化を生み出している場所はどこか。

○セクシャルハラスメント、性暴力と安心安全性

　セクハラと性暴力は大学キャンパスにつきものです。全米性暴力情報センター（The National Sexual Violence Resource Center: NSVRC）によると、在学中に 20 ～ 25％の女子、15％の男子がレイプの被害に遭い、27％の女子が望まない性的行為、3 分の 2 近くの男女学生がセクハラを経験しています（NSVRC 2019）。この統計にトランスジェンダー学生が大学内外で頻繁に経験する暴力は含まれていません（Nicolazzo 2016）。性暴力サバイバーの学習や大学生活は著しく阻害されます。全米大学女性協会（AAUW）は、「教育が、女性や女子にとって公正であるためには、フェアで、ジェンダー観点をふまえたキャンパス性暴力対策方針の充実、専門知識を備えた職員、そして最終的にはキャンパスにおける性暴力の撲滅を必要とする」（AAUW 2016b, 第 2 パラグラフ）と指摘します。

　第 4 章で解説したように、1972 年の米国教育改正法第 9 編、通称タイトルナインは、教育における性差別の禁止を定めた連邦法です。タイトルナインはスポーツ参加機会におけるジェンダーパリティ〔ジェンダー平等は男女が社会的、経済的、政治的に平等な権利と機会を持つことを意味するのに対し、ジェンダーパリティは男女数の均衡を意味する〕に加え、学校の全てのプログラム・活動における不法なセクハラから学生の保護を求めるものです。セクハラ加害が起こったのが学内施設、授業、また学外で学校が主催する研修プログラムにおいても、

加害者が誰であろうと、男女いずれの学生も保護し、被害の報告を無期限に可能としたものです（AAUW 2016b）。また、全ての大学による性差別対策方針の策定・施行、そして学生や被雇用者からの差別に関する苦情に対する迅速で公正な解決のための処理手続きの実施も義務づけています。各大学は、**性差別**および**性暴力**を定義し、大学が差別をしないという声明を公表し、学生によるセクハラ、差別あるいは暴力について申し立て手続きを規定し、これらの活動を統括、苦情案件を調査し、社会全体的な問題に対応するタイトルナイン担当職員を任命する必要があります（AAUW 2016b）。

クラリー法（Jeanne Clery Disclosure of Campus Security Policy and Campus Crime Statistics Act: Clery Act）は連邦学生経済支援補助金プログラムに参加する全高等教育機関に、キャンパス犯罪の統計と安全に関する情報の年次公表を義務づけた連邦法です（Clery Center 2019）。地元警察に報告された性的暴行、犯罪の通報、学内施設の安全対策とアクセス情報、情報公開の対象、所管警察署、アルコールと薬物乱用の発生率、性的暴行や DV・デート DV、ストーキングの予防と対応についての情報なども開示の対象となります。2013 年、米国議会は女性に対する暴力防止法（Violence Against Women Act: VAWA）を再承認し、キャンパス安全性を向上させるための条項を盛り込みました。同法が定める犯罪に関する統計報告、性暴力事件後の手続きの更新・改正、全学生・被雇用者に対する第三者介入トレーニングの提供も大学に義務づけられるようになりました（AAUW 2016b）。米国下院は 2019 年 4 月に女性に対する暴力防止法（VAWA）の再承認案を可決したものの、上院においては、現在膠着状態となっています。この法案は、女性性器切除（FGM）、名誉殺人、性的人身取引、児童婚の阻止への言及は含みません。女性に対する暴力防止法は 2019 年のうちに再承認される予定です〔その後紆余曲折を経て 2022 年バイデン政権下で再承認に至る〕。

大学当局が適切な対応を取らずにいると、学生は制度的裏切り（Linder & Myers 2018）と呼ばれる状況に見舞われることがあります。制度的裏切りとは、虐待防止を怠る、虐待的な状況を常態化する、報告手続きを困難にする、被害事例に対して不適切な対応をする、隠蔽や誤情報を容認する、被害者や内部告発者を罰するといった状況を指します（Smith & Freyd 2014）。周縁化された集団に属する学生（クィアやトランス＊学生）の訴えは無視や矮小化をされたり、

認められないことが多いかもしれません（Linder & Myers 2018）。リンダーとマイヤースは「性的暴力と抑圧（人種差別、階級差別、トランス＊・ホモフォビア、障害の有無など）の関連性への認識がないと、性的暴力を十分に予防できない戦略になる」（p. 14）と警鐘を鳴らします。

　性的暴力やレイプは大学において最も報告されにくい犯罪行為となっています。自分あるいは誰かが性暴力の被害者であるなら、心理的・医療的サービス、被害報告や法律上の権利に関するアドボカシー〔社会的な不正義や不平等を是正するために、問題の可視化のための情報提供・教育や、制度・法律改正に向けた政策提言などの働きかけをする活動〕や情報、そして何よりも、サバイバー自身がどうしたいかを決定するための支援などのリソースとつながることが大切です。大学のタイトルナイン担当者は、たいてい、学生部や学生支援関連センター、カウンセリングセンター、大学警備担当部署、あるいは女性センターに所属しています。レイプ・虐待・近親相姦全国ネットワーク（Rape, Abuse & Incest National Network: RAINN）のような全米最大の反・性暴力組織もあります。RAINN は 1,000 ヶ所以上の性暴力対策支援団体と提携し、全米性暴力ホットライン（National Sexual Assault Hotline）（電話番号 800-656-HOPE）を運営しています（www.rainn.org）。国立性暴力リソースセンター（www.nsvrc.org）に連絡してもいいでしょう。もし誰かが自分の体験を話してくれた場合、あなたにできる最も重要なことは、まずは聴くこと。疑ったり否定したりせずに信じ、その人に「あなたのせいではない」と伝え、そしてその人が望むのであれば、上述のような情報や支援につながる手助けをすることです。ボックス 5.1 では、性暴力への認識を高めるための大学の取組を紹介します。

ボックス 5.1　キャンパスでの性暴力啓発プログラム

○クローズライン・プロジェクト（Clothesline Project）
　性暴力被害者や支援者が、性暴力の問題に対する思いを表現したＴシャツを展示する。

○デニムの日（Denim Day）
　毎年 4 月 23 日にデニムを履き、性暴力にまつわる誤解に抗議し、関心を高める。

○国際被害者非難反対デー（International Day Against Victim-Blaming）
　毎年４月３日に被害者非難への反対を訴え、被害者を支えるために #EndVictimBlaming を使って SNS 投稿をするオンライン行動デー。

○ It's on Us （私たちの闘い）
　性的暴力から全ての人を守るためにコミットすると誓うもの。性暴力を止めるために、誰でも何かしらできる、と捉え返す運動。

○ NotAlone.gov （ひとりじゃない）
　ホワイトハウス主導のプロジェクト。学生や学校のみならず、性暴力対処・予防方法のリソースが必要な全ての人に向けたウェブサイト〔2024 年 8 月現在アーカイブ化されている。https://obamawhitehouse.archives.gov/1is2many/notalone〕。

○スラットウォーク（Slut Walk）（あばずれウォーク）
　女性の格好を引き合いにしたレイプの言及や弁解に抗議し、被害者非難やスラット・シェイミング〔特に女性に対して社会的な規範に沿わないとされる服装や行動をしていることを「はしたない」と責める〕などのレイプ・カルチャーの撲滅を掲げる運動。2011 年 4 月 3 日カナダのオンタリオ州トロントで、性暴力への注意の一環で「女性はスラット（あばずれ、売女）のような服装をしない方がいい」と警官が発言したことがきっかけで抗議行動が始まる。その後世界各地でもデモ行進が行われてきた。

○テイクバック・ザ・ナイト（Take Back the Night）（夜を取り戻せ）
　女性には性暴力のリスクなしに夜間に出歩く権利があると掲げる、大学キャンパスで盛んな夜間のデモ。

○ V デー（V-Day）
　女性や女子に対する暴力への意識啓発のためのパフォーマンスや映画上映。

○ホワイトリボンキャンペーン
　白いリボンをつけ、女性や女子に対する暴力をけっして犯さない、容認

第5章　フェミニン、それともフェミニスト？

しない、黙っていないと個人的な誓いを立てる。

出典：いくつかは www.aauw.org/2016/04/04/fight-campus-sexual-assault/〔2024年8月現在アクセス不可〕を参照した。

○女性の健康と性と生殖に関する権利

　私が大学に通っていた1990年代のことです。大学の保健センター職員は、来所者は皆、妊娠したから来たと考える、という噂がまことしやかに流れていました。喉が痛いからセンターに行ったのに、妊娠検査薬を渡される。腕に発疹が出ると、妊娠検査薬。足を骨折すると、妊娠検査薬、という具合です。今となっては、唖然とするどころか、生殖に関連する支援が学内でそれだけ受けられていたのだと感嘆しています。女性の健康とリプロダクティブ・ライツは大学で激論の的となっています。避妊具、性感染症検査、緊急避妊薬、婦人科検診、そして、批判をするのではなく個人と個人のジェンダーおよび性的指向の多様性を尊重する環境を、学生が強く求めているからです。

　生理に伴う公正性を主張し始め、学内に無料生理用品を設置できるよう学生自治会に働きかける学生リーダーもいます。アクティビストたちは、「ヘイヘイ！　ホーホー！　生理の貧困はもうおしまい！」というチャントとともに、多くの女性が「ピンク税（pink tax）」〔性差に基づく価格差〕を払っていると訴えます。生理は健康問題であり、生理用品は贅沢品として課税されるべきではないと主張しているのです（Smith & Strauss 2019）。オハイオ州立大学の学生は、全国組織「ピリオド（Period）」の支部を大学内に立ち上げていました。ピリオドは、世界最大の若者主宰の非営利組織で、月経にまつわる偏見や差別を打ち砕いていく活動を展開しています。オハイオ州立大生は大学に対し、学内のトイレに無料の生理用品を常備するよう働きかけ、実現させています。ブラウン大学、コーネル大学やエモリー大学もこの動きに続いています。連邦政府レベルでは、全ての人のための生理の平等法案（The Menstrual Equity for All Act of 2017）が下院で可決されました。これは、医療フレキシブル支出口座の預金を生理用品購入に充てられるようにしたものです。今後下院で審議予定の同法案改訂版には、以下のような拡充策も含まれています。

・生理用品購入のために、個人に医療フレキシブル支出口座預金の使用を認める
・学校における学生・生徒向け生理用品の無料提供のための州政府による連邦政府の補助金使用を認める
・連邦（移民収容所を含む）、州、地方で収監中の受刑者・被収容者が生理用品を無料で利用できるようにする
・ホームレス支援組織に対して、シェルター備品（毛布や歯ブラシなど）とともに生理用品購入のための連邦補助金使用を認める
・メディケイド〔米国連邦政府と州政府が共同提供する低所得者向け公的医療保険〕が加入者の生理用品購入をカバーすることを義務づける
・従業員100人以上の企業に、職場で従業員に無料の生理用品を提供するよう指導する
・連邦議会議事堂を含む全ての連邦政府の建物のトイレに無料の生理用品を設置するよう義務づける

　学生たちは引き続き活動を展開していますが、その目的を避妊具や生理用品へのアクセスだけにとどめず、必修科目内に性の健康教育を取り入れること、性のウェルビーイングに関連するスティグマの軽減、緊急避妊薬と妊娠検査薬の無料あるいは極めて安価な提供へと拡大しています。

○ボディイメージ、摂食障害、外見
　ほとんどの大学生は、自分の外見を気にしたり、自分のボディイメージと葛藤するものです。ソーシャルメディアの時代となりワンクリックで比較対象が表示されることから、健全なボディイメージを持つことが特に難しくなっています。ボディイメージとは、記憶、前提や一般化などを伴う、自分自身の外見についての考え方です。全米摂食障害協会（The National Eating Disorders Association: NEDA 2019）は、自分の身長、体型、体重、身体の動きについての感じ方もボディイメージに含められるとしています。大学生活への移行とともに起こる体重や外見の変化によって、問題が深刻になる場合があります。自分のアイデンティティや個人としての成長の模索の中で、変化するボディイメージと付き合っていくことは、刺激にもストレスにもなりえます。ボディイメー

ジに影響する大学生活でのストレス要因には次のようなものがあります。

- 家族からの物理的、心理的な分離
- 身体的・精神的健康よりも学業成績を優先すること
- キャンパス内居住／キャンパス外居住、ミールプラン〔大学が食堂で提供する食事プラン〕／自炊、ルームメイトに関する問題といった、食事や住居における変化
- 恋愛・友情など大切な関係の始まり・終わり
- 卒業と就職活動

（University of Michigan's University Health Services 2019）

　女子や女性には社会の美の規範に沿うというさらなるプレッシャーがあり、その規範からの逸脱は罪悪感、羞恥心、差別につながる可能性があります。

　多くの場合、食べることとボディイメージの問題は関連しています。ネガティブなボディイメージ保有者は、摂食障害になる可能性が高く、憂鬱や孤独、自己肯定に困難を感じたり、減量への強迫観念から苦しむ傾向にあります（Stice & Shaw 2002）。ボディイメージの悩みは早ければ 6 歳から現れ、女子小学生の 50％以上が体重を気にするという調査結果もあります（Cash & Smolak 2011）。大学生になる頃には、女子の半数、男子の 3 分の 1 近くが、欠食、絶食、喫煙、嘔吐、下剤服用といった不健全な体重管理行動をしている（Neumark-Sztainer 2005）のも不思議ではありません。肌の色が濃い有色の女性ほど偏見や差別を受けるというカラリズム、別名シェイディズムに遭うという、美にまつわる文化的圧力も存在します。1800 年代後半から 1900 年代前半にかけて、紙袋より濃い肌色をした黒人が排除されるという「紙袋テスト」も存在しました。シスジェンダーとの比較において、トランスジェンダーは摂食障害を経験する割合が極めて高いことがわかっています（Waldron, Semerjian & Kauer 2009）。表 5.1 には摂食障害に関連するリスク要因と情報をまとめてあります。

　ボディポジティブ運動の登場により、ありのままの身体を受け入れることや、あらゆる年齢、ジェンダー、人種、性的指向、障害の有無に応じた健全なボディイメージが広がりつつあります。NEDA は次のように述べます。

表 5.1 健全なボディイメージを育む

摂食障害発症につながるリスク要因　出典：全米摂食障害協会（NEDA）

生物学的要因
- 摂食障害を持つ近親者がいる。
- 不安、うつや依存といったメンタルヘルス症状を持つ近親者がいる。
- ダイエット経験がある。
- 負のエネルギーバランス、つまり摂取カロリーよりも消費カロリーが高い状態である。
- 1型糖尿病（インスリン依存型）である。糖尿病女性の25%以上が、体重管理のためにインスリン注射を制限するディアブリミアという摂食障害で苦しんでいる。

心理的要因
- 完璧主義で、自分に対して非現実的なほど高い期待をかける。
- 自分のボディイメージに満足しておらず、理想とされる外見を内面化させている。
- 不安障害を患った経験がある。
- 融通が利かない、常にルールに従う、物事にはひとつの「正しいやり方」があると感じる。

社会的要因
- 体重のスティグマに苦しんでいる、つまり、細ければ細いほどよいというメッセージを内面化している。
- からかいやいじめ、特に体重について馬鹿にされるといった経験がある。
- 理想的な外見の内面化経験がある。
- 文化変容の経験がある。特に、人種・民族的マイノリティだと、西洋的な美の理想への適応努力がリスク要因となる。
- 社会的なつながりが限られ、孤独感や孤立につながっている。
- 歴史的トラウマ〔マイノリティが経験する世代を超えて伝わっていくトラウマ〕の経験がある

健全なボディイメージを育むヒント

出典：リタ・フリードマン（Rita Freedman 2002）「ボディラブ：私たちの外見、そして私たち自身を好きになる」

- 遺伝的そして環境的な背景に基づいて、自分がどのような体型になるのか現実的に考える。
- 体型に関係なく、活動的でいる（ウォーキング、ダンス、ヨガなど）。
- 体重や体型は毎週、毎月変化するものと考える。
- 自分を受け入れ、許すように努め、自分にやさしくする。
- ストレスがあるときは、友人や家族にサポートや励ましを求める。
- 自分のエネルギーを何に費やしたいか決める。完璧な体を目指すか、それとも家族、友人、学校、そして何よりも人生を大切にするのか。
- 大学で、自分のありのままの体を前向きに受け入れる（body acceptance）活動をする学生団体を探す。女性センターあるいは保健センターでサポートが受けられるかも確認してみよう。
- 全米摂食障害協会のウェブサイト www.nationaleatingdisorders.org
- The Body Positive キャンパス・リーダーシップ・プログラム
  https://thebodypositive.org/campus-leadership
- ジョイ・ナッシュの「おデブのぶちまけ（Fat Rant）」動画
  https://youtu.be/yUTJQIBI1oA?si=53TtYd8v8I0P5iQF

我々は皆、自分の身体に違和感を持つことがあっていいが、ポジティブなボディイメージを育む鍵となるのは、自分の自然な体型を認め、尊重し、ポジティブで肯定的、受容的な思考や感情によってネガティブな思考や感情を克服するということだ。(第3パラグラフ)

○ストレス、不安、完璧主義とウェルビーイング

　大学で女性が直面する問題には、ストレス、不安、ウェルビーイングに関するものもあります。女性が一生のうちに不安障害と診断される傾向は、男性の2倍近くになっています (National Institute of Mental Health 2019)。**不安障害**とは、極度の恐怖や心配を伴うあらゆる精神疾患で、全般性不安障害、パニック障害・発作、広場恐怖症、社会不安障害、分離不安障害、そして限局性恐怖症を含みます。自立への移行とともに、学業、交友関係、経済的な責任や関与のやりくりが必要となる大学生活で、ストレスや不安が増えることもあります。女性が経験する共通の不安のひとつは、学業に関連しています。男性よりもよい成績であるにもかかわらず、女性は学問的スキルに自信がなかったり、自分の学力を極端に過小評価することが多々あります (Pascarella & Terenzini 2005)。これは、女性の自己効力感・自信の欠如、インポスター症候群、加えて、教室の冷たい雰囲気や多くの大学に未だ根強い社会全体的な性差別といった、これまでの章で解説してきたことによるものかもしれません。

　女子大学生は、日々のやりくり、学生ローン返済、将来の財政的な見通しの不安も感じています。全米大学女性協会(AAUW)による最近の報告では、女性は男性よりも多額の学生ローンを抱えていること(女性の方が大学進学率が高いことも一因)、また、女性は男女賃金格差から生じる可処分所得の少なさから、卒業後の学生ローン返済により多くの時間がかかることが明らかになっています (AAUW 2018)。結果として、米国学生ローン残高の3分の2近くを抱えているのは女性であり、2018年半ば時点においてその額は9,000億ドルに届く勢いであることを米国教育省が報告しています。平均額で見ると、アフリカ系アメリカ人女性がほかのどの人種集団よりも多くの負債を抱えています (AAUW 2018)。女性問題という切り口で語られることがほとんどない学生ローン返済問題ですが、上述の数字は女性問題であることを示しています。

　女性はまた、完璧主義に悩まされる割合が男性に比べ最大で25%高くなっ

ています（AAUW 2014）。完璧主義は多くの場合、評価・判断（ジャッジ）されることへの恐怖から生じます。ジャッジを避けるために、ジャッジされないほどに完璧でいようとするのです。過度に高い基準を課し、厳格な行動ルールを取り入れると、他者とのかかわりが大きなストレスになってしまいます。自分をコントロールするために、自分自身の不完全さや行動を過度に警戒（セルフ・モニタリング）するようになり、他者とのかかわりを楽しめなくなるのです。完璧主義によって適応が難しくなり、ありのままの自分でいることが抑制され、帰属や受容につながる本物の人間関係の形成を妨げてしまいます（Chandler 2011）。また、自分をダメな人間だと思いこんだり、他者と不当に比較するなど、思考を歪めてしまうのです。このように、完璧主義は、女性の他者とのつながりやリーダーシップ・プロセスに取り組む機会にも悪影響も与えます。そのような悪影響は、女性は採用基準をほぼ100％満たしている場合にのみ新しい職や昇進機会に応募するのに対し、男性は50％程度であるという研究にも明らかです（AAUW 2014）。

　では、女子大学生はストレス、不安や完璧主義といった問題にどう対処できるでしょうか。その戦略の一環がセルフケアの実践です。心理学者のブレネー・ブラウン（Brown 2010）は、「自分のストーリーの掌握を通じて自分を愛するとは、最も勇敢な行為」（p. ix）と言います。彼女の著書、『「ネガティブな感情」の魔法：「悩み」や「不安」を希望に変える10の方法』（2010〔本田訳 2013〕）『本当の勇気は弱さを認めること』（2012〔門脇訳 2013〕）、『立て直す力』（2015）〔小川訳 2017〕、『ありのままという勇敢さで』（2017）、『勇気あるリーダーシップ』（2018）には、セルフケア、慈しみ（コンパッション）、つながり、レジリエンス、そして心から生きること（wholehearted-living）といったキーワードが並んでいます。こんなに著書を紹介して広告のようだと感じているなら……それはある意味当たっています。なぜなら、私自身が勇気やコンパッション、そして他者とのつながりを育てたのはブラウンの著書に拠るところが大きいからです。ブラウン（Brown 2010）は、セルフケアを解説するためにクリスティン・ネフによるセルフ・コンパッション研究から次の3要素を取り上げ、解説しています。

第5章　フェミニン、それともフェミニスト？

・自分への優しさ（self-kindness）

苦しみや失敗、不十分さを感じるとき、その痛みを無視したり、自分を責めるのではなく、温かく理解しようとすること。

・共通の人間性（common humanity）

苦しみや欠点があることは、人間の共有する経験の一部であると認識すること。それは、自分だけに起こっているのではなく、誰しも経験しているもの。

・マインドフルネス（mindfulness）

ネガティブな感情を抑え込んだり誇張したりしない、バランスがとれたアプローチをすること。

次のナラティブでは、アジア系アメリカ人、中流階級、シスジェンダー女性を自認するリアが、健全なボディイメージを維持する難しさについて語ります。

ナラティブとカウンターナラティブ　　リアのストーリー

思い出せる限り、自分がどう見えるかをいつも気にしてきました。幼いわたしに母はいつも、出かけるときは身なりを整えるようにと言いました。たとえそれが、ちょっとした用事のために母と出かけ、車の中で待つわたしが人目につくことがないときでも。成長していくにしたがって、わたしのくせ毛を真っすぐにするためのヘアアイロン、わたしの顔の気になるところをカバーするメイク用品、わたしの身体を締め上げるスパンクス〔米国の補正下着。スパンク、つまり「お尻を平手で叩く」というネーミング〕が与えられました。自分の見た目を恥じるべきと家族に言われるまで、自分の体重を悩んだことはありませんでした。

20歳になるまで、ステロイド治療が必要なひどい皮膚の状態でした。ステロイド注射は症状を一時的にやわらげてくれるのですが、太るのです。高校3年生のときに多嚢胞性卵巣症候群と診断されました。これも体重増加の原因になるものです。太るばかりなので、腕や体重を隠してくれるオーバーサイズのスウェットばかり着るようになりました。大好きな祖母は、きれいな顔をしているとわたしを褒め、痩せたらもっと美しくなる、と言うのでした。そして、わたしの友だちの名前を挙げ、彼女たちのような外見になるよう努力すべきと

143

言ったものでした。

　信頼する人の愛情と、違う誰かであって欲しいという願い。いったいどうしたら同時に成り立つのでしょう。今でも、太さが気になる部分を隠す服を選んで着ます。誰かの視線を感じると、わたしの欠点全てを見ていると思ってしまいます。誰かが笑っていると、わたしが笑われているとも。わたしのネガティブなボディイメージは、わたし自身ではなく、誰かによってつくりだされたもの。それが一番辛いのです。

キャンパスにおける女性とリーダーシップ：さまざまな組織や団体

　ここからは、大学キャンパスで女性がリーダーシップに取り組む空間や場を紹介します。ここで紹介する団体や組織に限らず、女性を中心に据えた諸活動への参加によって、大学でのサポートを見つけたり、大学に変化を生み出していけます。

○女性センターやフェミニスト団体

　女性センターは、1960年代に主に子育て女性の復学支援を目的として大学に設立されるようになりました。設立後間もなく、1960年代後半から1970年代当時の第二波フェミニズムの支柱となっていきます。今日では、リーダーシップ開発、人脈づくりやエンパワーメントプログラム、さまざまなアクティビズムへの支援、公衆衛生や性的・家庭内暴力問題への対応、母乳育児のための託児所や授乳室設置を含む母親に必要な支援、女性教職員へのサポート、正課・準正課プログラムの実施など多岐にわたるサービスやプログラムを提供しています（Marine, Helfrich, & Randhawa 2017）。女性センターの多くが、男性やトランス＊、ジェンダークィア、ノンバイナリーを含むあらゆるジェンダーアイデンティティの人びとを意図的に招き入れ、多様なジェンダーを包摂する実践を展開しています。女性のアイデンティティを元来男性に依存したものと示す語源（woman という言葉は、実際「男性の」（of man）という意味）に異議を唱えるために、womyn もしくは womxn という綴りで表す人もいます。異なる綴りの使用によって、女性は男性との関係に由来しない複数のアイデンティティや役割を持つと示せるからです。

　女性センターが、そのコアとなる使命を維持しながらも、多くの場合は人

第 5 章　フェミニン、それともフェミニスト？

員・予算の増強もないままに、女性のみならずより多くの人びとへのサービス提供をしていけるのか、という議論はあります。多くの女性センターは、インクルーシブな場であると謳うものの、実態は問われています。マリーンほか（Marine, Helfrich, & Randhawa 2017）の次のような指摘です。

> 交差性（インターセクショナリティ）理論の台頭により、フェミニスト運動内で消され、沈黙させられてきた女性たちの存在が露わとなった。それにより、女性センターの日常業務といったフェミニスト事業・企画（プロジェクト）は、全ての女性に対して真にインクルーシブであるという理論の実装が問われる場になったのである。女性以外のジェンダーを招き入れようとするさなかで。(p. 48)

　女性センターは多くの大学においてすでに極めて重要な役割を担っているものの、その組織文化や運営についてはクリティカルに検証し続けていくべきです。
　多くの大学には女性センターだけではなく、女性を中心テーマとして活動する学生団体も存在します。カレッジ・フェミニスト、女性リーダーやSTEM分野の女性をテーマとしたもの、そのほか、全米の女性組織の関連組織などです。これらの団体は女性がリーダーシップ役割を果たす重要な機会を提供するとともに、ジェンダー・アクティビズムやアドボカシーを展開しています。ジェンダー課題に取り組む諸団体が協力し合い大きな連合体となれば、リソースを得やすくなったり、より多くの変化をもたらせるようになります。

○文化に根差した（カルチュラル）学生団体と女性（シスター）サークル

　フェミニスト運動の主流から周縁化され続けてきたのが有色の女性でした。インターセクショナリティ理論は、女性の社会的アイデンティティが機会や選択に与える影響をフェミニストが理解することが不可欠としています。一部の人間を利するために他の人びとの従属に依存した社会制度の中で、有色女性にとっての公正性はいかに実現されるのでしょうか（Collins 2003; Crenshaw 1991; Crenshaw, Gotanda, Peller, & Thomas 1995）。キャンパスにおける有色女性の居場所のひとつとなるのが、文化に根差した（カルチュラル）〔共通の人種、エスニシティ、文化的背景を持つ〕学生センター、団体、サークルです。多文化センターは大学によってさまざまな名称を持っていますが、その多くは、多様性、公正性、包摂性

145

（DEI）に関する課題に取り組み、有色の学生の経験を重視するという使命を掲げています。しかし、多文化センターのオフィスやプログラムにおいても、異性愛主義や家父長制規範が再生産されることもあり、有色女性学生は人種とジェンダーの交差が理解される場を必要としているのです。

　そのような有色女性にとって、人種とジェンダーの両方が考慮される場である**シスター・サークル**（sister circles）が、極めて重要な支援と居場所となっています。クルーム、ビーティ、アッカーとバトラー（Croom, Beatty, Acker, & Butler 2017）は次のように指摘しています。

> ブラック・グリーク・レター・ソロリティ
> 黒人女子学生グリーク団体〔グリーク団体とはギリシャ文字を冠した社交クラブ。女子学生の社交クラブはソロリティ、男子学生のものはフラタニティ〕と同様に、それらの場〔シスター・サークル〕は　大学キャンパスで直面する人種差別や性差別による疎外や孤立に対処するために、黒人女性（womyn）コミュニティの中で築かれてきたものである。そして、そのような対抗空間では、一見すると、学術を深め社会的アイデンティティを発達させるといった取組もさることながら、学内各所で起こるシステミックな抑圧についてインターセクショナルな観点から共有し、問題化も行われているのである。（p. 217）

　このような場におけるリーダーシップ学習やリーダーシップ開発についてのさらなる研究が必要とされています。

○プライド・センター

　レズビアン、ゲイ、バイセクシャル、トランスジェンダー、クィア、クエスチョニング、インターセックス、仲間、アセクシャル、パンセクシャル（LGBTQQIAAP）なアイデンティティをもつ女性もまた、自分たちの経験を扱えるプログラム、リソースや支援を必要とするでしょう。ほとんどのプライド・センターは、学生が大学でアイデンティティのインターセクショナリティをいかに経験するか、よく把握しています。ブラウン大学の LGBT センター（Brown University 2018）は、次の支援表明をしています。

第5章　フェミニン、それともフェミニスト？

我々は、個人の性的指向やジェンダーアイデンティティおよび表現は、人種、エスニシティ、ジェンダー、文化、年齢、障害、社会階級、信仰やそのほかの社会的特徴により、適応したり、影響を受けるものと考える。ブラウン大学の理念に則り、我々が行う全ての活動において正義、平等と全ての個人の尊重を約束する。

　LGBT 学生団体は、LGBT 学生の積極的な性的アイデンティティ探求を可能とする支援コミュニティになっていることが、研究によって明らかになっています（Hughes & Hurtado 2018; Renn 2007）。LGBT センターはリーダーシップ開発やアクティビズムの拠点であるとともに、異なる性的指向を持つ他者と交流する場にもなっています。

○ソロリティ

　大学において、女性だけの組織として最も長い歴史があるのは、1870 年代に設立されたギリシャ文字を冠するソロリティ（当初は女子学生フラタニティと呼ばれていた）です。当時のソロリティの理念・指針は、メンバー女性に対する学問的な支援とともに、その社交活動の監視を通じてビクトリア朝時代の理想的女性像を維持するというものでした（Turk 2004）。ソロリティ以外の文　学　会〔知識の暗記を超えた学生による積極的な学びの場となっていた〕、学生自治会、ほか社交クラブといった多くのキャンパス組織は、会員資格を男性に限定していました。今日、全米 26 のソロリティが米国全グリーク団体会議（National Panhellenic Conference: NPC）を構成し、特に慈善活動、会員勧誘、同窓会事業について、各大学の支部を支援しています。NPC（2019）のウェブサイトは、現代のソロリティ活動について「性暴力被害者への支援、第三者介入研修の実施、ボディポジティブな大学文化の実現に向けた取組を行っており、ソロリティ所属女性は、今日の女子大学生が直面する喫緊の課題解決の最前線にいる」（第 1 パラグラフ）としています。

　黒人のグリーク団体は、黒人学生のニーズに応えるために 1900 年代初頭に生まれました。米国全グリーク団体評議会（National Pan-Hellenic Council: NPHC 2019）は、黒人／アフリカ系アメリカ人のフラタニティとソロリティ 9 団体から構成される協働組織です。NPHC は、仲間意識、学業優秀、黒人コミュニ

ティへの貢献を主たる目的としています。黒人ソロリティ活動をする女子学生に関する研究によれば、ソロリティへの所属は学習効率と相関している（Turner 2001）とともに、自己効力感、市民的関与、品格の形成、学業成績、自己啓発といったリーダーシップ関連スキルの強化・向上とも相関していました（Benson & Saito 2000）。また、多くの大学には中南米系ソロリティなどの文化・民族由来の団体を含む多文化グリーク評議会が存在します。多文化グリーク団体の連合体の上部組織である全米多文化グリーク評議会（National Multicultural Greek Council: NMGC 2019）は1998年に設立されました。NMGCは、会員団体であるフラタニティやソロリティどうしが自由にアイデア、研修やサービスを共有できる場の提供、大学機関や周辺およびより広域な地域コミュニティにおける文化的多様性への意識啓発、そして会員組織による活動の支援と促進を目的としています。

　大学によっては、男女別の団体は見直しが求められています。2016年、ハーバード大学はファイナル・クラブ（finals clubs）〔極めて一部の裕福な白人男子学生が会員になれる社交クラブ〕ほか、男性支配的な場における排他的慣習を廃止するため、全ての学内団体活動に男女共同参画を課しました。あいにくフラタニティやソロリティもこの決定の対象となり、差別を訴える裁判が続くことになりました（Field 2018）。

○学生自治会とスポーツにおける女性

　リーダー役職の女子学生は学生団体でよく見られるものの、学生自治会においては驚くほどまれです。米国学生自治会協会（American Student Government Association: ASGA 2019）の見積もりでは、コミュニティカレッジを含む40％の大学の学生自治会長は女性です。一方、トップランクの大学では、それが約3分の1にまで減ります。それは女性の学生自治会長候補が得票していないのではなく、そもそも立候補をしていないことが原因だとする研究結果があります（Lawless & Fox 2013）。

　ローレスとフォックス（Lawless & Fox 2013）は、報告書「女子は立候補したくないだけ（Girls Just Wanna Not Run）」〔歌手シンディ・ローパーの楽曲「Girls Just Wanna Have Fun」をもじったタイトル〕において、女性は男性に比べ、友人や家族とのやりとりの中で政治に触れる機会が少なく、学生自治会役員や政治家へ

の立候補を促されにくく、大学やコミュニティのリーダー役職にある女性ロールモデル不足に悩まされていると指摘します。また、学生自治会役員の経験は、政界進出の土台となるという厄介な結果も導き出されています。現在の女性連邦議会議員のうち 53.7% は、高校か大学、あるいはその両方で、生徒・学生自治会の経験があります。「女性議員を増やそう（Elect Her）」のような組織が、大学や地域の選挙に立候補するためのスキル・機会提供を展開しています。

　ある研究（Zimmerman 2017）は、学生自治会長選に出馬した女子学生が、学内でリーダーシップの迷宮をいかに歩んだかを追っています。同研究は、女性にとっては、大学入学前と大学低年次での経験が大切になることを示しています。特に高校の競技スポーツや大学低年次でのアクティビズム経験から、リーダーシップに関する重要な学びが得られているのです。研究参加者は、自己認識と他者による受けとめの間で自信を得たりなくしたりしながら、他者とのかかわりの中でリーダーたる己についての内的感覚を確認していくプロセスに言及しています。

　第 3 章では、リーダーシップにつながる経験として、女性スポーツチームへの参加が重要であると述べました。ローレスとフォックス（Lawless & Fox 2013）の研究は、男性は女性と比較して、大学においてもそれ以前にもスポーツをする傾向があると明らかにしています。女性については、「競争心が極めて強い」と自己評価し、勝利は「非常に重要」と回答する割合が、男性の 3 分の 1 にとどまりました。同報告書は次のように解説します。

　　概して、組織スポーツは競争意識を発達させる、あるいは、競争意識志向を強化することが示唆されている。このような特性がその後の人生における選挙戦出馬に関係していることは、女子そして男子学生においても明らかだった。しかし、男性は女性に比べると未だに圧倒的にスポーツ経験を有し競争意識表現の傾向があるので、その競争的特性を政治に駆り出せる立場につく可能性も高い。（p. 11）

　ケイトは、白人、バイセクシャル、中流階級、健常者、男っぽいと自認する、20 代女性です。キャンパス内外でのブッチとしての喜び、そして困難の経験を語ります。

| ナラティブとカウンターナラティブ | ケイトのストーリー |

　自分のジェンダーを最も意識するのは、誰かがそれを正確に認識してくれないときです。男性だと勘違いされたこれまでの経験をほぼ思い出せます。こう書くと自分を褒めすぎかもしれませんが、わたしはバル・ミツバ〔ユダヤ教の男子成人式〕を終えたばかりの誇らしげな男性に見えるのかもしれません。初めて間違われたのは、スーパーでのことでした。年配の男性が通り過ぎるときに、「お兄さん、失礼」と言ったのです。ワクワクしました。続いて、後ろめたくなったのです。男性として見られたいと思う自分って、と。当時付き合っていた彼にはそんな特権はありませんでした。ある意味、それはわたしのせいでした。レストランでウェイトレスから「こちらへどうぞ、レディーたち（ladies）」、と言われれば、黙ってついて行ってました。コニーアイランド遊園地では、スタッフから「ねえ、彼女にテディベアどう？」と声をかけられました。彼といるときのわたしのブッチさは、月を照らす太陽の如くでした。ウェイター、遊園地スタッフ、道行く人たちは皆、初めわたしを男性だと思った後、もう１人のブッチな女性と手をつなぐ、すごくブッチな女性、と決めるのでした。もう１人のブッチな女性には髭が生えてるのですが。

　もちろん、わたしがそばにいなければ、彼は男性として見られるのです。もう別れたから、今もきっとそうだと思います。誰でも参加 OK なトランス女性のためのサポートグループで、この話を披露しました。わたしがその硬いプラスチック椅子の輪に加わっていたのは、トランスジェンダーの住宅問題支援団体でボランティアするはずが申し込みをし忘れたからだったのですが。そこで話をした女性が別な集まりにも誘ってくれたので、残って参加することにしました。ミーティングが始まって１時間ほどが経ち、自分が望むジェンダーとして認識されること（パッシング）の話題になり、ある女性が、一緒にいる人がパッシングに影響を与えるのだと発言しました。そこでわたしは、自分のうしろめたさの話をしました。それはそこにいた人たちには新しい視点だったようで、しばしの間がありました。近くに座っていた女性２人がこちらを向いて、ニヤリと笑って、わたしをトランス男性だと思った、と言ったのです。しばらくの間、それを思い出すと笑ってしまっていました。それをどう説明したものかわかりません。その１週間後のこと。男がその部屋に入ってきて女性を殴って気絶させ去っていく様子が、防犯カメラに記録されました。以来、もうその集まりには行かなくなりました。

　ジェンダーを間違えられると腹が立つこともあります。ある学生の、いつ「男に性転換する」のか、という質問に答える前には、何度も何度も深呼吸しまし

第 5 章　フェミニン、それともフェミニスト？

た。「サー（Sir）」と呼びかけてくるレストランを出た後は、何時間ももやもやすることもあります。だってわたしは女性なのです、結局のところは。女性らしさなるものが、わたしにあてはまっても、あてはまらなくても。でも、また別なときには浮かれてしまうのです、理解されているのだ、と。もちろん全面的にではありませんが。ただ、わたしの男っぽさというものは、必要性に迫られ見過ごされたり隠されたりしているので、それが少しでもわたしに映し出されているのは素敵だと思うのです。男性だと間違われること以上のブッチさなんて、ないのですから。

女子学生をサポートする全米組織

　これまでに紹介した学内でジェンダー取組をしている場に加え、ジェンダーとリーダーシップ開発を扱う、学内に支部組織を有する全国規模の多様な女性組織があります。表 5.2 にいくつかを紹介します。

大学でのリーダーシップへのアプローチ： フェミニンからフェミニストへ

　大学におけるジェンダーとリーダーシップについて、シェイとレン（Shea & Renn 2017）が行動喚起をしています。個人、集団、そして組織が、意識的あるいは無意識に、ジェンダー化されたリーダーシップの考え方を押し付けている様子を解説し、社会を変えていくために、女性らしいリーダーシップから、フェミニストなリーダーシップへの転換を呼びかけるものです。初期の女性とリーダーシップ研究は、女性が男性とはいかに違うやり方で組織をリードするかを検証しています。しかし、男女の比較や男・女という二元的な捉え方で、リーダーシップを考えない、話さない、そしてリーダーシップに取り組まないことが大切になります。本書のタイトルが、女性「の」リーダーシップではなく、女性「と」リーダーシップであることには理由があります。「女性らしい」リーダーシップ・スタイルを語るのは、本質主義や異性愛規範を補強してしまうことになるのです。リーダーシップについて、ヒエラルキー的、対、協働的、ぐいぐいひっぱっていく（assertiveness）、対、手をかけて育てる（nurturing）と語るのもまた同じことです。そのような語りは二元論的な考え方を強化し、

| 151 |

表 5.2　キャンパスの女性を支援する全国的な組織

全米大学女性協会 （AAUW）	1881 年に設立され、アカデミアにおけるジェンダー公正の実現のために活動。全米 17 万人の会員（学生含む）、1500 支部、500 以上の連携大学を有する。給付型奨学金の提供に加え、給与交渉、リーダーシップ研修、STEM 教育アドボカシー、法的・政策的補助金などの支援を展開。
米国教育協議会（ACE） 女性ネットワーク	高等教育でのリーダーシップ役職機会に関心を持つ女性のネットワークづくりを促進。理事会、州内ネットワークと州代表部会、会長スポンサー部会、機関代表部会の 4 部会構造。それらを通じて、各つながりを生み出し、特に州代表年次総会においては優れた実践を共有し、州内ネットワークを活用したリーダーシップ研修を実施。
女性科学者協会 （AWIS）	1970 年代に設立され、女性科学者に対する職業差別、低賃金、職業上の孤立を解消するために活動。2 万人の会員と支部から構成。
女性政策研究所 （IWPR）	貧困、福祉、雇用、収入、健康、家族に関連する課題に取り組む。政策立案者や公益団体と協働して研究および研究成果発信に努める。最新の報告は「大学に通う母親の学内保育への機会が減少」（Institute for Women's Policy Research 2016）。
教育における女性と 女子のための全米連合 （NCWGE）	女性の学問の機会増加を目的とした、50 以上の団体から成る非営利組織。スポーツ、妊娠、技術・STEM 教育まで、女性に平等な権利を保障するために、社会問題や法整備を監視。
全米女性機構 （NOW）	米国最大のフェミニストアクティビスト組織。50 万人の会員を有し、全 50 州とコロンビア特別区に 550 の支部を展開。1966 年の創設以来の目的は、全ての女性に平等をもたらすための行動。関心のある学生は、大学内に NOW 支部や大学アクションネットワーク（Campus Action Networks）を立ち上げ活動可能。
学術団体（一部）	医学（American Medical Women's Association） コミュニケーション学（Association for Women in Communications） 数学（Association for Women in Mathematics） 科学（Association for Women in Science） STEM 分野（Association for Women in STEM） 金融（Financial Women's Association） ジャーナリズム（Her Campus/Journalism） エンジニア（Society of Women Engineers） 公共政策（Women Impacting Public Policy） テック分野（Women in Tech）

リーダーシップへのジェンダー化されたアプローチに拍車をかけてしまうのです。第8章では「あやういお立ち台」、そして、女性のリーダーシップのありようを限定して打ち出すことにより起こりうる排斥の危険性について詳しく検討します。シェイとレンは、根深い性・ジェンダー不平等に対処しながら組織を変革するためには、フェミニンではなくフェミニストな導き方に移行すべきと指摘しています。「フェミニストなリーダーシップとは、哲学的スタンスであると同時に、シスジェンダー男性も含むあらゆるジェンダーアイデンティティの人びとが取り組めるリーダーシップのあり方」(p. 84) なのです。

　フェミニスト・リーダーシップにおける3つの相互に関連し合うツール、すなわち、権力構造の利用と転覆、差異の複雑化、社会変化の実行について、シェイとレン（Shea & Renn 2017）が解説しています。第一に、フェミニストなリーダーは無力感を打ち消しエンパワメントを進めるにあたり、権力構造の活用と転覆をすること。あなたが大学内でリーダーシップに取り組むとき、権力にどのように対峙していますか。キャンパスや大学組織構造につきものである抑圧的な構造的権力の存在をいかに名づけ、抗議していますか。不平等な力関係を調整するために、どのように他者をエンパワーし、共有された互恵的な権力を求めているでしょうか。シェイとレンはリーダー役職にある女性たちに、「権力行使を嫌がるのではなく、その権力を公正性を生み出すために活用しよう」(p. 87) と呼びかけています。

　第二に、フェミニストなリーダーは、差異を複雑化していくということ。複雑化とは、ジェンダーやリーダーシップについて、男性／女性やリーダー／フォロワーという捉え方がある場合、その二元論を問題化するということです。二元論を超えるために、リーダーシップの取組において交差的なアプローチをとるのです。フェミニストなリーダーは、フェミニズムにおける多様な実践を理解し、それらの差異の境界線を越え共通項を見出そうと努めます。シェイとレン（Shea & Renn 2017）は、「フェミニストなリーダーがジェンダーの二元論を複雑化することで、男性、トランス＊、ジェンダークィア、そして女性も含むあらゆるジェンダーアイデンティティのリーダーが広く活用できるリーダーシップ・スタイルを生み出す」(p. 87) のだと、勇気づけてくれています。

　第三は、フェミニストなリーダーは、社会変化を実行する、というものです。フェミニストなリーダーシップは女性の解放とほかの社会変革運動のつながり

を検証し、貢献していく方法を見出さねばなりません。シェイとレン（Shea & Renn 2017）は、「正義や公正性について話すだけでは不十分である。フェミニストなリーダーは、不正義に抗うためにアドボカシーとアクティビズムを実行する」（p. 88）としています。この先の章を通じて、フェミニンからフェミニストへと、リーダーシップ・アプローチの転換を進められるようにしてあります。特に第9章では、社会を変えるための多様な梃子や、仲間づくり、ノン・フェミニストへの対応、アクティビストの燃え尽きの回避、クリティカルな希望の維持といったスキルをどのように育んでいけるかを検討します。

⚠警告

次のストーリーには、性暴力事件の描写があります。いつどのようにこのパワフルなナラティブを読むか自ら選択すること、また、必要なときは学内や関連コミュニティから支援を求めることを推奨します。このナラティブは、性暴力が、信頼、自信、人間関係に、広くそして長い間にわたって影響を及ぼす様子を表したものです。

リンはアジア系アメリカ人、シスジェンダー、異性愛者、中流階級と自認する大学生です。

ナラティブとカウンターナラティブ　　リンのストーリー

　女性であることの意味を学ぶに至ったのは、14歳のときでした。その頃のわたしは、オールAの成績で、市のディベート大会では複数回優勝経験があり、大勢の友人に囲まれていました。なかでも一番親しかったのはサラ。友情の印としてすぐに変色してしまうような安いネックレスをお揃いで着けるくらいに仲良しでした。親友との冒険を待ちきれずに迎えた、高校入学前の夏のことでした。

　サラの家には毎年いとこが来て夏を過ごしていたのですが、それまで会ったことはありませんでした。わたしは文化・民族の教えが厳しい家庭で育ち、友だちの家に行くことは禁止されていたのです。でも、やっと母を説得し、サラの家に行かせてもらえることになりました。そこで出逢ったのが、彼女のいとこ、19歳のブラッドでした。会ったとたん、初めて恋に落ちたのがわかりまし

た。はっとするようなグリーンの瞳、謎めいていながらも優しげな笑顔。14歳のわたしは、男子についてあまり知りませんでした。気持ち悪いジョークを言うとか、体臭を気にしないということ以外には。サラとブラッドとの夏になりました。サラの家に行くたびに、ゆっくりと、でも確実に、ブラッドとも知り合うようになりました。そのうち、当時わたしが使っていた初代iPhoneを駆使して、サラの家以外でもブラッドとやりとりするようになりました。彼がメールをくれるたびに心臓がドキドキし、電話をくれるたびに文字通り気絶しそうでした。そんなある日、彼から、かわいい、と言われたのです。

　その直後、両親がいつも数時間かかるコストコでの買い物に出かけていきました。両親の不在時は、友だちを1人だけなら呼んでいいというルールだったので、ブラッドを招いたのです。無邪気な14歳。家族で性が話題になることもありませんでした。父から、男性とキスなどしようものなら、ぞっとするような醜い吹き出物が唇にできると言われていたので、それが怖くてファースト・キスもまだだったくらいです。今思うと、父の作り話を信じきっていた自分にあきれます。何にせよ、ブラッドが家に来て、ひどい音楽を一緒に聴いていました。彼に夢中だったので、気に入ったふりをしながら。そんなふうに時間を過ごして、映画でも観るかな、くらいのつもりでした。

　でもそれが、わたしの人生が変わった日になってしまったのです。音楽を聴いていたのが、ファースト・キスに。頭の中で、「まあ、そんなに悪くない」と考えていたのを覚えています。でもそれは突然、ファースト・キス以上のものになっていて、何が起こっているのか、それ以上に、自分がどうしたらいいのかもわかりませんでした。初めのドキドキ・そわそわは、吹き荒れるような不安となりました。不安で、何かおかしいとわかって、身を離したものの遅すぎます。全ての意識的な思考が10秒遅すぎたのです。彼は、わたしのベッドにわたしを組み敷きました。抵抗するのをやめると、履いていたワークアウト用のショートパンツが下ろされるのがわかりました。頭の中は、隣の部屋でゲームをしている弟たちのことでいっぱいでした。わたしが叫んで弟たちが気づいたら、彼が弟たちを傷つけたり脅すのではないかと怖かったのです。そして、叫ぶ代わりに、黙って、固まっていました。彼の目を見上げていたのを覚えています。よく知っていたはずのそのグリーンの目は、よそよそしく、邪悪に見えました。かつて優しかった笑顔は消え去っていて、わたしは苦しみに飲み込まれていました。何時間もその目を見つめていたように感じましたが、実際それは数分のことでした。終わる頃には、わたしはもう何も感じなくなっていました。帰るとき、彼はわたしの純潔以上のものを持って行ったのです。わたしの自信、喜び、そして信頼を奪ったのです。わたしは14歳で、ただ呆然としていました。

あの日のことを思うと、たくさんの後悔があります。女性だということ、それが何を引き起こしうるのか知りませんでした。何を避けるべきとか、着古したワークアウト用のショートパンツがその気にさせることなど、知らなかったのです。女性であるということ、それが何を意味するか、たった数分で学びました。弟たちへの思いやりが利用されること、服装によって友だち以上の関係を求めていると思われることも学びました。人とどのような関係を持つかについて、同意なんて疑わしいもので、わたしのジェンダーが人間関係に影響するということも学んだのです。女性としてセックスをする（同意の有無にかかわらず）のは、人から違う目で見られるということも学びました。両親は、セックスは大人がすることだと言って、わたしがセックスをしたと知ってからわたしへの扱いを変えました。わたしが人に対して決して使うことがないような言葉でわたしを罵り、望んでなんていなかったことについて責めたのです。両親は今でも、あれが暴行だったとは知りません。同意して間違いを犯した、愚かな女の子だった、と思っているのです。

　人を信頼することを学ぶのに、長い時間がかかりました。心から笑い情熱的になることを、学び直さなければなりませんでした。時折、何も感じられなくなることがあります。でも、一番辛かったことはずっと忘れないでしょう。この体験は決定的な転機でした。なぜなら、それ以来、女性の平等と自己決定の重要性を深く考えるようになったからです。自分自身、そしてほかの女性たちを擁護し支持する人になりたいと思った転機だったのです。

訳注 ··

〔1〕訳出にあたっては以下2つの先行訳を参考にした。
　　1）シャイン, E. H. ／梅津祐良・横山哲夫（訳）(2012).『組織文化とリーダーシップ』白桃書房
　　2）シャイン, E. H. ／尾川丈一（監訳), 松本美央（訳)(2016).『企業文化 改訂版：ダイバーシティと文化の仕組み』白桃書房

第 **6** 章

「違うこと」はどんな違いを
生み出すのか？

ジェンダーの代表性（男女比率）とリーダーシップに
ステレオタイプ、偏見、差別が与える影響

怖れを真正面から見つめるようなひとつひとつの経験から、力、勇気、そして自信を得る
ものです。できないと思っていることこそを、しなければなりません。
—エレノア・ルーズベルト『生きることで学ぶ：もっと満ち足りた生活のための11のヒント』（Roosevelt 1960）

　ジェンダーやリーダーシップについての自分自身の社会化を探ってきたとこ
ろで、今日の女性の状況をより広い視野で見ていくこととしましょう。この章
では、さまざまな仕事における女性の代表性（representation）を見ていきます。
構造的多様性という言葉は、ある組織、制度、コミュニティに存在するさまざ
まなグループの人数と代表性の比率を表します。専門家は、構造的多様性があ
ることと、包摂的で公正な風土づくりは別物としています。ある組織において、
人びとの多様性が存在していたとしても、その人たちが違いを超えて互いにか
かわりあい、全員にとって公正でインクルーシブな場所をつくりだそうとする
相互作用的な多様性は十分でないかもしれません。本章では、産業や部署にお
けるジェンダー代表性（gender representation）と管理職のジェンダー比に関する
統計を示した後、過少代表（underrepresentation）の潜在的な要因について考察
します。それらのキャリア分野で女性支援に取り組んでいる組織も紹介します。
　はじめに、産業や部署における女性の代表性の状況を明らかにした後で、代
表性の低さ、あるいは代表性のなさが、賃金、昇進、権力や権威へのアクセス
といったさまざまな要素に及ぼす影響を検討します。次に、女性がリーダー的
立場につくことへの根強い抵抗感の原因となっているステレオタイプ、偏見、
差別の存在を論じます。差別が女性に及ぼす心理的影響としては、ステレオタ

イプ脅威、ダブルスタンダードとダブルバインド、潜在的偏見の生成について解説します。最後に、ステレオタイプ、偏見、差別に対抗するための方法を紹介します。

わたしたちは今どこに？　女性比率について

　警告！　あなたがこれから読む内容は、主に米国におけるさまざまな分野やキャリアにおける女性比率や地位について、極めてがっかりさせられるようなものです。それは、女性とキャリアに関する「お先真っ暗展望（the doom and the gloom）」とでも名づけたいほどのものです。もしあなたがまだジェンダー差別を経験したことがないとすると、それは、大学卒業後の社会人生活に対し、それまでの教育体験がジェンダーに比較的公正であるからかもしれません。ここで示す数字は、あなたを落胆させたり、あなたの志や希望をくじいたりするためのものではありません。なぜリーダー地位に女性の姿が見られにくいのか。そこに女性が存在しないことによる影響はどのようなものか、そして、偏見や差別と闘うためにどのような戦略がとれるかを理解するために、それらの数字を確認するのが大切なのです。ここで引用する統計の多くが、地位的なリーダー役割、つまりリーダー役職に言及していることに気づくことでしょう。これは、多くの女性が地位以外の方法で組織に影響を与えている（例：知識や準拠的影響力）現実を否定するものではなく、さまざまな業界のジェンダーインクルージョンの状況を概観する方法だからです。それでは、深呼吸をしてください——2020年代を迎えるにあたって、女性の状況を見ていくことにしましょう。

○企業と起業家

　ピュー・リサーチ・センター（Pew Research Center 2018）の報告書「女性リーダーに関するデータ」によると、フォーチュン500企業〔フォーチュン誌が毎年発表する全米上位500社〕の女性CEOは2017年に6.7%と過去最高を記録、32人の女性が大手企業を率いたものの、2018年には複数の女性トップリーダーが辞職しこの数字は5%以下に落ち込んだとあります。フォーチュン500企業の役員会議における女性比率は、1995年の9.6%から2017年には22.2%

に上昇しています（Pew 2018）。世界レベルで見ると、女性が上級管理職に占める割合は25％未満で減少傾向、米国においては、スタンダード＆プアーズ社による格付けに含まれる企業の幹部のうち、有色の女性はわずか4％です（Catalyst 2018b）。職場における女性に関する調査を行うシンクタンク「カタリスト（Catalyst）」は、リーダー役職採用において最も女性が少ない業界として、製造、エネルギー・鉱業、ソフトウェア・ITサービス、金融、不動産、企業サービス、法律分野を挙げています。カタリストの報告書では、多くの業界が未だに「管理職といえば男性（Think manager, think male）」、あるいは「男性が指揮し、女性は世話をする（Women take care while men take charge）」という考え方を煩っていると指摘されています。あるレポートでは、CEOなどのトップリーダーの地位を持つジョンという名の男性の数が、トップリーダー職の女性の数よりも多いという衝撃的な事実を明らかにしています（Miller, Quealy, & Sanger-Katz 2018）。

　米国では、女性は労働力のほぼ半分（46.9％）を占めるものの、管理職については3分の1強（39.8％）を占めるに過ぎません。これは、第5章で見たように、女性が男性よりも高い割合で大学に入学・卒業しているにもかかわらず発生している現実です。この女性管理職のうち、33％が白人女性で、次いで中南米系女性4.1％、黒人女性3.8％、アジア系アメリカ人女性2.4％となっています。女性管理職は、人事職（70.8％）と社会福祉・コミュニティサービス（70.2％、Catalyst 2018b）で最も高い割合を占めています。

　全米女性経営者協会（The National Association of Women Business Owners: NAWBO）は、独立経営の小規模企業や起業家としての女性に関する、より希望がもてる統計を提供しています。米国には現在1,160万社の女性が経営する企業があり、それらの企業は900万人近くを雇用し、約1兆7,000億ドルの収益を上げているというものです（NAWBO 2018）。米国では新規起業家のほぼ40％が女性である一方、ラテンアメリカやカリブ諸国などの地域では、男性起業家よりも女性起業家の比率が北米諸国より高くなっています。2017年の米国テクノロジー系スタートアップについては、女性創業者はわずか17％でした。

　このような女性の過少代表の理由は多岐にわたり、それらについては本書の第7章でより詳しく検討します。採用や昇進における明らかなジェンダー・バ

イアスから、女性が自身を売り込む行動をとることが少なく給与交渉にも積極的でない、仕事と家庭の葛藤があるなど、さまざまな理由があります（Rhode 2017）。これらの問題は、以下に続く全ての業種・職種に存在しています。

○政治

　ラトガース大学の「政治におけるアメリカ人女性センター（Center for American Women in Politics: CAWP）」は、米国における女性の政治参加に関する最新のデータと情報を提供するとともに、教育、各種研修、研究を行っています。CAWP の 2019 年の政治における女性割合（政治における女性の代表性）の調査から抜き出して紹介していきましょう。2018 年 11 月の中間選挙では、女性当選者の波が押し寄せました。この「ピンクウェーブ」にもかかわらず、選挙後、女性は上院 100 議席のうち 25 議席（25.0%）、下院 435 議席のうち 102 議席（23.4%）を占めるにとどまっています。このうち、有色の女性は上院議員 4 名、下院議員は 43 名。女性初の下院議長ナンシー・ペロシ下院議員（民主党、カリフォルニア州）は、下院で最も高い職位にあり、大統領継承順位は 2 位。州政府レベルでは、全米で 86 人の女性が州政府の行政官を務めていて、全 312 名中、27.6% にあたります。内訳は知事 9 人、副知事 15 人、そのほか 62 人となっています。86 人はそれぞれ民主党 46 人、共和党 38 人、無所属 2 人です。7,383 人の州議会議員のうち 28.6% が女性です。米国の大都市 100 のうち、23 都市が女性市長を有し、その内訳はアフリカ系アメリカ人女性 7 人、中南米系アメリカ人 1 人、アジア系アメリカ人女性 2 人となっています（CAWP 2019）。

　元大統領候補のミット・ロムニーの「バインダーいっぱいの女性候補者リスト」から選べるという言葉とはうらはらに、数字が示しているのは、政治的リーダーの立場において女性の代表性は未だ低迷しているということです。デボラ・ロード（Rhode 2017）は、「女性をバインダーから出して公職に就かせる」（p. 35）ことこそが目標であると強調します。彼女は、米国のほぼ半数の州では未だ女性知事や上院議員が選出されておらず、最も強力な閣僚である国防長官および財務長官職において、女性の長官は一度も誕生していないことも指摘しています。シンガポールのハリマ・ヤコブ大統領やエチオピアのサハレ・ワーク・ゼウデ大統領など、政治的トップリーダー地位における女性の代表性がある国も存在します。政策形成を行う政府の仕事における女性リーダー職が

特に重要なのは、全ての女性の機会と公正性を改善する意思決定が可能となるからです。ロードは次のように述べます。

> 〔女性の〕実績の問題ではない。女性が立候補した場合、資金調達や当選可能性の点で（男性と）同じように効果的なのは研究により明らかだ。メディアで取り上げられる量も同じとなっている。アメリカ人は女性候補を男性候補以上に悪く評価しておらず、世論調査によれば政治に役立つ８つの特性のうち７つにおいて、女性は男性と同等もしくはそれ以上と評価されている。（p. 38）

　投票者の半数以上が女性であるのに、政治家の女性代表性が低いのはなぜでしょうか。考えられる理由としては、女性は出馬への打診や政治家になるための励ましおよび選挙戦トレーニングを受けにくい、男性候補に比べて自信がなく競争意識が低い、女性が家庭での役割の大部分を担っているゆえに選挙運動や当選後の仕事に必要な時間を十分にとれない、などが挙げられるでしょう。また、性別役割分業意識、ダブルスタンダード、ジェンダー差別など、相互に関連し合う問題も残っており、全国レベルでも教育委員会や町内会などの地域社会においても、女性が立候補したり役職に手を挙げることに負の影響を及ぼしています。「女性議員を増やそう（Elect Her）」や「エミリーのリスト（Emily's List）」などの団体は、女性が選挙に参加し当選するために必要なスキル、リソース、自信を深める機会を提供するために活動しています。

○非営利セクターと高等教育

　非営利セクターでは、リーダー的地位の女性は20％足らずであるのに対し、その職員の75％を女性が占めています（Rhode 2017）。また、女性が非営利団体のリーダー的地位を得ても、収入は男性非営利団体CEOの65〜75％に過ぎないと報告されています（GuideStar 2017）。この格差の理由として、企業のジェンダー賃金格差の波及、非営利団体の理事会や採用権限者の多様性の欠如、非営利団体内で昇進する女性が直面する「サラリー・コンプレッション」（入社時とトップの給与にほとんど差がないこと）などがあるとされています（Alexander 2017）。

アカデミアの女性も同様の課題に直面しています。2016年、女性学長の割合は30.1％でした（Pew 2018）。トップランクの大学においては、学長・総長の地位にある女性は約16％となっています（Rhode 2017）。大学の大学院生・修了生の過半数が女性であるにもかかわらず、専任教授のうち女性はわずか25％です（Rhode 2017）。この問題は、最近、ドナ・ストリックランドがノーベル物理学賞を受賞した際、史上3人目の女性であると発表されて明らかになったものです。記者たちが彼女の職位が准教授であることに驚き、卓越した研究実績があるのになぜ教授ではないのかと問うたのです。ストリックランドは、専任教授の職位に応募したことはないと答えましたが、この事態は、女性教員の昇進パイプラインに関して、学術界に重要な問題提起をしました（Crowe 2018）。女性の教員や上級職職員は、大学キャンパスで働く全女性のほんの一握りに過ぎません。一方、清掃、給食・配膳、さらには学生課の事務など、キャンパス内のサービス業的な職種の多くを担っているのは女性たちなのです。

　有色の女性は、大学での仕事において大きなプレッシャーにさらされています。エドワーズ、ビバリー、アレクサンダー＝スノウ（Edwards, Beverly, & Alexander-Snow 2011）は、有色の教員は「自分の学術的位置に対する疑問、文化に由来する人格攻撃、疎外、深刻な周縁化の中で、自分がその職にふさわしいことを絶えず証明しなければならないというプレッシャー」（p. 16）を経験すると指摘しています。また、有色の教職員は、有色の学生支援のためにメンタリング、学生組織の顧問としてのアドバイス、委員会活動など過度なサービス役割を担うことが多い一方で、マイクロアグレッションや不公正を頻繁に経験しているという指摘もあります（Yamanaka 2018）。高等教育においてジェンダー格差が存在する理由としては、概して、雇用や昇進におけるアンコンシャス・バイアス、女性教育者にふりかかる過度な労働負荷、特にSTEM分野におけるパイプライン問題、メンタリングの不足などが挙げられます。

○科学と保健・健康分野

　ユネスコ統計研究所のファクトシート（UNESCO 2017）によると、科学関連分野で雇用されている人のうち女性が占める割合は約3分の1です。米国では学部・大学院ともに〔男性よりも〕女性の方が卒業する割合が高いにもかか

わらず、科学関連分野の博士号取得者のうち、女性はまだ3分の1に過ぎません。STEM分野もまた、女性比率が低い分野となっています。米国労働統計局によると、看護師については、320万人（91%）が女性、33万人（9%）が男性です（2018年）。2017年、全米の医学部では、女性入学者数が初めて男性入学者数を上回りましたが、全医師数のうち女性が占めるのは約4割です（Association of American Medical Colleges 2017）。STEM分野での女性の過少代表改善に向けて、女子が数学や科学に興味を持つよう、ジェンダーに配慮した玩具やテレビ番組が多数開発されつつあります。女子を念頭に置いてデザインされたエンジニアリング玩具会社ゴールディーブロックス（GoldieBlox 2019）は、「世界初の女の子エンジニアのキャラクターとともに、ジェンダーの固定観念に挑むこども向けメディア企業で［…］女の子が自信や夢、ひいては未来を築けるようなツールを提供する」（第1パラグラフ）と掲げます。同社の玩具が未だ紫とピンクが多いと気になる人もいるかもしれませんが。

　全米大学女性協会（AAUW 2015）は、大学がSTEMプログラムを女性にとってより魅力的で履修しやすいものにする方法として、学生が女性教員・メンターを活用できるようにする、カリキュラムを刷新しインクルーシブな課題読物や事例を含める、意図的かつ積極的にSTEM分野で女性学生を募集する、などを提案しています。

○米軍

　米軍における女性に関する2017年ピュー研究所報告書では、現役兵は依然として男性が占める割合が高いものの、ここ数十年で女性が大幅に進出したことが明らかになっています。報告書によると、現役軍人の15%が女性で、1990年の11%から増加。現役将校職の女性比率については1990年の12%から2015年には17%に、下士官職は1990年の11%から2015年には15%に増えています。階級別女性割合は、軍によって大きく異なっています。空軍では現役隊員のほぼ5人に1人が女性（19%）であるものの、海兵隊員では全体の8%に過ぎません。海軍では18%、陸軍では14%が女性となっています。これを書いている時点で、トランスジェンダーの人たちの米国軍入隊を認めるというオバマ政権による2016年の決定を、米国最高裁が覆しています。米国以外について、特に兵役義務のある国では、軍隊におけるジェンダー比率がより公

正になっています。

　戦闘を含む軍の全職種が女性に開かれたのは、2016 年以降のことです。とはいえ、特殊部隊など一部の部隊では、厳格な身体検査に合格する必要があります。女性は機密情報収集職や、戦闘パイロット、野戦砲兵将校、特殊作戦文民将校として、さらには極秘任務を担う特殊部隊・デルタフォースとしても活躍してきました。2015 年には、3 人の女性が陸軍の最高峰の幹部教育を行う陸軍レンジャー学校（Army Ranger School）を卒業しています。第二次世界大戦以降、2 名の女性が、米軍で 3 番目に高位の勲章「シルバースター」を受賞しています。

　軍に所属する女性は性暴力を経験する可能性が民間人よりもはるかに高いのですが、男性優位の軍の司法制度を前に訴えを起こす可能性は低いかもしれません。バタードウーマン・プロジェクト（The Battered Women's Justice Project 2019）によると、退役軍人省で医療サービスを受ける女性退役軍人の約 25％が、従軍中、少なくとも 1 回の性的暴行を経験したと報告していますが、一方、被害経験のある男性退役軍人は 1％をわずかに超える割合となっています。若い年齢で入隊した女性、下士官階級の女性、入隊以前に性的暴行経験のある女性は、軍にいる間に性的暴行を受けるリスクが高くなっているようです。性的暴行のサバイバーは、心的外傷後ストレス障害（PTSD）、そのほかの不安障害やうつ病、薬物乱用などの精神衛生上の問題を起こしがちであり、それらは失業、ホームレス、対人関係の崩壊、さらなる被害、健康問題、自殺につながっていくこともあるのです。

○競技スポーツ

　スポーツにおけるジェンダー平等を扱った最近の記事が、「スポーツ」という概念そのものが生まれたときから、男女差別が存在していたことを解説しています（Box 2017）。同記事では、1896 年、近代オリンピックの創始者ピエール・ド・クーベルタン男爵が語った「スポーツウーマンがどれほどタフになったとしても、その体は特定の衝撃に耐えられるようにはなっていない」（Box 2017, 第 3 パラグラフ）という言葉が引用されていますが、現在でも、次のような残念な数字が並びます。米国のプロスポーツ選手の約 40％が女性であるにもかかわらず、スポーツメディアで取り上げられるのは全体の 8％以下。米国オリンピックサッカーチームのゴールキーパーを長く務めたホープ・ソロは、

米国女子サッカーチームがワールドカップ優勝4回、オリンピック優勝4回を果たしているにもかかわらず、悲惨な勝利数しかない男子チーム選手と比較して女子選手の報酬はずっと少ないと指摘します。

　この格差が大学スポーツから始まることを、米国女性スポーツ財団（Women's Sports Foundation 2019）は詳説しています。男子選手は女子よりも毎年1億7,900万ドル多くスポーツ奨学金を得ていること。大学機関が女子スポーツに費やす予算はわずか24％、また、学生募集予算においてはたった16％、女子アスリートへの奨学金予算は33％にとどまること。大学レベルの女子スポーツのコーチの給与は、男子チームのコーチの63％にとどまること（Box 2017）。1972年制定の米国教育改正法第9編は、競技場をより公平な場にしようとしています。タイトルナイン施行以前は、スポーツに参加する大学生のうち女性は2％でしたが、最近のデータでは、43％となっています（www.ncwge.org）。続く第7章で、タイトルナイン実装に向けての最近の動向をより詳しく見ることとしましょう。

○そのほかの分野

　ここまで紹介してきたものは、女性が代表性と平等性を求めてもがいている分野のほんの一部にすぎません。重機の使用やメンテナンス、大工、電気工事、建設など、歴史的に肉体労働が多い分野で男性が女性より多いことには驚きませんが、ほかの分野ではどうでしょう。建築家のうち女性はわずか16％（Catalyst 2018a）。アメリカ法曹協会によると、法学部の学生の半数近くが女性であるにもかかわらず、2015年の女性弁護士割合はわずか35％です。米国労働統計局（The United States Bureau of Labor Statistics 2018）によると、フードサービス専門家の大半を女性が占めているにもかかわらず、女性料理長は20％以下。民間パイロットのうち、女性はわずか6％です。高収入のコメディアン上位600人のうち女性は100人未満であり、コメディー作家においても同様です（Feeney 2013）。

　シンクタンクのカタリスト（Catalyst）は、法律、医学、航空など、女性の割合が少ない仕事の多くが、非常に高収入な職種であると指摘しています。さらに、50年にわたる米国国勢調査のデータから、女性が男性優位の分野に入職すると、その分野の給与水準が下がることが明らかになっています（Miller

2016)。トランスジェンダーやノンバイナリーの人たちについてのデータはほとんどありませんが、その人たちは職場で同様の問題に直面していると考えられます。また、「職場でのセクハラを経験しているのは男性優位の分野で働く女性の 67%、一方女性優位の職業では 47% となっています（Pew 2018)。

　白人、シスジェンダー、異性愛者、中流階級の「下」に属し、カトリック女性であると自認するエリザベスは、ジェンダー・ステレオタイプがプロのアスリートとしてのスポンサー探しに影響する様子を次のように語ります。

ナラティブとカウンターナラティブ　　エリザベスのストーリー

　タイトルナイン成立後であっても、女性がスポーツに参加することにはスティグマがつきものです。わたしはこれまでずっと、そのスティグマと闘い、性差別と闘い、円盤投げという非常に「男らしい」スポーツで女性として認められるために闘ってきました。女性の円盤選手はフェミニンで、美しくあることもできることを人びとに示そうとしました。陸上競技や大会とともに育ってきてからかわれることもありました。優秀な円盤投げ選手であることによって、デートの約束ができなかったこともあります。でも、そんなことはどうでもよかったようにも思います。なぜなら、プロの円盤投げ選手になるという目標があったからです。

　14 年間円盤投げを続けた後、大学での選手生活も終わりに近づき、プロとしてのキャリアに移行しなければならないときが来ました。それまで両親や学校が負担してくれていた費用を担ってくれるスポンサー探しも。陸上競技は、バスケットボールやサッカーのようなものではありません。ドラフトやコンバイン〔ドラフトに向けた選考会で、若手有力選手が身体測定や運動・競技力測定をアピールする〕で指名され、数百万ドルの契約を結んでからトレーニングを開始するようなことはないのです。陸上競技では、懸命にトレーニングを重ね、良いパフォーマンスをし、誰かがそれに気づいてブランドを身にまとってほしいと思ってくれることを願うしかないのです。スポンサーシップの中には、大きなものもありますが、ほとんどはそうではありません。特に女子円盤投げのような知名度の低い種目においては、生活費を稼ぐために複数のスポンサーを獲得しなければならないことがよくあります。

　ある日、プロとして活躍していた元チームメイトと、スポンサーシップの問題や、どうやって生活費を稼ぐかについて話し合っていたときのことです。

第6章 「違うこと」はどんな違いを生み出すのか？

「マッチョな競技にあなたみたいなきれいな女子がいるってことはラッキー。スポンサーは提供品を身に着けたときによく見える女子が好きなんだから。化粧して、つけまつげもつけちゃったら、絶対にスポンサーを獲得できる」と。最初は、褒め言葉として受けとっていたのです。「きれい」と言われて嫌な人はいないでしょう？ でも、現実的に考えてみたのです。わたしの外見ではなく、技術やパフォーマンスこそがスポンサー獲得に関係すべきだと。スポンサーを獲得するためになぜ競技のやり方を変える必要があるのでしょう。自分を安売りしたくない、でも、家賃も払う必要があります。これまで生きてきて、円盤投げ選手は男っぽくあらねばという考えと闘い、フェミニンな外見で選手として成功できるようにと闘ってきました。この競技で認められているものの、より女性的な外見のアスリートであることによって利益を得るのは間違っていると感じています。才能ではなく容姿で資金を得るのか、それともスポンサー付きのプロスポーツ選手にならないのか、道徳的なジレンマに直面しています。

「不在」の結果、何が起こるのか？

　もう幻滅しきってしまったでしょうか。読みながらしんどさを感じたかもしれませんが、分野・業界にまたがる女性代表性の状況への理解が進んだことでしょう。実際のところ、こうした格差の一部は女性自身の選択の産物でもあります（第7章でより詳しく説明します）が、女性の活躍を妨げている、広く蔓延した文化的・構造的な力学を検討しておかねばなりません。ここからは、職場における不平等が意味するところをみていきましょう。

○男女の賃金格差

　さまざまな分野で女性が活躍していながらも、データは一貫して男女の賃金格差を示しています。この格差は通常、フルタイム労働者である女性全員の年間給与の中央値と、男性集団のそれとを比較して報告されています。エクササイズ6.1にあるように、あなたが読む調査、聞いているラジオやポッドキャスト、購読するほかのニュースメディアによっては、賃金格差が実際に存在するかについてのさまざまな意見があることでしょう。男女の賃金格差の推定値は、時間給や週給をもとにしたものや、特定の雇用分野を対象としたものがあります。パートタイム労働を入れ込んだものもあります。チェン（Chen 2011）は、賃金の公平性を基本的人権だとしています。

| 167 |

エクササイズ 6.1　ジェンダー賃金格差を詳しく見てみよう〔ペアワーク〕
男女の賃金格差について一緒に考えてくれる人を見つけよう。

　１人は、男女の賃金格差が現在も続いていると主張するウェブサイトや資料を調べる。手始めとしては以下：
・「男女間賃金格差の真実（The Simple Truth About the Gender Pay Gap）」
　https://www.aauw.org/resources/research/simple-truth/
・「米国における人種・男女間賃金格差根強く：一部には前進見られる
　（Racial, Gender Wage Gaps Persist in U.S. Despite Some Progress）」
　https://www.pewresearch.org/fact-tank/2016/07/01/racial-gender-
　wage-gaps-persist-in-u-s-despite-some-progress/

　もう１人は、男女の賃金格差の存在を否定した正当な情報源を検索。以下、２つ紹介。
・「男女間賃金格差の神話に騙されるな（Don't Buy Into the Gender Pay Gap
　Myth）」https://www.forbes.com/sites/karinagness/2016/04/12/dont-
　buy-into-the-gender-pay-gap-myth/#3d820664766a
・「消えることがない６つのフェミニスト神話（6 Feminist Myths That Will
　Not Die）」http://time.com/3222543/wage-pay-gap-myth-feminism/

　お互いが様々な情報源から得た情報を共有した後、２人で、この議論の複雑さの説明を試みる情報源を探す。以下はその例：
・「男女間賃金格差の真実（The True Story of the Gender Pay Gap）」
　https://freakonomics.com/podcast/the-true-story-of-the-gender-pay-
　gap/
・「男女間賃金格差に現れない真実（What Gender Pay-Gap Statistics Aren't
　Capturing）」https://www.theatlantic.com/business/archive/2016/07/
　paygap-discrimination/492965/
・「男女間賃金格差を再評価する（Reassessing the Gender Wage Gap）」
　https://www.harvardmagazine.com/2016/05/reassessing-the-gender-
　wage-gap

自分の意見を支持する情報を見つけるのがいかに簡単だったか、その理由を考えてみよう。情報源が主張の根拠とするデータや方法論（データの傾向を参照していたという前提で）を見定めるのが、どのくらい大変だっただろうか。賃金格差が存在する、あるいは存在しないという主張に人びとが至る経緯に影響するさまざまな要素を挙げてみよう。このエクササイズ前後で自分の意見が変わらなかったとしても、なぜこの議論についてさまざまな主張があるのかについての理解が進んでいますように。ここでの発見を共有するために、どんな行動が起こせるだろうか。

全米大学女性協会（AAUW 2017）は次のように指摘しています。

　　男女の賃金格差は、職業分離、ワーキングマザーに対する偏見、直接的な
　　賃金差別など、多くの要因の結果である。さらに、人種的偏見、障害、教
　　育へのアクセス、年齢などにも影響される。その結果、女性が所属する集
　　団によって、賃金格差のあり方も大きく異なる。（第6パラグラフ）

　2019年の格差がどの程度かについては、性別による賃金差はないとするものから、業界全体で女性の収入は男性の収入のわずか77%に過ぎないというものまで、さまざまな推定があります。最近の国勢調査のデータでは女性の収入は男性の約81%であることが示され、中央値は41,554ドル、男性は51,640ドルとなっています（US Census Bureau 2019）。
　研究者はさまざまな要因を考慮して賃金格差を測定しています。しかしその測定方法にかかわらず、異なるデータセット間に共通する、次の傾向の存在が認められています。

　1）賃金格差は過去40年間で縮小し、現在では女性の収入は男性のそれに近づきつつあること。1950～1960年代には、女性は男性のように家計を支える必要がないという前提のもとで低賃金であったという賃金差別の恐ろしい話が各所に存在する。最近のワシントン・ポスト紙の論説は、賃金格差が縮小している理由のひとつに、必ずしも女性の賃金が上がっているからではなく、製造業職の雇用や労働組合加入者の減少によって男性の収入が下がっているからと

指摘（Stein 2018）。世帯収入全体の中央値は過去10年間で着実に上昇しているものの、それは各世帯から労働市場で活動する人が増えたとの分析もある。このように、賃金格差は縮小しつつあるものの、ほとんどの職業分野では未だ解消されていない。

　2）賃金格差は、ほとんどの有色の女性にとってより大きくなっていること。中南米系女性は、職種を問わず、男性の53％の賃金。アメリカンインディアン・アラスカ先住民は58％、黒人・アフリカ系アメリカ人の女性は61％。白人女性の収入は男性の77％に近く、アジア太平洋諸島系の女性は85％（AAUW 2017）。これらの格差は、高等教育や修士以上の学位取得の有無にかかわらず存在している（Pew 2016）。

　3）賃金格差は職業間（教師、看護師、ソーシャルワークといった低賃金職を女性が占めるということ）よりも、職業内に存在していること（Miller 2014）。その代表的な例が女性の医師や外科医で、男性医師の収入に比べわずか71％。このような職業内の賃金格差は、長時間働く人や待機時間、オフィスにいる時間が長い人に雇用主が報酬を与える傾向が影響している可能性がある。それは、育児やそのほかの家事を果たすために勤務時間・場所の柔軟性が必要な人にとっては困難なもの。賃金格差を是正する最大の方法は、時間の柔軟性の提供、つまり労働者が自分の時間に合わせて自分の仕事をできるようにすることであり、テクノロジーはその実現に役立ちつつあるかもしれない。

　4）賃金格差の原因は多岐にわたること（Women Are Getting Even 2019）。採用における性差別、賃金交渉、公正な賃金などを含む。多くの実験により、雇用における性差別が明らかになっている。2012年の研究では、雇用者に2つの同じ履歴書を渡し評価させるもので、一方には女性的な名前を付け、もう一方には男性的な名前を付した。男性のものであると雇用者に認識された履歴書は、同じ履歴書に女性の名前を付けたときよりも、能力が高い・望ましいと評価され、推奨初任給は女性の名前をつけたものよりも4,000ドル高くなったという（Rhode 2014）。これとは別に、セクハラや職場の偏見が賃金差別の一因と指摘するものもある。なぜなら女性の離職や失職、働く能力さえも失わせる

から。母親になることは、昇進パイプラインやキャリアの中断（退場と再入場）による賃金の減少に影響を与える傾向がある。これは、育児休暇や仕事へのワーキングマザーのコミットメントについての性差別的な思い込みによるものとみられる。ほかの要因としては、文化的規範や期待、仕事と家庭のバランス、年齢、経験などが挙げられる。最近のある研究では、米国で生まれた人の場合、人種を考慮しても、生まれた地域が賃金や生涯収入に根強く影響することが明らかになった（Rhode 2014）。性差別的な態度は南東部で最も多く、西海岸で最も少なく、中西部ではさまざまな態度があることが発見されている。

女優のジェニファー・ローレンスが、2013 年公開の映画『アメリカン・ハッスル（American Hustle）』の出演料が男性に比べていかに少ないかを、ソニーのメールハッキング事件で知ったというニュースを知っていますか。彼女は次のような反応をしています。

> ソニーのハッキング事件が起きて、自分の給料が男性器のある幸運な人たち〔つまり「男性」〕よりもどれだけ少ないかを知ったとき、ソニーに腹を立てなかった。自分自身に腹が立った。さっさと諦めてしまったから交渉人としては失敗。率直に言って、2 つもシリーズの仕事があったから、必要のない何百万ドルをめぐって争い続けるのは嫌だった（って、共感できないでしょう。ムカつかないで）。ただ正直なところ、好かれたいという気持ちが、闘わずに契約するという決断に影響を与えなかったと言ったら嘘になる。「面倒」とか「わがまま」と思われたくなかった。それでいいと思ったのだけれど、インターネットで給与明細を見て、一緒に働いている男性たちが皆間違いなく「面倒」とか「わがまま」なんてことを気にしていないって気づくまでは。……でもこれは長年どうにかしたいと思ってきた性格の一要素。統計を見れば、この問題を抱える女性はわたしだけじゃないと思ってる。こんなふうに行動するよう社会的に条件づけられてるんじゃない？（Lam 2015, 第 2 パラグラフ）

この後続く第 7 章で探っていくのは、女性がより効果的な交渉人になれるよう学んだり、男性優位の場で受ける抵抗に打ち克ったりして、ソーシャル・コ

ンディショニング〔社会的条件づけ〕を克服していくこと、それに対して、そもそもの格差を生み出しているまぎれもない構造的性差別や人種差別自体の存在を問題化する必要性との緊張関係についてです。

○露骨な性差別

　職場におけるあからさまなジェンダー差別は過去のものであると考えたいものです。1950 年代から 1960 年代に典型的な性別分業に背いて家庭外労働に就いた女性たちが、真っ向からの敵意、排除、言葉や感情、身体的な嫌がらせに直面したのに比べれば、ある程度は改善されてきています。第二次世界大戦中、女性は労働力として必要な存在でした。しかし兵が帰還すると、彼らが従事できる仕事を女性が続けるのは愛国的ではないとされたのです。実際、仕事を求める女性は、道徳的に間違っている、あるいは貧困にあえいでいると考えられていました（Guy & Fenley 2014）。1960 年代初頭、家庭の外で働いていた女性は 6 人に 1 人しかおらず、それは一般的に社会経済的地位の低い人たちでした。特定のキャリア分野における初めての、あるいはいくつかの分野をつないだ画期的な女性の物語は、ハリウッドで大いに愛されています。例えば、『ザ・クラウン（The Crown）』『フリーダ（Frida）』『ドリーム（Hidden Figures）』『プリティ・リーグ（A League of Their Own）』『マッドメン（Mad Men）』『マーベラス・ミセス・メイゼル（The Marvelous Mrs. Maisel）』『ビリーブ・未来への大挑戦（On the Basis of Sex）』『クジラの島の少女（Whale Rider）』があります。

　ジェンダーに基づくステレオタイプは、イーグリーとカーリ（Eagly & Carli 2007）が説明するように根強いものです。

　　男女が一般的に経験する不平等は、広く共有された思い込みに変わっていく。男性の方が地位や権力を持っている、ゆえに、ノウハウや能力も高い、といったように。人びとが男性を高い地位、女性を低い地位といったん結びつけてしまうと、男性は職場以外の新しい出会いにおいても女性に対して容易に影響力を行使するようになり、女性はその影響力をより容易に受け入れてしまう。(p. 88)

第6章 「違うこと」はどんな違いを生み出すのか？

　今日に至っても、特に女性の代表性が形式レベルにとどまっている場合、職場には明示的で敵対的な性差別が存在しています。ロード（Rhode 2014）は、「最近の状況の改善にもかかわらず、女性、特に人種的・民族的マイノリティは、白人男性が享受するような能力への信頼を得られないことが多く、白人男性と同じ結果を得るためにもっと努力する必要がある」（p. 28）と指摘しています。あからさまな性差別の一般的な例としては、以下のようなものもあります。

・服装や外見に関するコメント
・妊娠すると昇進やほかの機会を失う、あるいは面接で家族を持つ予定があるか、いつ持つ予定かを聞かれる
・女性の自己主張が強いとビッチと呼ばれ、男性が同じ行動をとると主体性があると評価されるようなダブルスタンダード
・ステレオタイプ的な業務を割り当てられる（例：会議で議事録を作成する、オフィスパーティの企画を頼まれるなど）
・常に話を遮られたり、マンスプレイニングされたりする
・求めていない性的誘惑、性的好意の要求ほか言語的または身体的暴行を受ける

○ダブルバインド、ステレオタイプ脅威、内面化された抑圧

　その立場におけるジェンダー代表性の低さと不平等から、リーダー的地位の女性は、職場で果たす役割に関して相反する期待に直面することがあります。最も顕著なステレオタイプは、女性は人びとを助け、温かく、フレンドリーであるべきだというもので、これらはいわゆる「共同体的」資質と呼ばれます。女性は協力者であり、個人で成果を出したり見せたりすることはないというものです。この「最もよく語られる物語」は、有能なリーダーのステレオタイプとは真逆です。効果的なリーダーは、「遠慮がなく、積極的に主張し、自信と能力を隠さず、他者に影響力を行使する」ことが期待され、これは行為主体的資質と呼ばれます（Eagly & Carli 2007, p. 102）。リーダーシップにアプローチする唯一の方法ではないものの、この一連の特性は、行為主体性、つまり、物事を成し遂げる能力とも呼ばれています。

　女性は共同体的で協調的であるべきという期待と、リーダーは主体的である

| 173 |

べきという期待とが衝突する際に、ダブルバインドが発生します。女性が職場で人と接するとき、共同体的な性質と主体的な性質の適切なバランスについて、異なる期待に遭遇することがよくあります。これらの異なる期待が、女性がリーダー的立場に就くことへの抵抗感として現れることもあります。イーグリーとカーリ（Eagly & Carli 2007）はそのプロセスについて次のように述べています。

> ダブルバインドゆえに、人びとは、特に男性的な環境において、女性の影響力に抵抗を示すことがある。あるときは、同じ男性として共感的な交流がないから抵抗する、つまり気に入らない。別なときは、彼女には能力がないから抵抗する、つまり彼女に敬意を払わない、というものである。（p. 102）

　周縁化されたアイデンティティを持つ女性（例えば、有色の女性、特定の信仰や性的指向を持つ女性）に対するさらにひどい抵抗はよくあることです。そのような女性はトリプルバインドに直面しがちになります。つまり、複数のアイデンティティに対するステレオタイプな見方が、さらなる周縁化につながるというものです。複数のアイデンティティの 交 差 性 （インターセクショナリティ）についての詳細は、第3章を参照してください。

　このダブルバインドを解明するために、実例を取り上げてみましょう。ヒラリー・クリントンの政治についてどう考えるかは別として、彼女は共同体的（コミューナル）であることと行為主体的（エージェンティック）であることの緊張関係を示す、特筆すべき例です。彼女が2008年に初めて大統領選に臨んだ折、彼女のスピーチやキャンペーン手法は彼女の専門知識や行政での活動歴を軸にしていました。例えば、1990年代にジェンダー平等や国民皆保険に取り組んだこと、ファーストレディそしてニューヨーク州選出の上院議員としての功績などです。彼女は、自分のエージェンシー、つまり物事を成し遂げる能力を強調しました。1992年のこと、記者団からこれまでとは違うファーストレディになるにはどうしたらよいかと問われたクリントンは、「家にいてクッキーを焼いたりお茶を飲んだりすることもできたと思うのですが、夫が公職に就く前からの自分自身の職業を全うすると決めたのです」（Chozik 2016）と答えています。これに対してマスコミや

第 6 章　「違うこと」はどんな違いを生み出すのか？

多くの地域団体から、クリントンは人びとが期待するような温かく思いやりのある人物には見えないという強い反発があったのです。そこで、彼女の広報チームは、有権者に向け彼女を人間らしく見せようと、中途半端な試みをしました。それは、ファミリーサークル誌で一家のクッキーのレシピを紹介し、彼女をより女性らしく、親しみやすく見せようとするものでした。しかし、世界中の目には、彼女がこのダブルバインドをうまく乗り切れていないと映ってしまいました。2016 年、彼女の大統領選への 2 度目の挑戦では、オバマ大統領の下で 2009 年から 2013 年まで国務長官を務めたことで業績が増えていたにもかかわらず、キャンペーンで実績をアピールすることに力を入れなかったのです。その代わり、彼女は頻繁に家族への好意と孫への愛情を語りました。有能さと思いやりの両方をアピールすることで、ダブルバインドという難局を乗り越えたのです。民主党議員による強い異論があったにもかかわらず、クリントンは 2016 年 7 月、米国大統領選の党内指名を見事に獲得し、主要政党から指名された最初の女性候補者となりました。しかしながら、女性が米軍の最高司令官を務めることに反発する人が現れるなど、性差別を経験し続けました（Palmieri 2018）。

　女性はダブルバインドのみならず、周囲の文化に浸透している性差別的な前提を一定程度信じ始めるという、内面化された抑圧を経験することもあります。ジェンダー・ステレオタイプの影響は、女性のリーダーとしての能力に対する認識に浸透し、組織のあらゆるところで見られます。内面化された抑圧は、会議でメモを取るボランティアを求められ、手を挙げたときに現れるかもしれません。なぜなら、どんなグループ活動の場面でも、いつも自分が記録係になるよう求められるからです。また、発言を求められた際、「間違っているかもしれませんが」と言って、自分の主張の価値を下げてしまうような現象として現れるかもしれません。ロード（Rhode 2014）はこの現象を心理的なガラスの天井と呼んでいます。女性は女性に関する否定的なジェンダー・ステレオタイプを内面化するため、自分が強引、主張的、あるいは面倒に見えるようなことをするのをためらうというものです。

　内面化された抑圧は、特に歴史的に周縁化されてきた複数の集団のアイデンティティを保持している場合に、陰湿な形で作用することがあります。ステレオタイプ脅威とは、自分が属するグループに関する好ましくないステレオ

タイプを、自分自身の中に確認することへの不安（Hoyt & Murphy 2016）です
が、私自身の場合、これは仕事中の感情のコントロールに関して特に強く表れ
ます。ある男性上司との出来事で、とある状況の不当性にひどく腹を立て、泣
き出してしまったことがあります。その上司は落ち着いた様子で感情を露わに
している私を慰め、なだめようとしました。「気にするな、君のせいじゃない」
などと言いながら。即座に反応しました。「悲しいわけでも、悪いと思ってい
るわけでも、自分のせいだと思っているわけでもないんです。怒りの涙です」
と。女性は感情的でなだめる必要があるというジェンダー・ステレオタイプを
示した自分に腹を立てながら帰りました。いや、腹を立てるどころではなく、
激怒していました！

　カーリとイーグリー（Carli & Eagly 2007）は賢明にも次のように記していま
す。「ジェンダー・ステレオタイプというものは単に記述的であるだけではな
く、規定的でもあるという事実によって、女性リーダーの困難はさらに複雑に
なる」（p. 128）。これは、**善意の性差別**の例にもあてはまります。つまり、思
いやりや理解から行動しているつもりでも、実際には性差別的な態度、思い
込み、そして行動を永続させているというものです（Glick & Fiske 1996, 2001）。
善意の性差別とは、いわばさりげない偏見です。例えば、女性は愛情深く、繊
細で、敏感であるというようなものです。善意の性差別主義者は、保護され、
養われる必要のある弱い人間として女性を概念化します（Glick & Fiske 1996）。
これらの特徴や態度は、一見、女性に配慮しているかのようにも見えますが、
善意の性差別は、敵対的または露骨な性差別と同様に抑圧的であることが研究
によって明らかにされているのです（Glick & Fiske 2001）。

○潜在的偏見

　潜在的偏見とは、人びとが無意識のうちに、そして往々にして不本意に、他
者に対して示す偏見です。このような隠れた偏見は、私たちの生活のさまざま
な側面に根ざしていますが、多くの法律や文化で一般的に禁止されている意
識的または明白な偏見（この章の前の明白な性差別の議論のように）や優遇措置と
は別なものです。潜在的偏見に関する研究において、教育、司法、医療機関
が、無意識の偏見や態度に影響されていることがわかっています（Adams et al.
2013）。

潜在的偏見が存在するのは、私たちが生まれ落ちた瞬間から、あるいはそれ以前から、ジェンダー化された前提に取り囲まれているためです。脳の機能の一部として、これらのバイアスが、以前からある思い込みを補強する情報を探し、矛盾する情報を無視しながら知覚を形成するという、いわゆる確証バイアス（Kahneman 2011）と呼ばれるプロセスが発生します。潜在的偏見によって女性の機会が制限されることで、自己成就的予言〔思い込みによって実際にそうなってしまうという事態〕のサイクルが成立します（Rhode 2014）。そしてその結果、女性は「多くの職場での成功に必要な社会資本と支援を培うこと」（p. 30）から妨げられてしまうのです。

　潜在的偏見の最も一般的なチェックリストのひとつは、「潜在連合テスト（Implicit Association Test: IAT）」（Greenwald, McGhee, & Schwartz 1998）です。IATは、人びとが心の中で行っている無意識の連想の強さを明らかにするとされています。これらの連想には、比較的悪い影響のないもの（例えば、キャンディーを幸せ、蛇を恐怖と関連づける）から、重大な意味を持つもの（女性を消極的、年配者を無能と関連づける）まであります。もしボックス 6.1 にあるようなアセスメントをまだ経験したことがなければ、https://implicit.harvard.edu/implicit/ にアクセスして無料のテストを受けてみるとよいでしょう。IAT 受検者は、通常、一連の言葉や画像（例：男性や女性）を見せられ、画像を見てからその画像に関連するポジティブまたはネガティブな言葉（例：リーダー、思いやり、自己主張など）をクリックするまでの時間経過が測定されます。反応にかかった時間の遅れを測定することで、潜在的な思考を克服するための認知処理の量を示すというものです。反応時間が長いほど、潜在的偏見を避けようとしているということです。受検者はテスト後、自分の潜在的偏見について、わずか、中程度、強い、のいずれかのフィードバックを受けます。

　IAT は、アンコンシャス・バイアスを測定しうる方法として、さまざまな組織で取り入れられるようになりました。フェイスブック〔現メタ〕、グーグル、スターバックスなどの企業は、定期的に IAT を使用し、潜在的偏見を明らかにする研修をしています。また、陪審員、警察官、教師に対して、そして大学においても使用されていますが、IAT の背後にある科学に対する批判も出てきています（Kaufman 2011; Lopez 2017）。IAT の心理測定に関する徹底的な検討を本章ではしませんが、ユーザーは測定の限界についても確認してみ

るべきでしょう。批判の中心は、テストを何度も受けると結果が変わる可能性がある（全面開示しますが、私の場合はジェンダーとキャリアテストの初回は女性に対するわずかなバイアスがあり、2回目はバイアスはないという結果でした）というものです。同じテストを複数回にわたって違う環境で受けた後、集約された結果を見るのが最善でしょう。テスト作成者も、気分、受検する環境、社会的な望ましさ（例えば、性差別主義者と見られたくないという願望）などの要因が、結果に影響を与える可能性があることを認めています。もうひとつの大きな批判は、IAT の結果と実際の行動との間にほとんど相関がないというものです（Kaufman 2011）。

ボックス 6.1　受検可能な IAT

以下についての潜在連合（連想）テストが受けられる。

- 年齢
- アラブ–イスラム教徒
- アジア系
- 障害者
- ジェンダーとキャリア
- ジェンダーと科学
- 先住民
- 大統領
- 人種
- 宗教
- 体重
- セクシュアリティ
- 肌の色
- 武器

出典：https://implicit.harvard.edu/implicit/

　全米大学女性協会（AAUW）は、女性とリーダーシップに関する潜在的な連想を測定する IAT ツールの作成を委託しました。その調査結果によると、フェミニストと自認する女性でも、リーダーシップを女性よりも男性と素早く

連想する傾向が若干あることが明らかになっています（AAUW 2016c）。フェミニストでもなく男性でもないと自認する人がより大きなバイアスを示したことから、AAUW は「私たちの潜在的偏見は他人を傷つけもするが、自分自身のアイデンティティや心から信じていること、あるいはキャリアに対して不利に作用することもある」（2016c, 第2パラグラフ）と結論づけています。この結果の詳細は、AAUW（2016a）の調査報告書「バリアとバイアス：リーダー役職にいる女性の状況」を参照したり、ソーシャルメディアのハッシュタグ「#leadership」をフォローしてみてください。

○潜在的偏見に対抗する方法

　IAT の得点や、潜在的偏見を測定できると思うか否かにはかかわらず、私たちはみな、生き暮らす社会の産物です。私たちは、友人や家族、宗教、教育、メディア、仕事などから、何が良い・悪いというメッセージを受け取り、潜在的偏見や思い込みを持つに至ります。潜在的偏見に対抗する方法を詳述した 2016 年の AAUW の記事は、まずその存在に気づき、それを変える努力をすることから始められるとしています。

- ・歴史的に周縁化された集団の人びとの行動や業績を評価する場合、フィーリングに頼るのではなく、実際に起こったことの具体的な要素に注目するよう心がける。
- ・自分自身の反応や判断、行動が偏見や固定観念によって引き起こされた可能性があるかふりかえってみる。今後その人やスティグマを持つ集団のメンバーに出会ったときに、ポジティブな思考を意図する。
- ・ステレオタイプに反している人たちを具体的に想像し、その肯定的な例について考える練習をする。それにより、今後、ステレオタイプに反した例が思い浮かびやすくなるかもしれない。
- ・ステレオタイプ化されたグループのメンバーを個人として見て、考えるよう努める。その人たちの個々の特徴を思い出し、それがステレオタイプとはどのように異なるかを思い起こす。（AAUW 2016c, 第 4–8 パラグラフ）

ステレオタイプ、偏見、差別に対して何ができるのか？

　潜在的偏見、ステレオタイプ脅威、ダブルバインドを解消するための個人レベルでの努力を超え、組織や制度レベルでは、ステレオタイプ、偏見、差別が、リーダー役職の女性に与える影響に対抗するために、何ができるでしょうか。雇用主や組織は、より公正な職場をつくるために具体的な手段を講じることができます。差別に直面している人びとを保護する法律や政策をつくることもできます。アクティビズムや社会運動は、法律や政策が対処できなかった問題に注意を向けさせることができます。

○雇用者と組織

　雇用者と組織は、公平な職場文化をつくるために努力すべきです。そのためには、雇用・採用や給与と昇進における男女平等、および潜在的・明示的な偏見を克服するための研修実施が必要です。世界中の交響楽団やオーケストラが、演奏は聞こえても姿は見えないブラインド・オーディションを行うようになったことで、プロの音楽家として採用される女性の数が劇的に増加しています（Goldin & Rouse 2000）。3万人を雇用し、100億ドル以上の企業価値をもつセールスフォース（Salesforce）というテック企業が、自社の従業員の男女間賃金格差を調査したことがあります。10%以上の女性社員が、同じような仕事をしている男性社員よりも著しく収入が少ないことを知った同社は、年間数百万ドルのコストがかかるにもかかわらず、公平性を保つために昇給を実施しました。また、同社では、男性が18〜24か月ごとに昇進しているのと同じ種類の仕事において、女性は30〜36か月かかって昇進していること、そして、男性がこどもを持つと収入が6%上がるのに対し、女性がこどもを産むごとに4%下がること、それらは、母親になると職場への貢献度が低いという無意識の偏見の存在によるものだと調べ上げました。このような男女平等の実現に向けた取組によって、セールスフォースはフォーチュン誌の「働きがいのある大企業」第1位に選ばれました（CBS News 2018）。

　第7章では、公平な職場環境をつくる組織的イノベーションをより詳しく検証します。採用のあり方の変更、柔軟な働き方の選択、評価と報酬の見直し、制度的評価から得たデータを政策や意思決定に活用する事例も紹介しています。

第 6 章 「違うこと」はどんな違いを生み出すのか？

○法律と政策

1963 年に同一賃金法（The Equal Pay Act）が成立し、「同等の技能、努力、責任を持ち、同様の労働条件の下で行われる」仕事を行う男女に、異なる報酬を与えてはならないとされました（United States Equal Employment Opportunity Commission 2019）。賃金差が認められるのは、年功、功績、生産の量や質、あるいは性別以外の要素に基づく場合です。給与差の是正にあたっては、雇用主が給与の高い人の給与を下げるのではなく、給与の低い人の給与を上げなければならないとされています。

翌年、1964 年公民権法（The Civil Rights Act of 1964）が制定され、人種、出身、肌の色、宗教、性による差別が禁止されました。ほかにも、働く女性を保護するための法整備がなされました。1978 年に成立した妊娠差別禁止法（The Pregnancy Discrimination Act）は、妊娠中の従業員を保護するものでしたが、1991 年に家族・医療休暇法（The Family and Medical Leave Act）が成立するまで、親が性別に関係なく休暇を取る権利は保証されていませんでした。2009 年、オバマ大統領が最初に提出した法案のひとつが、リリー・レッドベター公正賃金復元法（The Lilly Ledbetter Fair Pay Act）です。この法律は、2007 年の最高裁判決が否定した差別に対する保護を一部復活させたもので、雇用者に給与をより公平にするインセンティブを与えています（Alter 2015）。

それでも、進展は未だ遅々としています。2014 年、賃金について話し合う従業員に対する雇用者の報復を違法とする法案である給与公平法（The Paycheck Fairness Act）は、上院で否決されました。1970 年代に議会で可決された男女平等憲法修正案は、未だに十分な数の州で批准されないままになっています。性差別の裁判は、依然として勝訴が困難とされています。雇用機会均等委員会に提出された性差別・人種差別行為のうち、申立人に有利な結果をもたらしたのは 20% 未満、という残念な統計結果もあります（Rhode 2017）。

○アクティビズムと社会運動

職場における性差別、不公平、ジェンダー抑圧を告発しようとする草の根運動も数多く存在します。#MeToo 運動は、2006 年にアクティビストのタラナ・バークがその言葉を使い始めたことで始まりました。セクハラ被害に遭った有色の女性たちが、共感、エンパワメント、コミュニティを育むために、自

分たちのストーリーを共有することを促そうとした言葉です。2017年のハーヴェイ・ワインスタインのスキャンダルの後、多くの著名人がこの社会運動に名を連ねるようになりました。恐ろしいほどに蔓延している問題に対する認識を高める目的で、SNS上で自身のセクハラや性暴力の経験を共有したのです。この社会運動は、セクハラの多様な性質を示すために、さまざまなグループによって応用・展開されています。セクターや分野を超えた #metoomilitary、#astroSH（天文学）、国を超えた #moiaussi（カナダ）、#YoTambién（スペイン）、そして個人的に気に入っているフランスの社会運動 #balanceTonPorc、これは「豚野郎を告発せよ」という意味です。ジェンダーを超えた #himtoo もありますが、トランスジェンダーやノンバイナリーの人びとの体験を包摂する社会運動は動きが遅いようです。

　ジェンダー由来の暴力に抗う16デイズ・アクティビズム（16 Days of Activism Against Gender-Based Violence）は、ウィメンズ・グローバルリーダーシップセンター（Center for Women's Global Leadership）がとりまとめる国際キャンペーンです。職場での暴力を含むあらゆる形態のジェンダー由来の暴力の排除を求める組織化の方法として、世界中のアクティビストが利用しています（Sixteen Days Campaign 2019）。1991年に始まった16デイズは、毎年11月25日から12月10日の間に行われ、187カ国の6,000以上の団体によって運営され、国境を越えた公正性への取組としては最大級のものです。この社会運動の目的のひとつは、フェミニスト運動と、職場のエクイティとインクルージョンを長年提唱してきた労働組合・労働団体をつなげていくことです。また、家事労働・家事使用人職などにも特別な関心を寄せています。これは、女性が、移民出身であったり、法的地位を持たないまま従事しがちであるゆえに極めて脆弱な状況に置かれる職種だからです。

　ここまで、ステレオタイプ、偏見、差別が女性のリーダーシップに及ぼす影響について考察してきました。

　ローズマリーは、ジェンダーと文化の交差が、期待や経験を形成する様子、そして、それに抵抗すると何が起こるかについて語っています。ローズマリーは、中南米系アメリカ人、シスジェンダー、労働者階級、若い、クリスチャンの女性と自認しています。

第6章 「違うこと」はどんな違いを生み出すのか?

| ナラティブとカウンターナラティブ | ローズマリーのストーリー |

　家では、それが日常茶飯事でした。父は長い1日の下働きを終え、疲れきって、いらいらして帰宅し、娘たちに食事を出すよう要求するのでした。わたしたち姉妹は、母が教えてくれたように、すぐに従順に対応したものです。わたしはコンロの近くに立って、いつものように夕食の支度をします。娘としてのわたしの役割は、一切の躊躇なく自分に仕えることだと父は怒り、わたしはうなだれるしかありませんでした。食卓で父の隣に座っていた叔父は、酔っ払い、笑いながら同意したものです。わたしは絶望的な気持ちになりながら、黙々とトルティーヤをひっくり返し続けました。なぜ母が父に男性優位の考え方を盲信させているのか、理解できませんでした。

　父の母国エル・サルバドルの文化は、わたしの家族にマチズモへの強い信念を植え付けて、それによってわたしは縛られていました。友だちをつくることも、学校で課外活動をすることも、普通の10代の女の子としての生活を送ることも、制限されてしまいました。父の強く攻撃的な男としてのプライドのために、自分が不当な扱いを受けていることについて、母はいつも愚痴っていました。それにもかかわらず、家庭内で姉妹たちと一緒に男性のために掃除や料理をするのがわたしの役割だと教えられてきたのです。母は知らず知らずのうちにその思い込みを強め、「あなたが料理や掃除がちゃんとできなかったら、旦那さんはどうするの?」とわたしに説教するのでした。母に怒りを感じるようになりました。でも、母が自分や娘たちを守れる立場にはなかったと気づいたのはずっと後のことでした。母は、わたしと同じような立場で、逃れることができなかったのです。父のマチズモと支配が、母に学校を終えることも働くことも許さなかったのです。家で仕えるだけなら、教育を受けることに何の意味があるのでしょうか。父はわたしたち姉妹に教育を受けることを思いとどまらせようとしましたが、わたしは一度も父のおかしな考え方を信じたことはありません。わたしは自分の将来のために、この男性優位の考え方を受け入れたくなかったのです。

　しかし思いがけず、母は25年間の結婚生活の後で父と別れる勇気を出しました。父はひどく傷つきながらも、自分の視野の狭さを改めざるを得なくなりました。父が長年支配してきた女性たちは、父の最後の要求を拒否したのです。別居により父は3人の娘を1人で育てることになり、結果として、わたしたちの関係は修復されました。なによりも、家庭内の力関係が消し去られたことによって、父が植え付けた恐怖心が消えていったのでした。

| 183 |

第 **7** 章

組織・システムを歩む

女性とリーダーシップにまつわる多様な比喩(メタファー)

成功は、お金をどれだけ稼ぐかではなく、人びとの生活にどれだけ変化をもたらすかにあります。
──ミシェル・オバマ、2012年民主党全国大会でのスピーチ

　女性リーダーの前に立ち現れる障壁について書かれた本の多くは、女性が出世街道を歩んでいく様子にページを割いています。本章では、女性とキャリアについての重要な研究を要約し、リーダーシップの喜びや試練についてより広範に論じていきます。リーダーシップの旅(ジャーニー)というものは、仕事やキャリアの世界だけのものではありません。本章で紹介する障壁の多くは、市民の力で自分たちの社会を変えていく取組(コミュニティ・オーガナイジング)や地域活動に携わる女性、子育て中の女性、仕事以外に熱心に取り組む活動がある女性の目の前にも存在しています。キャリアにおける女性とリーダーシップに関する研究の多くは、特権的なアイデンティティを複数持つホワイトカラー職を扱ったものです。そういった情報も含めて紹介しますが、効果的なリーダーシップについての理解を変えていくためには、より多様な背景を持つ女性の声を丁寧に取り上げる必要があります。人種、文化、ジェンダー、障害の有無、性的指向などによって周縁化されてきたアイデンティティを持つ女性たちは、組織や制度の中で、マジョリティが経験する以上に多くの試練に直面しているのです。

女性とリーダーシップにまつわるメタファー

　暗喩(メタファー)とは、2つの物事を並べ、その特徴的な類似性や共通点を表す表現の道具です。複雑な概念をより理解しやすくするために、より一般的な物や考え方

になぞらえて表現したものです。女性とリーダーシップ役職については多くのメタファーが存在します。カーリとイーグリー（Carli & Eagly 2016）はガラスの天井というメタファーを、「女性がリーダーシップにアクセスできないことを表す一般的なメタファーとして最も使われているもの」（p. 516）と述べます。この概念が広く知られるようになったきっかけは、ヒモヴィッツとシェルハート（Hymowitz & Shellhardt 1986）によるウォール・ストリート・ジャーナル紙の記事です。幹部職への女性のキャリアアップを妨害する、見えない障害物の存在を解説した記事でした。その後このメタファーは、給与や昇進における男女格差の代名詞となっていきました。1991 年には超党派の「ガラスの天井委

表7.1　メタファーが表しているのは？

メタファー	定義
コンクリートの壁 Concrete Wall	特定のキャリア分野への参入に絶対的な障壁があること。
ガラスの天井 Glass Ceiling	女性が職位に上がると直面する障壁のこと。
ガラスのエスカレーター Glass Escalator	女性が多くを占める職業において、女性がはしごを登る脇で、男性同僚が見えないエスカレーターで一気に最上階まで上がる現象。
ガラスの崖 Glass Cliff	女性が危機的状況において起用され、状況が好転しないとその責任を負わされることが多い様子を表す。女性はガラスの天井を何とか突破しても、その後、ガラスの崖から突き落とされることがある。
マターナル・ウォール Maternal Wall	女性が妊娠したり、育児休暇を取得したりする際に持たれうるバイアス。能力についての否定的な推測、感情的・非合理的・仕事へのコミットメントの欠如といった決めつけなど。
くっつく床 Sticky Floor	女性が初級職以上の昇進を阻まれること。
水漏れパイプ Leaky Pipeline	時間が経つにつれ、女性がキャリアから姿を消していくこと。STEM 分野などにみられる。
リーダーシップ・ラビリンス Leadership Labyrinth	女性がキャリアを進む中で直面する無数の障害、選択地点、オンランプ（再入場）、オフランプ（退場）を表している。

員会」が設立され、管理職への昇進を阻む女性差別についての調査が始まりました（United States Glass Ceiling Commission 1995）。

　しかし、ガラスの天井だけが、この世界で女性が直面する試練を表すメタファーではありません。女性の活躍への障害を描き出した一連の表現が、表7.1 に列挙してあります。これらのメタファーは女性が仕事で直面する障壁を表すために生まれましたが、地域社会や宗教組織、さらには家族の力学など、日常生活での状況にもあてはまることがあります。

　女性がある業界・業種に初めて足を踏み入れようとする様子を表したのがコンクリートの壁、参入を阻む絶対的な制限です。女性が医師や弁護士になること、兵役に就くことが許されなかったのは、それほど昔のことではありません。今日でも、宗教によってはその指導者的地位から女性を排除していたり、第6章にも書いたように、ほかの職業においても女性比率が圧倒的に低いものがあるのです。1900 年代初頭まで女性には高等教育の機会がなく（一部の高等教育機関は 1960 〜 1970 年代まで）、一定の教育を必要とする高賃金でステータスの高い職業に就く機会は限られていました。また、肉体労働を必要とするような職業からも女性は排除されていたことから、組合結成や労働者保護の対象からも外れていました。第5章では、大学キャンパスにおけるジェンダー公正や教育機会の欠如が何世紀にもわたって女性のリーダーシップ発揮の志や前進を阻んだ様子を探りましたが、ジェンダーとリーダーシップにまつわる社会化の力は、幼少期から大学時代、さらには仕事の世界にも広く深く浸透しているのです。

　もし女性がコンクリートの壁にぶつかることなく職業に就けたとしても、いずれ母になることで生まれる壁にぶつかる可能性があります（Williams 2004）。マターナル・ウォールとは、女性が妊娠したり、育児休暇を取得したりすることで生じるバイアスのことです。妊娠後に、女性管理職の業績評価が急落することを明らかにした研究があります（Halpert, Wilson, & Hickman 1993）。妊娠を職務遂行に否定的な推測と結び付けられたり、妊娠によって感情的・非合理的になり、仕事へのコミットメントがなくなるといったバイアスです。その一方で、妊娠中の人やこどもが生まれたばかりの母親がステレオタイプ的な母親の行動に反するとみなされる特性（自己主張が強いなど）を示すと母親らしくないとされ、その女性は、価値の板ばさみの状態に陥ります。ウィリアムズ（Williams 2004）は、善意のステレオタイプについても言及します。母親と

いうものは会議や研修に出張したがらず、重要な委員会の仕事を任されたくなく、長時間勤務が必要となるプロジェクトに参加したくないと推測するステレオタイプのことです。「雇用主が女性の新しい責任に配慮することと、ジューン・クリーバー（1950年代のテレビ番組で描かれた米国郊外に暮らす典型的な主婦）のような母親を演じることへの期待に応えなければならないと女性が感じることとは、全く別の話」（p. 19）なのです。同じように父親も、職場における父親の壁に直面する可能性があるでしょう。加えて、女性にとっては、実際にこどもがいないときから、母親になる可能性自体がキャリア選択に影響を与えています。いつかこどもを持つことを想定して、特定の職種やキャリア分野に就く、あるいは避ける選択をすることもあります。そして、女性は職探しや昇進の際にはきまって（そしてそれはたいてい違法なことなのですが）、母親になる計画について質問されます。

　グドロー（Goudreau 2012）が説明する**ガラスのエスカレーター**は、教師や看護師など女性が多い職業で発生します。女性が昇進のために懸命にはしごを登る脇で、同じ職業の男性は見えないエスカレーターで一気に最上階まで上がっていく様子を表したものです。統計によると、女性が多い職業においても男性の方が昇進するスピードが速く、役職者の男性比率が過大になっています。グドローは、「ステレオタイプが適用されるので、男性の方が容易に管理職イメージに沿うと受けとめられる。女性が多くを占める職場では、そもそもステレオタイプ的管理職イメージに見合う人が少ない」（第7パラグラフ）と記しています。

　女性が組織の頂点に立ったとしても、思いがけない障害があります。ライアンとハスラム（Ryan & Haslam 2005）は、危機的状況における要職に女性が多いことを示し、その現象を**ガラスの崖**と呼んでいます。女性はリーダーシップ役職に就けるものの、困難な状況打開のために起用され、状況が好転しないとその責任を負わされるというものです。つまり、ガラスの天井を突破することができても、ガラスの崖から突き落とされるかもしれないのです。ガラスの崖という現象は、男性幹部候補が望まない場合にのみ、女性がその地位に就くことを許されているという可能性も示唆します。プラウドフォード（Proudford 2007）は、役職者の女性が挑戦すべき機会についてのアドバイス（ガラスの崖を避けるため）を得たり、リーダーシップの危険水域でお互いをサポートし合っ

第 7 章　組織・システムを歩む

たりできる仲間（アライ）のネットワークを持つ重要性を指摘しています。

　女性がガラスの天井にぶつかるよりもずっと手前、キャリアの初期において直面する障害を表現する、くっつく床というメタファーは、社会学者のキャサリン・ホワイト・バーハイドによるものです。くっつく床は、「将来性がない仕事に女性を追いやる職業・職務分離、女性比率の高い職業における低賃金労働、これらの職業における柔軟性の欠如と昇進のためのはしご（ジョブ・ラダー）の不在」（Carli & Eagly 2016, p. 517）など、女性の昇進の足枷となる差別的慣習を表すものです。最近の一般書に、リーダーシップ役職に就くことを選択しない、成功への障壁を自ら設ける女性たちのことをくっつく床のメタファーを用いて描いたものがあります（『ガラスの天井じゃなくて、くっつく床：キャリアの成功を邪魔するあなた自身の無意識な行動から自由になろう』（Shambaugh 2007））。本章の後半では、女性が昇進できないことを女性自身のせいにする現象について問いただしていきます。成功を阻む組織的で社会全体的な（システミック）障壁ではなく、女性自身が悪いのだとほのめかす本のタイトルを目にしたときには、あなたの批判的（クリティカル）アンテナが引っ掛かりますように。悪意はないものの、そのような書きぶりになっている書籍のいくつかをボックス 7.1 に並べておきます。

ボックス 7.1　What's wrong with you?　女性のせいにして築く出版キャリア

〇ホリスの「Girl（女性に向けた呼びかけの言葉）」シリーズ

　『顔を洗って。自分が誰かという嘘を信じるのをやめれば、なるべき自分になれる』（Hollis 2018）

　『謝るのをやめて。目標を持ち、達成するための羞恥心なしプラン』（Hollis 2019）

〇『LEAN IN（リーン・イン）：女性、仕事、リーダーへの意欲』（Sandberg 2013）

〇フランケルの Nice Girls（いい女の子）シリーズ

　『いい女の子は個室オフィス付き役職に就かない：キャリアを台無しにする女性の無意識な過ち』（Frankel 2014）

　『いい女の子は金持ちにならない：女性が避けることができるお金に関

する過ち』（Frankel 2009）

　『いい女の子はわかってない』（Frankel & Frohlinger 2018）

　水漏れパイプというメタファーは、時間が経つと女性たちが特定のキャリアから消えていくことを表すものです。科学、技術、工学、数学（STEM、医学を加えればSTEMM、芸術を加えればSTEAM）分野での女性の経験を表すのによく使われています。UNESCO（2017）によるSTEMとジェンダー格差解消（STEM and Gender Advancement: SAGA）プロジェクトは、女性は世界の科学研究者の30％未満だと報告しています。ダスグプタとスタウト（Dasgupta & Stout 2014）は、STEMパイプで「漏れ」が発生する3ヶ所を指摘します。ひとつめは、こども期や青年期。両親、教師、仲間が、数学などのSTEM分野から女子を巧みに遠ざけるというもの。次に、成人期初期です。STEM分野の授業における女性比率の低さ、STEM分野の女性教員やメンターの少なさから、STEM分野に帰属意識を持てず、その結果、成績不振や脱落につながること。そしてSTEM分野就職後に、3つ目の「漏れ」があります。職場での孤立、産休や家庭の事情に対するサポートの欠如、不十分なメンタリングで、より多くの女性がSTEMパイプから離れてしまうもの。キャリアが成熟する頃には、STEM分野のリーダー役職にある女性の数は著しく少なくなっているのです。ただ、水漏れパイプのメタファーを、「米国における過去のジェンダー格差を部分的に示しているものの、STEM分野の学士から博士への移行における現在のジェンダー格差は説明できていない」（第1パラグラフ）と批判する学者もいます（Miller & Wai 2015）。また、漏れが生じるのは生物学のような一部のキャリアだけで、皮肉にも物理学や工学のような、さらに男性が多い分野では漏れないという指摘もあります（Cannady, Greenwald, & Harris 2014）。水漏れパイプは、非営利団体や政府のキャリアにおける女性の昇進の制限を説明する際にも用いられます。

　ではここで、女性とリーダーシップに関する最も主流なメタファー、ガラスの天井に戻りましょう。さまざまな文脈やキャリア分野における「ガラスの天井」に関連した無数のクリエイティブな表現があります。ざっと見ただけで、次のようなものがあります。

- 真鍮の天井を突き破れ：エリート女性兵士のための成功戦略（Iskra 2008）
- 大麻の天井を破る：女性、合法大麻、ビジネス（Picillo & Devine 2017）
- ステンドグラスの天井を突き破れ：教会におけるリーダーシップのために、神話を打ち砕き、女性をエンパワーする（Jones 2014）
- ガラスの天井の上で踊る：女性、リーダーシップ、テクノロジー（Olcott & Hardy 2005）
- ガラスの天井と土の床：女性、仕事、グローバル経済（Hinze 2015）
- 階級の天井：なぜ特権階級の方が得なのか（Friedman & Laurison 2019）

　カーリとイーグリー（Carli & Eagly 2016）は、ガラスの天井のメタファーに長い間異議を唱え、その表現では不十分だとする理由をいくつか挙げています。ガラスの天井のメタファーは、女性が最高レベルのリーダー職位に進むことができず低いレベルに閉じ込められていることを表しますが、女性の最高経営責任者が増える中では組織の高いレベルに絶対的な壁の存在があるという誤ったメタファーになっていること。そして、最高位に到達する前には困難がない、つまり初級・中間管理職登用の機会が平等にあるかのような誤った印象を与えてしまうこと。天井がガラスでできているという点も、「女性が天井にぶつかりそれ以上の昇進を否定されるギリギリの瞬間まで、女性が直面する障害は不可視で検知不可能という印象を与える」（p. 516）こと。これは、女性に対する障害は見つけにくく予見できないものだという、誤った示唆になっています。さらには、誰かが天井を突き破り、後続者に道を開くまで、女性の地位が時とともに変化しないことを暗示してしまっていること。障壁が一様だと仮定して、一人ひとりの女性がリーダーシップの旅の中で直面する障害の複雑さと多様性を無視してしまっています。さらには、このメタファーは、女性がリーダー職になるために考え出す多様な戦略は取りこぼし、思慮深い問題解決が女性のリーダーシップ職への道をつくるという考えも無視しています。

　そこで、ガラスの天井の代わりに、リーダーシップの迷宮というメタファーをイーグリーとカーリ（Eagly & Carli 2007）は提案します。女性がリーダーシップの旅において、多くの場合回り道をしながら直面するさまざまな困難を「ラビリンス」として表したものです。ラビリンスに馴染みのない方は、エクササイズ7.1を参照してください。ラビリンスは、全体性という考えを示唆

する古代のシンボルで、円と螺旋のイメージが組み合わさったものです。紆余曲折しながらも目的のある道を歩む内なる旅、そして再び世界へと出て行く旅を表しています（Labyrinth Society 2019）。ラビリンスは長い間、瞑想や祈りの道具として使われてきました。リーダーシップ・ラビリンスのメタファーは、道筋を見つける困難があっても、頂上への道は存在し、それを見つける女性がいることを表します。リーダーシップ教育者であるエイドリアン・ブリットンは、リーダーシップ・ラビリンスをトウモロコシ畑の迷路になぞらえます。トウモロコシ畑の迷路は曲がりくねっていて、私はかつて一度、2時間も迷ったことがあります。そんな実体験からも、リーダーシップの奮闘や葛藤を表す適切なたとえだと思っています。カーリとイーグリー（Carli & Eagly 2016）は次のように述べます。

> リーダーシップへの道は、真っすぐなものもあれば、どこにもつながらないもの、あるいは行き止まりもある。中心に至る成功ルートが見つかる保証はなく、粘り強さと努力も必要となる。ガラスの天井やくっつく床とは異なり、迷宮のイメージはより繊細で複雑な比喩である。迷宮は、女性が非常に早いあるいは後の段階で直面する障壁の一方に着目するものではない。むしろ、女性がリーダーシップへの道に踏み出し目標を達成する一連のキャリアを通じて、困難に直面していくことを示す。迷宮は昇進が困難ではあるものの、不可能ではないことを表している。中心を見つけるには努力と慎重な歩みを要するが、辿り着くことは可能である。（pp. 517-518）

エクササイズ 7.1　指で辿るラビリンス

　ラビリンスは瞑想、熟考、あるいは祈りのための道具として用いられる。何について内省や瞑想をするか決めたら、画像下部の開口部から始め、指でなぞりながらやってみよう。以下のような一般的な慈愛の瞑想_{ラビングカインドネスメディテーション}（Smith n.d.）のマントラを唱えてもよい。

　ありのままの私で幸せでありますように
　何が起こっても安らかでありますように
　健康で強くありますように

第 7 章　組織・システムを歩む

絶え間なく変わり続ける世で、快く、喜びをもって自分自身をケアできますように

瞑想に集中しながら、ラビリンスの中心に向かって指を進める。中央に到着したら、自身の幸福とウェルビーイングから離れ、全てのいのちのつながりに想いを馳せる。そこからまた、来た道を指で辿って戻る。

空と陸と水の中にいる全ての生き物が、安全で、幸せで、健康で、苦しみから解放されますように

出典：慈愛(ラビングカインドネス)マントラは Smith（n.d.）

女性の非線形のキャリアパス：退場と再入場と……

リーダーシップ・ラビリンスというメタファーは、特に女性が非線形なキャリアを経験する可能性を示唆しています。ヒューレット（Hewlett 2007）は、退職^{オプトアウト}革命と名づけられた傾向について述べています。それは、多くの有能な女性がキャリアを去ることを選択しているというものです。退職の理由は、保育や柔軟な働き方の選択肢の欠如といった公共政策の問題から個人の選択までさまざまです。個人の選択については、女性の志の欠如、長時間労働の忌避、必要に従って休暇やフレキシブルな働き方を要求することを考慮しないなど、不当に非難されています。

高い能力を持つ女性の最大43％が、一定期間、退場^{オフランプ}する、つまり自発的に退職するという報告があります（Hewlett & Luce 2005; Light 2013）。このようなキャリアの中断は、育児や高齢者介護などの家族的責任を中心とした牽引^{プル}型の要因によるものと、職場から生じる押し出し^{プッシュ}型によるものがあります。プッシュ要因には、有効活用されていない、評価されていない、給与が低い、昇進されない、女性を支援する風土がないなどがあります。ヒューレット（Hewlett 2007）は、退場^{オフランプ}を選んで離職した有能な女性の93％が、いずれは仕事に戻りたいと考えていることを指摘しています。そのような思いは、アイデンティティの源としてのキャリア、収入源としての仕事、あるいは利他主義や恩返しをしたいという感覚から生じているのかもしれません。長期間仕事から離れた後、再入場^{オンランピング}の困難は強烈なものとなりえます。キャリアに戻る女性の多くは、離職していたというスティグマや収入減を経験します。仕事にコミットしていないと受けとめられたり、最良の仕事を与えられなかったり、離れている間に変化した手続きやテクノロジーに追いつくのに苦労するかもしれません。こうした経験の積み重ねが、自信の危機を招き、志を挫くのです。このようなスティグマがあるため、多くの女性はフルタイムのキャリアに集中しながら、家庭生活を両立させようと懸命に働くことになります。

ヒューレット（Hewlett 2002）は、ハーバード・ビジネス・レビュー誌の「全てを手に入れる神話」という記事の中で、中年期にアメリカで成功しているキャリア女性の3分の1から2分の1はこどもを持たないという衝撃的な統計を紹介しています。「41歳から55歳のキャリア女性（経営者、医師、弁護士、学

第7章　組織・システムを歩む

者など）の33％がこどもを持たず、アメリカ企業のキャリア女性では42％に
もなる」（第1パラグラフ）と指摘します。同じような地位の男性でこどもがい
ない人は19％に過ぎません。ヒューレットは、この減少の原因をいくつか挙
げています。ひとつは、同等の地位のパートナー不足です。米国国勢調査局
（US Census Bureau 2019）によると、28歳時点では大卒の独身女性3人に対し
て大卒の独身男性が4人いるのに対し、38歳時点では女性3人に対して男性1
人となっています。キャリアを持つには長時間労働が求められ、仕事も頻繁な
出張を伴うなど、時間的な制約が要因として明らかです。成功している女性の
多くは、週に50〜60時間以上働き、ほかのことに費やす時間はほとんどあり
ません。加えて、多くの女性が「セカンドシフト」と呼ばれる働き方をしてい
ます。これは女性が家事・家庭労働の主要な担い手であることを意味します。
食料品の買い出し、家事、面会の約束事などといった作業の女性への集中は、
男性が以前よりも家庭での責任を負うようになっているにもかかわらず、続い
ているのです。一方、独身女性がこれらの役割を全て担っていることも忘れて
はなりません。こどもがいない生物学的な理由が存在することもあります。多
くのキャリア女性は、20代から30代前半を仕事の評判やリーダーシップを確
立するための重要な時期と捉えますが、この年代は出産適齢期でもあるので
す。子育てを先延ばしにして、不妊や母親になるための選択肢の制限に直面す
ることもあります。ここで私は、母からの衝撃的な留守番電話を思い出してい
ます。それは、博士課程で研究している間に私の卵子が老化していってしまう
というものでした。ちょうど働く女性の不妊を扱う報道番組を見ていたよう
で、本当に助けになろうとしてくれたのでしょう。そう考えるようにしていま
す。
　キャリアから長期間離れるのではなく、景色のよい道を選ぶ女性もいま
す。降りる・去る　代わりに、後ろに下がることを選択する女性もいます
（Hewlett 2007）。パートタイム勤務、在宅勤務、柔軟な働き方の選択、昇進の
辞退といったことです。調査によると、38％の女性が家庭での責任を果たすた
めに責任と報酬の少ない職を、36％が一定期間のパートタイム勤務を選んでい
ました。この数字は、ライドシェアの運転手やオンラインでの仕事など柔軟
な仕事の機会が拡大したことで、ますます増えることでしょう。職場とのつな
がり維持は、支えてくれる同僚やネットワークが近くにあること、自分の仕

事に意味や価値を見出せること、より大きなコミュニティに貢献する機会があることなどの利点があります。長い間仕事から遠ざかっていた人が再入場（オンランプ）するのは、非常に難しい場合があります。仕事を離れていたというスティグマを負い、業界の動向を理解していないと決めつけられるかもしれません。また、経済面でのペナルティ、つまり大幅な減給や、退出する前より低いレベルの仕事に甘んじる場合もあります（Hewlett 2007）。エクササイズ 7.2 では、あなた自身のリーダーシップ・ラビリンスについて考えてみてください。

エクササイズ 7.2　自分のリーダーシップ・ラビリンスを描いてみよう

　毎学期、女性とリーダーシップの授業の学生たちに、自分自身のリーダーシップ・ラビリンスを描いてもらっている。まず、学生に自分の将来の人生を想像してもらうことから始める。10 年後の自分を想像し、次のような質問に対して、それぞれ頭の中でイメージを膨らませる。年齢、性別、経歴を問わず、あらゆる人を対象にできるので、社会人学生や休学から戻ってきた学生であっても大丈夫。

　今から 10 年後……
- どこに住んでいるか。どんな家か。コンドミニアム、マンション、それともユルト〔遊牧民が使用する移動式住居〕？ 賃貸、それとも持ち家？ 場所はどこか。
- 家の外で働いているか。どのような仕事？ 9 時 –5 時、フレックスタイム？ 収入はどのくらいか。保険は？ 学生ローンやほかのローンを返済中だろうか。
- パートナーはいるか。どんな人、どんな仕事？
- 自分の楽しみのために何をしているか。元気を回復するためには？
- 家の掃除、洗濯、庭があるならその手入れは誰がしているか。買い物、料理・後片付けは？ 誰が生活費を賄っているか。
- ペットはいるか。誰がペットに餌をやり、かわいがり、運動させているか。
- こどもはいるか。いるなら何人で、いつ生まれたか。産休・育休はとったか。それは有給休暇だったか。あなたのパートナーの産休・育休は？

第 7 章　組織・システムを歩む

こどもたちは学校、デイケアに通っているか。PTA に参加しているか。

・親戚や家族とは連絡を取っているか。パートナーの家族とは？　どのくらいの頻度で会っているか、育児に協力してもらっているか、介護などは必要か。

さてここで、何かしら予期しなかったことが起こるのを想像してみよう。例えば、職場が 1 か月間閉鎖され給料が支払われない、仕事中に怪我をした、特別なニーズを持つこどもがいる……それらの対応策はどのようなものになるだろうか。

これらについて考えた後、今後 10 年間の人生を自分オリジナルのラビリンスで表現しよう。これまで、螺旋、迷路、フローチャート、枝分かれした木、地図、地下鉄の駅など、さまざまな形で描かれてきた。ラビリンスを描く際に、選択や決断を迫られる場所（学校か仕事か、こどもを持つか、昇進かなど）にラベルを付け、その入場と退場（オンランプ オフランプ）が自分のキャリアの軌跡にどのような影響を与えるかを書き込む。続けて、自分のキャリアに影響を与える可能性のある個人的、組織的、社会全体的（システミック）な要因など、障壁になるかもしれないものを示す。最後に、アートギャラリーのようにそれぞれの迷宮を掲示し、お互いの想像の 旅（ジャーニー） を体験する。

入場と退場（オンランプ オフランプ）に関する研究の多くが、所得水準そして配偶者の両方におけるある程度の特権の存在を前提としていることに留意しましょう。実際、そもそも働かないという選択肢がない女性は多数存在しています。時間給・低賃金職に就く女性には仕事を続けたいかどうかを決める余裕はほぼなく、すでに複数の仕事を掛け持ちながら生活費を捻出している場合が多いのです。さらには、低賃金職は多くの場合、有給育児休暇はもとより有給休暇すらありません。賃金が低ければ低いほど、スケジュール調整や休暇取得、柔軟な働き方が難しくなるのです。シングルマザーのように、柔軟に適応できる労働環境を必要とする人ほどそれが得にくいという、悲しく、皮肉な現実があるのです。

昇進を阻むもの：個人的な問題（なのか？）

　女性は自ら自分の歩みを阻み、リーダーシップ機会を制限しているのでしょうか。ここでは、女性やリーダーシップに関する本の中で、この数十年で最も売れた本のひとつであるシェリル・サンドバーグ（Sheryl Sandberg）の 2013 年の著書『LEAN IN（リーン・イン〔前のめりになる〕）：女性、仕事、リーダーへの意欲』〔村井訳 2013〕をレビュー、検証していきます。フェイスブックの最高執行責任者で億万長者のサンドバーグが書いた、女性が男性優位の職場で成功していくためにすべきことをまとめた本です。2018 年までにこの本は世界で 420 万部、2019 年も毎月およそ 1 万 2,500 部売れており、サンドバーグはタイム誌やフォーチュン誌の表紙を飾り、60 ミニッツやナイトラインといったテレビ番組にも出演しています（Newman 2018）。また、LeanIn.org の創設によって、彼女の本と TED トークを活用する何百ものリーン・イン・サークルが生まれました。その中には大学キャンパスで活動するサークルもあります。女性グループが定期的に集まって、本に書かれた成功へのアドバイスについて語ったり、実践していくものです。

　リーン・インという考え方に対し、価値ある批判も生まれています。最も説得力があるのは、女性が昇進しないことについて、構造的・制度的な障壁ではなく、個人の努力不足に位置づけているというものです（Brooks 2014; Cobble, Gordon, & Henry 2014; hooks 2013; Oliver 2018; Slaughter 2012）。サンドバーグは、職場において見えにくいものから露骨なものまでを含む性差別・セクハラがあることをリップサービス程度には触れています。しかし同時に、女性が、特定のステレオタイプやジェンダー役割を内面化することで、自らたくさんの障壁を生み出しているとするのです。彼女の本は、女性が自らの精神的障壁——女性自身が自分が進む道の邪魔をし、権限を手に入れることを阻んでいる——に打ち克つ支援を目的としています。サンドバーグ（Sandberg 2013）は女性が自ら差し控えてしまっているというのです。

　　社会に築かれた外の障壁に加えて、女性は自分の中の障壁にも行く手を阻まれている。私たち女性は大望を掲げようとしない。それは自信がないからでもあるし、自ら名乗りを上げようともせず、前のめりになるべきとき

に引いてしまうからでもある。私たちは自分の内にネガティブな声を秘めていて、その声は人生を通じて囁き続ける——言いたいことをずばずば言うのははしたない、女だてらにむやみに積極的なのは見苦しい、男より威勢がいいのはいただけない……。私たちは、自分に対する期待を低めに設定する。相変わらず家事や育児の大半を引き受けている。夫やまだ生まれてもいない子供のために時間を確保しようとして、仕事上の目標を妥協する。男性の同僚に比べると、上の地位をめざす女性は少ない。(p. 8〔村井訳 2013, p. 18〕)

　彼女は続けて、女性がリーダーシップ役職や権限へのアクセスを高めるためのアドバイスを書き連ねます。例えば自信を高めること（第2章:「同じテーブルに着く」、第6章:「本音のコミュニケーション」）、パートナーに家庭での役割を担ってもらうこと（第8章:「パートナーをほんとうのパートナーに」）、仕事でアクセルを踏み続けること（第7章:「辞めなければならないときまで辞めないで」）、達成不可能な基準で女性に責任を求めないこと（第9章:「スーパーママ神話」）などです。彼女の話は説得力があり、アドバイスは非常にわかりやすく、読者がリーダーシップへのアプローチに重要な変化を起こすきっかけになりうるでしょう。
　しかし、彼女の主張には欠けている視点があるのです。最も問題なのは、経済、教育、人種、能力、社会階級それぞれにおける特権の役割についての認識がないままに論じていること。大多数のアメリカ人女性は、「コミットメントを減らす」「生活を簡素化する」を実践しながら生活するという選択肢を持っていません（Cobble et al. 2014）。それは、スローター（Slaughter 2012）の言葉を用いると次のようになります。

　　何百万人もの働く女性は、もっと困難な生活環境に直面している。シングルマザー、どのような仕事でも見つけるのに苦労している人びと、仕事が見つからない夫を支えている人びと。多くの人は、良い託児所がない・あったとしても高すぎる、学校と仕事のスケジュールが合わない、教育に失敗している学校に行かせざるを得ないなどの問題を抱えながら仕事をしているのです。そのような女性たちは、全てを手に入れることなどではな

く、今あるものを抱え続けられるかに不安を感じているのです。(第 23 パ
ラグラフ)

　コブルらは、『リーン・イン』が、「フェミニズムは特権階級女性のためのも
の、つまり成功した女性たちは「前のめりになる」ことで成功していて、そ
れ以外の人たちは自分自身を非難するほかないという考え方を補強している」
(第 21 パラグラフ)と批判します。アクティビストでもある学者ベル・フックス
(hooks 2013)は、「深掘りしよう:『リーン・イン』を超えて」というエッセイ
の中で、この本の処方箋はフェミニズムそのものを弱体化させかねないと指摘
し、この思想を偽フェミニズム、トリクルダウン・フェミニズム、企業型フェ
ミニズムと名づけています。フックス(hooks 2013)は、こう明言します。

　　サンドバーグのフェミニズムの定義は、既存の社会システム内での男女平
　　等が全てであるという考えに終始している。この視点からは、帝国主義・
　　白人至上主義の資本主義による家父長制の構造は揺らがない。彼女は、特
　　権的な白人男性が「前のめりになる」勇気のある白人女性には企業資本主
　　義の恩恵を喜んで与えようとするかのように見せる。社会全体的な不平等
　　よりも、女性の粘り強さの欠如が問題だとしているかのように見えるほど
　　である。サンドバーグは、彼女自身の人種や階級による権力と特権を効果
　　的に利用して、狭義のフェミニズムを推進し、ビジョナリー・フェミニズ
　　ムの懸念をぼかし、弱体化させているのだ。(第 5 パラグラフ)

　スローターは、2012 年にアトランティック誌で論議を呼んだ「なぜ女性た
ちは未だ全てを手にすることができないのか」という記事で、サンドバーグ、
そして私たち自身が自分に言い聞かせている部分的な真実や決まり文句を取り
上げました。そのひとつが、「女性は自分の成功に対して十分なコミットメン
トをしていない」というものです。サンドバーグはこれを「野心格差」と呼び
ますが、スローターは、そもそも不可能な選択を強いるように設計されたシス
テム自体が女性に制限を課していると指摘します。農耕社会でなくなった今、
なぜ学校のスケジュールと仕事のスケジュールが一致させられないのかと問い
かけるのです。もうひとつの決まり文句は、「女性は全てを手に入れることが

第 7 章　組織・システムを歩む

できるが、同時に全てを手に入れることはできない」というものです。スローターは、キャリアと家庭のタイムラインの計画について、最良の順序などあるのかと問います。順序を定めるのではなく、人びとがいつでも家庭休暇を選択できるよう支援する、より柔軟な職場の必要性を訴えます。サンドバーグはいい人を見つけて結婚すべきと説くのに対し、スローターは、仕事以外の人間関係の時間がほとんどないというシステムを詳説しているのです。これまでにも、オードリー・ロード（Lorde 1984）がジェンダー由来の期待を神話的規範と名づけ、社会的な力による抑圧的な行為の助長を指摘してきました。

　『リーン・イン』はまた、交差するアイデンティティの影響を考慮していません。例えば、女性はもっと自己主張して昇進のために交渉するべきだという提案が、複数の抑圧でがんじがらめになっている多様な女性集団にどれだけ適用できるかは考慮されていないのです。オリバーは 2018 年のファスト・カンパニーの記事の中で、サンドバーグはテーブルに着けと言うが、多くの有色の女性にとってテーブルは壊れているのだと指摘しています。オリバーはデータを引用しながら問いかけます。

　　経営陣のうち白人女性が 18％を占めるのに対し、有色の女性は 3％である。多数の有色の女性がアメリカ企業を去っていく中、もし今、有色の女性を雇用し昇進させるシステムがつくられなければ、我々の企業は将来どうなってしまうのか？（第 17 パラグラフ）

　有色の女性たちは、キャリアの成功のための独自の処方箋をつくっています。ミンダ・ハーツ（Harts 2019）の著書『メモ』と #SecureTheSeat ポッドキャストとウェブサイトは、有色の女性が直面するキャリアの試練を徹底して考察しています。彼女は、1968 年にアフリカ系アメリカ人女性として初めて議会に選出されたシャーリー・チゾムの格言「もし席を与えてくれないなら、折りたたみ椅子を持っていきなさい」（p. xiii）を、「テーブルにつく」に代わるものとして引用します。

　『リーン・イン』は、安易な変革の処方箋を提示したに過ぎません。コブルら（Cobble et al. 2014）は、それらを、クローゼットやスケジュールの整理方法についての雑誌記事のようなものだと指摘します。クローゼットやスケジュー

ルが整理されないのと同じく、どんなにいい組織であっても、女性は依然として過重労働、低賃金、低評価のままだとしています。サンドバーグは、こうした限界を認めながら、次のように述べます。

> 私の主張は女性が自らを変えることに偏っており、現在の制度的な問題をないがしろにしていると批判する人びとが一部にいることは承知している。それどころか、私が弱者をムチ打っていると非難する人びともいる。だがそれは誤解だ。問題解決のカギを握るのは女性のリーダーだというのが私の信念である。(pp. 10-11〔村井訳 p. 23〕)

オリバー（Oliver 2018）は私たちに再考を促します。

> 『リーン・イン』のナラティブは、女性を妨げているシステミックな職場の問題に焦点を当てる代わりに、女性に責任を押し付けている。[…] 賃金格差、産休・病気休暇、医療、職業能力開発などは、女性がより懸命に、より長く働くだけでは解決できない組織的問題なのだ。(第11パラグラフ)

ピアース（Pierce 2015）は、「『リーン・イン』は、そもそも自分を抑圧しているシステムを問うのではなく、抑圧者に対して、自分が勤勉で品行方正であるのを見せることで抑圧を脱するというリスペクタビリティの政治を思い起こさせる」（第7パラグラフ）と指摘しています。

昇進を阻むもの：組織的な障壁

　ここまでを読んで、女性がリーダーシップ役割や役職に就くのを妨げているのは、女性の選択のせいだけではないと理解していただけたかと思います。センターフォークリエイティブリーダーシップ（The Center for Creative Leadership: CCL）は、「過去の遺物のような政策、慣習、認識が、女性の昇進を損ない続け、職場にもガラスの天井を生み出し続けている」（CCL 2018, p. 22）と指摘しています。実際、多くの職場は、従業員に長時間労働、頻繁な出張、定期的な転勤を求めます。その全てが女性やケアの責任を担う人にとって困難な場合があ

るというのに。ヒューレット（Hewlett 2007）は、職場で評価されていないと感じるゆえに、多くの女性が離職を選択していると説明します。「データは、働きすぎよりも、自分が有効活用されていない、あるいは十分に評価されていないと感じることの方が、より重大な問題だと示している。意見を求められなかったり、人気のある（そして自分にふさわしい）仕事を与えられなかったりするのは、仕事が多いことよりも過酷だ」（p. 415）。CCL（2018）は、女性に対する無意識の偏見（アンコンシャス・バイアス）の根強さも指摘します。自己主張の強い男性は強いと受けとめられる一方、女性の場合は威張っているという烙印を押されるというものです。女性が、自分は評価されていない、組織文化に適合していないと感じることで、仕事ではない、より満足が得られて個人として満たされる活動に時間を使うようになるかもしれません。

　女性が職場で直面する困難についてあまり語られることのないもうひとつの理由は、サポートをしてくれないほかの女性の存在です。悲しいことに、高校時代の意地悪な女子生徒は職場にも現れる可能性があるのです。女王蜂症候群（クイーンビー）と呼ばれるこの現象は、組織内ですでに地位や権力を手にした女性は、ほかの女性を支援したり昇進させようとしない状況を指します（Drexler 2013）。全くの余談ですが、この症候群は歌手のビヨンセ・ノウルズ・カーターとは何の関係もありません。授業で、学生たちがビヨンセの愛称である Queen Bey と女王蜂（Queen Bee）を混同してしまい、なぜビヨンセが他人を抑圧するのか困惑していたことがあります。私からは、知る限りでは、ビヨンセは女王蜂症候群に苦しんでいないようだと説明しました。

　女王蜂になる理由はいくつもあります。何とかトップに上り詰めた人たちが、ほかの女性を犠牲にしてでも自分の権威を維持することに執着するよう仕向ける家父長制的な仕事文化もそのひとつでしょう。職場いじめ研究所（Workplace Bullying Institute 2010）の調査によると、男性によるいじめは男女に均等に向かう一方で、女性によるいじめは80％の確率でほかの女性に敵意を向けたものとされています。ドレクスラー（Drexler 2013）は、女王蜂現象が今日も健在であることを述べています。

　　この世代の女王蜂も、苦労して勝ち取ったボスとしての地位を確保しようとする決意は劣らない。若い女性の才能を育てるどころか、自信を失わせ

たり、職業上の地位を損ねたりして、潜在的なライバルとなる女性を押しのけてしまう。何十年も不平等な扱いを受けてきた女性自身が、今度はほかの女性たちに牙をむいて同じ問題を永続させるとは、なんとも皮肉な風潮だ。(第6パラグラフ)

　もし組織の風土や文化が、悪口、業務妨害、権限の乱用、あるいは明らかな言葉の暴力やセクハラに満ちているならば、リーダーシップ・ラビリンスを女性が歩むことが困難だとしても何の不思議もありません。

ジェンダー平等のための戦略：個人として

　前のめりになる、素晴らしいパートナーを見つける、といった決まり文句を越えて、仕事の世界でより公正な経験をするために女性ができることは何でしょうか。全米大学女性協会(AAUW)の報告書「障壁と偏見：女性の地位とリーダーシップ」(2016a)は、リーダーシップ格差解消のために女性ができることについて、ボックス7.2の提案をしています。

ボックス7.2　リーダーシップ格差解消のための個人レベルの戦略

○リーダーシップを学ぶ

　ビジネス、政治、教育、そのほか多くの分野でリーダーシップを発揮しようとする女性のための学術書や一般書、学術雑誌、ウェビナーなど。自分のキャリアパスに関係が深いリーダーシップの文献にどっぷり浸かってみる。

○エビデンスベースのリーダーシップ研修に参加する

　目的がクリアでよく練られた参加型研修、例えば、全米大学女性協会の「女性議員を増やそう(Elect Her)」プログラムは、女性学生が学内外の選挙に立候補するのを支援するもの。全米大学女性協会は、全米の女性学生リーダーのための全国会議(National Conference for College Women Student Leaders: NCCWSL)も開催。1,000人近くが集まり、リーダーシップスキルを磨きつつ、女性が直面する公共政策課題を学び、就職・大学院フェアで情報を集め、ネットワークづくりをするもの。(https://www.aauw.org/resources/events/nccwsl/)

第 7 章　組織・システムを歩む

○もっと要求する

　給与や福利厚生が適正であり続けるよう、交渉術を学んで実践。全米大学女性協会の「スマートに始める」と「スマートに働く」の給与交渉ワークショップでは、キャリアの各段階で給与と福利厚生を交渉するための効果的なテクニックが学べる。

○支援者を探す、支援者になる

　次世代のリーダー育成には時間と労力が必要。リーダー立場にある人から学ぶ機会を探しあてること、そして自分がそのような立場になったときには未来のリーダーを育てる責任を果たすこと。

○自分自身のバイアスに対峙する

　意識して持つ信念とは相反する、潜在的偏見。自分自身の偏見に気づき、根拠のない判断をしないためのコツを学ぶ。気づくためのツールのひとつ、ジェンダーとリーダーシップIAT（潜在連合テスト）に関する情報は、第6章に。

○ステレオタイプ脅威を理解する

　ステレオタイプ脅威について知っておくと、その影響を軽減できる。ロールモデルの存在も役に立つ。自分自身の成長マインドセット（常に学び成長しているという思考）を心がけると、ステレオタイプ脅威が根差す固定的な能力観に対抗できる（Hoyt, Burnette, & Innella 2012）。

○リーダーシップの目標設定

　ある役職に就くための資格を全て満たしていないと、女性は男性よりもその役職を目指さなくなる傾向がある。たとえ今リーダーシップ役職が欲しくなくても、この先に広がる機会に目を向けてみる。

○キャリア中断の可能性に備える

　仕事と家庭のバランスは、誰にとっても難しいもの。家事やケアは女性が担うことがまだ多いものの、男性が担うことも増えている。仕事から離

れることは、男性・女性問わず正しい選択になりうる。

○女性管理職を積極的に登用する雇用主を探す
　就職活動時によく確認すること。リーダー役職女性や有色の人はいるか？（自分が先駆者となる可能性はあるが、その道のりは困難かもしれない。）

○ボランティア活動でリーダーシップスキルを磨く
　リーダーシップは公的な役職に限定されるものではない。学校、図書館、病院の建設に携わり、公民権のために闘い、こどもたちや貧しい人びとのために声を上げてきたボランティアリーダーたちがいる。世界を変える手助けをしながら、リーダーシップスキルを伸ばす素敵な方法。

出典：全米大学女性協会（AAUW 2016a）

　これらの戦略に加えて、スローター（Slaughter 2012）による、40歳以前に共同経営者や役員になる人を美化した、スピード出世話を真に受けなくてよいという提案も記しておきましょう。

　健康そして幸運であれば、専門職の女性は、20代前半か半ばから70代半ばまで、50年以上にわたって働き続けることになる。22歳から35歳の間、少なくとも最初のキャリアで、資格を得て、地位を確立すると考えるのが妥当だろう。そして、望んでこどもが生まれるのは25歳から45歳の間になるだろう。そのこどもが8歳から18歳の10年間は、自分の時間を最大限に柔軟にコントロールしたいと思うだろう。こどもが自立した後に自分の時間に対して最大の権限と要求を持つ地位につくことを計画すべきだ。（p. x）

　60代の社員を定年間近と考えるのではなく、その年齢とステージをリーダーシップの絶頂期と捉え直してみたらどうでしょうか。成功のスピードについて書いている物語を見直してみてください。最後に、全ての人は、ジェンダーに関係なく、支持者や味方を見つけることが大切です。本書の第9章では、差異

第 7 章　組織・システムを歩む

を超えて関係を構築するための戦略を紹介しています。旅路においては、協力
者や支援者を得ることは不可欠なのです。

ジェンダー平等のための戦略：組織的な取組

　「能力・才能の再考：変革型リーダーの 7 つの特徴」報告書（CCL 2018）は、
企業がスキルギャップ克服に取り組み、革新的な職場にするための方法をまと
めています。そこで最善の方法のひとつとして挙げられているのが、女性リー
ダーが活躍できる創造的な職場環境づくりです。同報告書は、女性役員の登用
そして女性の採用が財務業績の向上につながるというデータを用いて、女性
を公正に扱い歓迎する職場が、経営に好影響を与えることを論証しています
（CCL 2018）。同報告書はさらに、組織内の女性割合の多さが仕事の満足度や従
業員エンゲージメントの高さと、燃え尽き症候群の少なさにつながるとして
います。それは、ジェンダー、年齢、民族、リーダーシップのレベルにかかわ
らず、全ての労働者についてです。報告書は、「つまり、職場に女性が多いと
いうことは、女性にとっても男性にとっても良い結果をもたらすということで
す」（p. 21）と結論づけています。

　企業や組織は、ジェンダー公正な職場づくりに取り組めます。同報告書は、
職場がメンター制度や幹部育成プログラムのやり方を変え、ダイバーシティ研
修を刷新、人事政策を再構築して、女性だけでなく全ての従業員の意識、柔
軟性、ワークライフバランスを推進することを推奨しています。また、女性が
「ガラスを蹴飛ばす」ための、次の 6 つの重要な戦略を提案しています（p. 21）。

○女性が経験するリーダーシップの困難、そしてリーダーシップに必要な　コンピテンシーを明らかにする

　女性リーダーが必要な経験およびリソースを獲得するために、OJT、コーチ
ング、メンターによる支援、ワークショップなどリーダーシップの研修機会を
提供すること。社内人材を育成することで、高い離職率を回避し、女性のリー
ダーシップへのパイプを強化することにつながる。

○女性自身が選択できるようにする

女性がリーダーシップ・ラビリンスを歩むためには、自身のキャリアそして
リーダーとしての成長を意識する必要がある。女性リーダーが、組織内で自身
の選択の幅を広げ、自身のキャリアづくりへの発言権を増し、キャリアへの当
事者意識を持てるよう支援すること。

○適切なネットワークづくり

組織は、女王蜂などがほかの女性の活躍を阻むのを放置せず、誰にでも機会
が開かれた文化を創出する必要がある。具体的には、誰でもアクセス可能な、
チャレンジや支援を与えてくれる理解者・擁護者の人的ネットワークを設ける
こと。組織内の人間関係づくりは必要な情報・昇進・機会の獲得のための財産
となる。「有能なリーダーは、人的ネットワークによって影響力を行使し、結
果を出す」(CCL 2018, p. 22)。

○制度と前提を再考する

組織内のアンコンシャス・バイアスが、女性の機会やモチベーションに与
えている影響を掘り起こし、検証すること。より公正にするためには、スケ
ジュール調整・管理、ネットワークやメンターによる支援の機会の有無、社会
規範、人材管理プロセスなどの再考・再構築が必要。

○多様な人材を雇用・維持する

ジェンダーニュートラルでインクルーシブな採用プロセス、育児休暇制度、
柔軟な勤務形態、後継者育成計画の導入は、優秀な女性を雇用するために不可
欠。企業を前進させる多様な視点は、女性、有色の人びと、さまざまな能力を
持つ人びとがもたらす。その価値を強調していくこと。

○女性限定のリーダーシップ開発プログラムを検討する

女性どうしで関係を築き、経験を共有し、組織の将来についてアイデアを交
換するプログラムやイニシアチブの提供。そのような場は、あらゆるアイデン
ティティの女性のものであるべき。

第 7 章　組織・システムを歩む

　スローター（Slaughter 2012）はこれらに加え、組織をジェンダー公正にして
いくための重要なポイントを指摘します。それは、企業が対面勤務文化を変え
て、柔軟な勤務時間設定にしていくというものです。多くの業界では固定労働
時間を設けています。固定労働時間を設けない業界でも早出や残業、週末に仕
事をしたり年休取得をしない人に積極的に報酬を与えている場合があります。
テクノロジーが発達した今、雇用主は労働者に対して、より柔軟なコミュニ
ケーション方法を提供できます。オンライン会議を導入し、電話やスカイプで
会話できる職場は、女性や家族にも優しい職場といえるでしょう。

　ここまで述べたような個人や組織によるジェンダー格差解消への努力とは別
に、政策レベルでの変化も必要です。ボックス 7.3 では、政策立案者に対する
全米大学女性協会（AAUW 2016a）の提案の概要を紹介しています。スローター
（Slaughter 2012）は以下のように呼びかけます。

　　全ての女性の境遇改善に向けた最善の望みは、女性大統領と 50 人の女性
　上院議員を選出し、企業幹部と裁判官の半数が女性になることでリーダー
　シップ格差を縮めるというものだ。十分な数の女性が権力を行使して初め
　て、全ての女性のために真に機能する社会が実現する。それが、全ての人
　のために機能する社会となる。（第 23 パラグラフ）

ボックス7.3　リーダーシップ格差解消のために：政策立案者のための戦略
○根強い性差別と闘う

　リーダー役職におけるジェンダー不均衡は、公正な職場をつくること
によってのみ解決できる。雇用主への実施支援や従業員への相応の保護を
可能とする、平等権に関連する現存の法律を、米国雇用機会均等委員会
（EEOC）や米国司法省といった担当政府機関が執行していくために適切な
資源を持たせること。

○同一労働同一賃金の強化

　雇用主が法律に従うインセンティブを生み出し、女性が同一賃金のため
に交渉する力を与え、現存の平等権に関連する法律の執行を可能とする給
与公正法を制定すること。カリフォルニア州やマサチューセッツ州などの

例にならい、州および地方政府の政策立案者は同一賃金規定を強化できるだろう。

○給与の透明性向上

連邦政府から契約受注する業者の従業員が給与情報を公開できるようにすることで、連邦政府は給与格差解消の取組を支援している。米国労働省と米国雇用機会均等委員会は、雇用主からジェンダー・人種別賃金データを収集する新たな規制の確定・実施が急務。そのデータにより、業界や職種を問わず、女性の足枷となっている賃金格差や差別的な給与慣行が明らかになる。

○休暇制度の強化

一部または全従業員への福利厚生として休暇制度を擁する雇用主は存在する。一方、米国の多くの労働者は、年次有給休暇、病気や家族のケアのための有給休暇、有給育児休暇を保証されていない。制度の不在は、家族ケアの責任が女性のキャリア形成やリーダー役職への機会を妨げうる。家族・医療休暇法（The Family and Medical Insurance Leave Act）は、全ての労働者に有給医療休暇と育児休暇を与え、健康家族法（The Healthy Families Act）は、労働者が一時的で軽度の病気やケアをするために有給病気休暇を取得できるようにするもの。州・地方政府の政策立案者は、これらの基準を全ての労働者に適用できる法律を制定すべき。

○妊娠中の労働者保護のための法律改正

妊娠によって女性がキャリアを積むことが妨げられるべきではない。労働者公正法（The Pregnant Workers Fairness Act）は、妊娠中の労働者の健康保護のための合理的措置を雇用主に義務づけ、仕事を追われたり、リーダー役職への機会を奪われたりしないようにする。

○女性のための高賃金職就職研修の支援

男性によって担われてきた職は、高成長分野かつ高賃金傾向である。ジェンダーバイアスのないカウンセリングや、ジェンダー公正を推進する

第7章　組織・システムを歩む

研修によって、職場文化の変革を効果的に促すことが可能。

○米国教育改正法第9編の徹底的な執行

　タイトルナインは、入学、採用、カウンセリング、スポーツにおける差別的方針、学校での根強いセクハラや暴力など、教育における性差別を禁止する法律。そういった差別が、女性が教育を修了しリーダーシップの機会を追求する能力を制限している。米国教育省は、同法律の徹底的な執行や執行のための技術的支援の提供に十分な資金を必要としている。高校データ透明化の法律制定によって、高校におけるジェンダーとスポーツに関する情報を一般に公開し、学校、保護者、生徒、地域住民によるタイトルナインの遵守を支援できる。

出典：全米大学女性協会（AAUW 2016a）

　次に続くセージのナラティブが描き出すのは、職場で有色の女性が直面する数多くの試練のほんの一部です。その試練は、ステレオタイプからマイクロアグレッション、人種由来の偏見による心的ストレス（racial battle fatigue）に至るまで多岐にわたります。

　セージは、アフリカ系アメリカ人（両親の人種は異なる）、シスジェンダーで異性愛者であり、労働者階級で育ち、中年で、信仰を持つと自認している女性です。

ナラティブとカウンターナラティブ　　　　セージのストーリー

　教育現場で働くわたしは、長年にわたり、悪意のない多くの白人リベラルまたは進歩的な女性とかかわりを持ってきました。彼女たちとのやりとりを深く省察していくと、キャリアにおけるわたしの健康と延命にとって、非常に大きな問題だったことがわかります。わたしとのやりとりは同僚たちにとって極めて重要な学習となったのかもしれませんが、わたしにとっては人種的マイクロアグレッションで満ちたものでした。でも、わたしは、それを指摘しないでいることが多かった。「怒れる黒人女性」と思われるのを避けたかったのです。同時に、自分を犠牲にして他者に学ばせることに疲れ果てるという、人種由来の偏見による心的ストレスに苦しんでいたからです。対応策は……理解してくれ

る友人に嘆く、同じような経験をしてきたほかの有色の女性と話す、家族や友人と気晴らしをする、またしても性差別や人種差別の被害者になったことを吐き出す、などでした。キャリアにおいて、黒人女性という人種とジェンダーの交差によって一連の経験をしました。その結果、アカデミアの世界に対して、敵対的な労働環境というレッテルを貼るに至りました。鉄鋼会社で溶接工をしている父のように肉体的にきつい仕事はしていませんが、わたしのインテグリティ、プロ意識、リーダーとしての能力を傷つけるような暴言や陰口を叩かれることは、それなりに経験してきたのです。

　数年前、学内のある部署でディレクターという役職に就いていました。この役職に就く数少ない有色の女性の1人だったのですが、包摂的な職場文化について無知な上司のもとで仕事をやりくりしなければなりませんでした。職場で直面した問題のいくつかを記しておきます。仕事を始めて間もない頃、地域コミュニティで「トラブル」を起こすことで知られる有色の学生のために雇われたと言われたこと。インクルーシブに見せるために、キャンパス内のイベントにもっと多くの有色の学生を参加させるよう請われたこと。有色の学生を代表させるように何度も頼まれたこと。職場のクリスマス会で、「あなたにこどもができて、この会で茶色い赤ちゃんが走り回るようになるのが楽しみ」と言われたこと。一見すると、これらの経験は単純なマイクロアグレッションのようでした。でも、部署のリーダーとしての経験を総合的に考えてみると、わたしの判断についての疑義が多々あったことに気づいたのです。反論や発言をすると、感情的すぎるとか、全体像が見えていないとかいうレッテルを貼られたのです。おもしろいことに、その後、部署の組織文化に変革を実現したと讃えられ、部署は、文化的変革やリーダーシップのプログラム企画運営に対して、2つの大きな学内表彰を受けたのです。

第8章

あやうい「お立ち台」に気をつけて

リーダーシップを脱ジェンダー化する

思い描くのは、支配というものがない世界に生きること。女と男は同じではないし、いつでもどこでも平等というわけではなくても、交わりの基本は互いに相手を思いやることだという精神がすみずみにまで行き渡った世界に生きることだ。
―ベル・フックス『フェミニズムはみんなのもの：情熱の政治学』(hooks 2000a〔堀田訳 2020, p. 11〕)

女性とリーダーシップという言葉を検索すると、「女性が偉大なリーダーである 20 の理由」、「世界がより多くの女性リーダーを必要とする理由」、さらには「女性が男性よりも優れたリーダーとなる理由」といった記事がヒットします。このような考え方は、危険なほどに魅惑的です。本書で説明しているように、男性的特性・行動が特権となっている世界に生きていると、その反対を空想したくなるのです（エクササイズ 8.1 参照）。もし女性が世界を支配していたなら、協力や、支え合い、共感や理解が増すだろうと。しかし、「主人の道具が主人の家を壊すことはない」(Moraga & Anzaldúa 2015, p. 95) というフェミニスト・詩人・アクティビストであるオードリー・ロードの警告を、心に留める必要があります。それは、もし私たちが経験している不当な扱いや抑圧を他者に対して行ってしまうのであれば、人種差別や家父長制の思想を永続させているだけに過ぎないというものです。私たちは新しいありようを見つけなくてはならないのです。ロードが「私たちの世界では、分割して統治せよを、定義してエンパワーせよ、にしていくのです」と提案したように（p. 96）。男女二元論的・排除的なリーダーシップへのアプローチを続ける代わりに、リーダーシップを脱ジェンダー化し、より公正で解放的な学習とリーダーシップのあり方をつくりだす――それをどのようにして進めていけるでしょうか。

　本章では、まず、伝統的なリーダーの原型（典型）について再検討し、リー

ダーシップにおけるジェンダー差が実際に存在するかを先行研究から探ります。続いて、権力の性質や源泉、影響力やエンパワメントといった関連する概念について探求します。さらに、リーダーシップの「偉大な女性」理論を確立しようとする試みを検証するとともに、女性だからという理由で「あやういお立ち台」〔原語は pedestal で台座を意味する〕に載せる危険性について警鐘を鳴らします。また、ポジティブなステレオタイプであったとしても女性が特定の方法でリードするという示唆となることから、排除の土壌を肥やしかねないことを詳しく述べます。その後、有色の人びとや歴史的に周縁化されてきた複数のアイデンティティを持つ女性がリーダーシップを発揮する際に直面するさらなる試練を考察し、文化の影響を考慮したリーダーシップ学習の理論を紹介します。

エクササイズ 8.1　もし女性が世界を支配していたら？

現実の世界では、二者択一で考えることは賢明ではありませんが（男性だけ、あるいは女性だけが世界を支配すべき、といったように）、空想に限ってはそうしてみることを心からおすすめします。女性が治める世界を描いた最近の本がいくつかあります。ナオミ・オルダーマン（Aldermann 2019〔安原訳 2023〕）の『パワー』は、女性の身体に「スケイン」という器官が発達したディストピアが舞台です。スケインは人を操り、傷つけ、殺す電気ショックを発生させます。これによって、ジェンダーのパワーバランスと現実の性質そのものが突如として変化するのです。この本は問いかけます。もし女性が男性よりも肉体的に強力になったらどうなるのか？　権力や影響力も持つようになるのか、そして女性は自分たちが慣れ親しんだ抑圧的なシステムを再現するのか。

ノンフィクションでは、エジプト学者のカーラ・クーニー（Cooney 2018〔藤井訳 2023〕）の、著書『古代エジプトの女王：王座で新しい役割を果たした６人の物語』に、女性がリーダーシップ地位につくことへのリベラルな信頼によって古代エジプトが得たもの、そして今日の世界がその例から学べることが書かれています。もっと平等主義的な空想には、アーシュラ・K・ル・グィン（Le Guin 1987〔小尾訳 1977〕）の SF 古典『闇の左手』。いつでも好きなときにジェンダーを変えられる、性的偏見のない惑星「冬」を描いたも

のです。男性の経験が中心になっているとして後に批判されましたが、ジェンダー流動性（fluidity）を描いた点では時代に先駆けたものでした。

伝統的なリーダーの典型

　第6章では、IAT（潜在連合テスト）が特定の集団に対する暗黙または無意識の仮定を明らかにするという主張に触れました。このテストは、社会的、行動的、環境的な手がかりによって他者の能力を推論する様子を説明する暗黙のパーソナリティ理論と帰属理論に基づいたものです（Dugan 2017; Hall & Lord 1995）。これらの理論は、人びとが、特定の種類の人びととの特徴として、属性や資質が結びついたスキーマや典型を発達させる様子を説明しています（Dinh & Lord 2012）。私たちはみな、典型的なリーダーがどのような特性や価値観を有し行動をするのかについて、一連の考え方を持っています。ボックス2.1〔本書 p. 43〕を読んで、リーダーシップに関する基本的な考え方、リーダーはカリスマ的でなければならないか、倫理的でなければならないか、ほか一定の特性を体現していなければならないかといったことを再検討してみましょう。研究者はこれまでにリーダーの典型を調査し、人びとが一般的にリーダーと結びつける特性のリストをつくってきました。なかには、カリスマ性、知性、献身、そして魅力といったものも含まれます。デューガン（Dugan 2017）は、リーダーの典型についての多くの研究をレビューし、米国のリーダー典型はジェンダー、性別、人種、年齢と強く関係しており、「ほとんどの人にとってのリーダーの典型は白人・シスジェンダーの男性、さらにはより若さあふれる人」（p. 76）であるとまとめています。

　驚くことではないかもしれません。リーダーシップは歴史的に、たいていは地位や役職、そして特権的なアイデンティティを持った人びとによって定義されてきました。女性や有色の人びとは、リーダーシップ役割、研究、実践から排除されることが多かったのです（Komives & Dugan 2010）。ハーバー＝カランとティラポー（Haber-Curran & Tillapaugh 2018）は、リーダーシップにおいてジェンダーへの言及がある場合、通常、二元論つまり男か女かどちらかの観点から検討され、トランスジェンダーほかジェンダーノンコンフォーミングな人たちは完全に除外されていると述べています。

第2章で概観したリーダーシップに関する理論の進化について、最もよく耳にする物語を簡単に再確認しておきましょう。リーダーシップ研究初期の偉人伝のようなリーダーシップ概念は、男性的な特性や行動を特別扱いしていました。実際、第2章で検討したように、工業化時代のリーダーシップ理論は男性リーダーを念頭に展開され、当時は男性らしさというヘゲモニー下にあったことがわかります。著名なオハイオ州立大学とミシガン大学によるリーダーシップ研究においては、効果的なリーダーシップ行動は人間関係（配慮、つまり人への関心）と、課題（構造づくり、つまり生産への関心）の両方に注意を払うことが必要であると指摘されています。驚くまでもなく、女性リーダーは人間関係で、男性リーダーは課題と生産の尺度でより高い得点を示しました（Bass 1990）。社会が生産経済から知識経済へと移行する中で、リーダーシップへのアプローチは階層的なものからより協働的、関係的、共有的なものに変化してきました。参加型で民主的なリーダーシップは、よく女性ならではのやり方と言われます。

　最もよく知られている現代のリーダーシップ理論のひとつは、変革型（transformational）リーダーシップで、リーダーや協力者が互いをより高い水準の道徳性や動機づけに引き上げるというものです（Bass 1990; Burns 1978）。最近の研究では、男性よりも女性の方が変革型リーダーシップを実践していることが明らかにされています（Chandler 2011）。リーダーシップ開発の社会変革モデルに関する研究（第3章参照）では、社会的責任リーダーシップ能力において、女性は男性よりも有意に高い得点を示すことが明らかにされています（Dugan, Komives, & Segar 2009）。リーダーシップに関する多機関合同研究（MSL）は社会変革志向も測定するものですが、トランス＊およびノンバイナリー参加者の詳細なデータを含む初めてのリーダーシップ研究のひとつです。その結果は、トランス＊およびノンバイナリーの人びとがリーダーシップの発達において大きな困難を経験していることを示しています（Dugan, Kusel, & Simounet 2012）。同研究では、女性に性別移行したトランスジェンダー女性（MtF）は、男性へ移行したトランスジェンダー男性（FtM）やインターセックスとして識別される人と比較して、リーダーシップのキャパシティ、効力感、リーダーシップ役割の獲得水準が低いことが報告されています。これは、男性特権が失われ、ジェンダー役割への期待が変化したためだと考えられてい

ます。

　工業化時代のリーダーシップ理論を男性に、ポスト工業化時代のリーダーシップ理論を女性に関連づけることには問題があります。キザーとウィートン（Kezar & Wheaton 2017）が述べるように、「リーダーシップの伝統的な階層的概念を利用・実行する多くの女性がいるのは疑いようもなく、2つのアプローチを混ぜる女性も存在する。さらに、一般的にリーダーシップとされる形態にあてはまらない方法で行動する人もいる」（p. 20）のです。さらに、全ての男性が指揮命令系統や階層的な観点からリーダーシップを実践しているわけではありません。このように、ジェンダーとリーダーシップに対する二元論的なアプローチは限界があるのです。リーダーは複数の社会的アイデンティティを持っており、それらアイデンティティが概念、実践、評価に影響を与えています。伝統的に周縁化・抑圧されてきたアイデンティティを持つリーダーは、より協働的にリーダーシップにアプローチする傾向が見られます（Kezar & Wheaton 2017）。

リーダーシップにジェンダーによる違いはあるのか？

　本書で紹介される概念を友人や家族との会話のスパイスにするなら、こんな話題はどうでしょう。「男性は生物学的に、リーダーになる素質があるのか」。アリス・イーグリーとリンダ・カーリは、代表的な著書『迷宮を通って：女性がどのようにリーダーになるのかについての真実』（Eagly & Carli 2007）で、女性やリーダーについてのステレオタイプが、リーダーの立場にある女性への抵抗を生みだす様を解説しています。この抵抗の大部分は、進化心理学と呼ばれる研究分野に根ざして説明されています。進化心理学では、役割と生物学における歴史的差異に基づいて、男性と女性はそれぞれ異なる性格とリーダーシップへのアプローチを進化させたと考えられているのです。例えば、進化心理学では、男性は妊娠可能な女性を獲得する必要があったため、攻撃的で競争的、そして危険を冒す傾向があるとします。また、子育てはほとんど女性に任されたため、女性はより面倒見がよく大切に育てる（nurturing）性質をもち、安全・安心に気を配るように進化したとしています。イーグリーとカーリは、このような考え方に激しく反対しています。彼らは、ニューギニアのバナチナイのよ

うな母系社会の存在に言及して、分業が遺伝的に決定されたものではないことを証明しています。また、家父長制は人間社会にもともと備わっていたものではなく、男性が家庭を離れて働くことで、子育てからの自由と資源の支配権を与えられたという社会的・経済的発展の結果として出現したと主張します。このような男女の役割の違いこそが、行動や性格に強い影響を及ぼしているのです。文化や社会の変化によって男女の役割や心理も変化しており、リーダーシップとジェンダーをより包摂的に分析する必要があります。このことは、第2章の「リーダーは生まれつきか、それともつくられたものか」という議論に光を当てています。

では、男性と女性では、リーダーシップに対するアプローチに違いがあるのでしょうか。イーグリーとカーリ（Eagly & Carli 2007）は、「優れたリーダーシップに関連する特性、例えば、アサーション能力、社交性、リスクテイク、道徳的誠実さにおいて、性差が小さいことが研究により実証されており」、「これらの知見は、少なくとも男性の強みと同じように女性の強みを示唆している」（p. 134）と結論づけています。これは、ジェンダーによる違いを理由に女性のリーダーシップを制限・否定するこれまでの語られ方_{レトリック}とは随分と異なるものです。リーダーシップの性差に関するイーグリーとカーリのメタ分析研究については、表 8.1 を参照してください。

まとめると、リーダーシップにおいてジェンダーによる違いはわずかであり、人びとがリーダーシップとジェンダーについて考えるにあたってその違いが誇張されているのが明らかだということです。リーダーは、多様な特性を持つアンドロジナスなアプローチを採用することが最も効果的でしょう。初期のリーダーシップ研究が示唆しているように、リーダーシップは課題志向と関係志向の両方のプロセスに注意を払う必要があります。イーグリーとカーリ（Eagly & Carli 2007）は、リーダーシップは女性的資質や男性的資質と直接的・明示的に結びつけられてはいないことから、ジェンダー表現（第2章参照）が極端に男性的または女性的な人は、今日、リーダーシップにおいて不利になる可能性があると注意を促しています。

ティラポーとハーバー = カラン（Tillapaugh & Haber-Curran 2017）は、ジェンダーとリーダーシップに関する研究を二元論的（男か女か）な視点から組み立て続けるリーダーシップ研究分野全体を批判の対象としています。従来のジェ

第 8 章　あやうい「お立ち台」に気をつけて

表 8.1　リーダーシップのジェンダー差異に関する研究からの知見

リーダーシップに 関連する特性	知見の概要
攻撃性	同性に対する身体的攻撃性や職場での攻撃性は、女性よりも男性の方が高いことが研究で明らかになっている。言葉による攻撃性は、男性の方がわずかに高い。
支配性と アサーション	支配性とアサーションの尺度において、男性は女性よりわずかに、あるいは中程度に高い。ここで、男性は利己的、女性は集団志向の行動を通じた主張の展開という、異なる表現をしている可能性がある。男性は女性よりも社会的階層や社会的支配に興味を示す。
神経症的傾向 *	女性は男性よりも神経症的傾向が強く、感情の調整がうまくいかず、否定的な感情を示す傾向がある。
外向性 *	入り混じった結果となっている。女性は、温かさ、ポジティブな感情、社交的な性格の得点が高く、男性は、アサーティブさ、興奮を求める得点が高い。
経験への開放性 *	入り混じった結果となっている。女性は美的感覚、感情、行動といった経験、男性は価値観、アイデア、ファンタジーといった経験を重視する。
調和性（協調性）*	女性は男性よりも調和性の得点が高く、ケア、信頼、追従・迎合性、優しさなどの資質を示す傾向がある。
誠実性（勤勉性）*	入り混じった結果となっている。女性は律義さ、達成への努力、秩序、男性は自己統制、熟慮、能力のスコアが高い。
感情知性と共感	女性は男性よりも感情知性、つまり「自分自身と他者の感情を認識し、調整する」（Eagly & Carli 2007, p. 2）能力の得点が高い傾向にある。感情的知性を伴ったリーダーシップは、「自己の意識」「他者への意識」「文脈の意識」の 3 側面への配慮を促す（Shankman et al. 2015）。女性の方が「他者への意識」の得点が高い。
リスクテイキング	男性の方が女性よりも得点が高い傾向があるものの、近年その差は縮小している。
道徳と倫理	女性の方が男性よりも道徳的志向の得点が高い傾向がある。これは、女性が男性よりも信心深さの得点が高いことと関連している可能性がある。

出典：Eagly & Carli（2007）から引用。
* 印は、心理学でビッグファイブと呼ばれる性格特性を表し、性格診断で測定される項目。イーグリーとカーリは、外向性と誠実性を除いて、リーダーシップ行動を十分に予測するものではないと指摘している。

ンダーのラベルにあてはまらない人びとを消し去るだけでなく、ジェンダーが
リーダーシップを読み解く上でいかに機能するかについての重要な会話を無視
したものになっているのです。ティラポーとハーバー＝カランは次のように述
べています。

> ジェンダーとリーダーシップについての言説が私たちの社会で広がりを見
> せている。教育者として、ジェンダーによるリーダーシップの違いを検証
> するだけでなく、女性、男性、トランスジェンダーやジェンダーノンコン
> フォーミングな人たちへの理解と同時に、それぞれがどのようにリーダー
> シップを捉え実践しているかについて理解を深める必要がある。(p. 16)

女性とパワー

　パワー（power）という言葉から、何を思い浮かべますか。リーダーシップ
の授業では、この言葉に否定的な反応を示す学生がたくさんいます。虐待や迫
害、権利の剥奪といったイメージを思い起こさせるものなのでしょう。第2章
で説明した、地位、知識や専門性、賞罰、人間関係や人脈といったさまざまな
影響力の源泉を思い起こす人もいるでしょう。リーダーシップにおけるジェン
ダー差は限定的ですが、男性と女性がパワーに対して異なるアプローチを取る
ことを示した研究があります。男性が権力を有限なものとして捉える傾向があ
る一方で、女性はより拡張的な見方をする傾向があるというものです。キザー
とウィートン（Kezar & Wheaton 2017）は、女性が男性とは異なる方法でリー
ダーシップを発揮するという研究を列挙し、解説しています。そこでは、女性
は、傾聴、インプットを求める働きかけ、民主的な意思決定を行うスキルが高
いことが示されています。女性はリーダーシップを共有されたプロセスとして
捉える傾向があることから、リーダーシップ立場にある女性は、コラボレー
ション、ネットワーク形成、パートナー形成など、権力を分かち合うプロセス
を重視するという可能性があるというものです。
　パワーを検討するために、ジェンダーとリーダーシップについてよりイン
ターセクショナルな分析を推奨する学者もいます。ティラポー、ミッチェルと
ソリア（Tillapaugh, Mitchell, & Soria 2017）は、パワーについての会話のジェン

ダー化に着眼するよう学生たちに促します。パワーのある男性は自然とされる一方、パワフルな女性はやっかいである、あるいは監視や説明が必要とされるといった点です。例として、2020年の民主党大統領候補者たちを取り上げてみましょう。コメンテーターが候補者の表現、立場、スタイルをいかにジェンダー化して分析しているか、耳を傾けてみてください。権力（パワー）の認識というものは、認識する人の社会的アイデンティティなどの要因に左右されうるものです。また、権力（power）と権限（authority）を区別することも重要です。権限を、授与された権力（パワー）、地位や役職に付随した意思決定を行う正式な権利であると考える人もいます。多くの場合、権限は明文化され与えられる（権限の範囲・限界が設定される）ものですが、権力（パワー）についてはその限界が話されることはほとんどありません。つまり、権力（パワー）はより個人的で、権限は正式に付与されるものと考えられます。

　エンパワメントは、パワーを分かち合い、他者が自らの権限と影響力を行使できるようにする実践のことで、女性がリーダーシップ役職を務める利点として頻繁に言及されています。キザーとウィートン（Kezar & Wheaton 2017）は、エンパワメントを、「地位による権限を持つ特定の集団だけにパワーが集中している階層構造を、チームづくりと権限委譲によって解体する」プロセスを伴うものと述べます（p. 21）。一般的に、エンパワメントはよいこととされていますが、批判的に分析することも大切です。エンパワメントという考え方を揺さぶるためにはエクササイズ8.2を参照してください。パワーが手放されるなどありえるのか。エンパワメントという装いのもとで、どのような搾取が行われる可能性があるのか。私たちの多くは、私が偽のエンパワメントと呼んでいるものの犠牲者になっています。それは、何らかの決定やプログラムにおいて主体性を発揮したり権限を行使するように促された挙句、すでにどこかで決定された既定路線だったことがわかったり、地位によるパワーを持つ人が考えていたことと逆の決定をすると阻止されるような場合です。ほかのイデオロギーと同じく、「パワー」は作用する環境を反映するものです。エンパワメントが単にマネジメントの流行語や壁に貼られたポスターに成り下がっている場合、無力感（パワーレス）を生み出し続けてしまうのです。看護の分野におけるエンパワメントについて書いているクリフォード（Clifford 1992）は、次のように指摘しています。

今日、パワーについてあらゆるナンセンスが溢れている（そして、「朝食を食べながらの早朝打ち合わせ」から「ビジネススーツ」まで、我々はパワーに固執しているかのようだ）。なかでも、おそらく最も致命的なものは、パワーとはエネルギーではなく立場、ダイナミズムではなく肩書、車ではなく座席、というものである。（p. 1）

ニューヨーク・タイムズの寄稿者ジア・トレンティーノ（Tolentino 2016）は、特に女性のエンパワメントの商品化について失望を表明しています。女性のパワーを発信する・増すという大量の商品が押し寄せる中で、社会経済階層が異なる多くの女性たちが「エンパワメント」から排除されている様子を次のように述べます。

エンパワメントは困窮する人のためのものとされながら、いつの間にか金持ちのプロセスを描写するものになってしまった。エンパワメントという言葉は、ずれた土台の上に築かれたようなものだ。いくら意識を高めたところで、エンパワメントを有意義に経験できるのは、すでにパワーを持っている人びとだという事実を変えることはできない。今日、「エンパワメント」はパワーを謳いながらも、パワーの欠如を意味するに至っている。それはまるで、探検家が発見した土地の所有権を降参の白旗を振りながら主張するようなものである。（第4パラグラフ）

ここで、エンパワーされたり、他者をエンパワーしたりすることを望むなと言っているのではありません。私の提案は、エンパワメントという概念が誰を利しているのか、パワーは実際手放されうるのか、もっと批判的に考えてみるということです。

リーダーシップの「偉大なる女性」論：
ポジティブなステレオタイプとあやういお立ち台の問題

キザーとウィートン（Kezar & Wheaton 2017）は、「女性リーダーシップのあり方」（p. 20）とされる一連の特性を記しています。倫理や価値観を大切にし、

「相互の権力・影響力のプロセスを強調し、人間関係と課題に気を配り、民主的で参加型の意思決定を促す」(p. 20)というものです。すでに述べたように、ジェンダー差異の実証研究では男女のリーダーシップ・スタイルの差は非常に小さいことが明らかになっています。しかし、その差が誇張されているのです。同時に、ジェンダー化された見方は、容易に変わるものではありません。女性のリーダーシップは世界のあらゆる悪に対する解毒剤だと言うと力づけられるようにも感じますが、真実はもっと複雑です。男性、女性、そしてジェンダー二元論のラベルを超えた全ての人が、よりインクルーシブで平等主義的になっていくことが必要なのです。

エクササイズ 8.2　パワーとエンパワメントを揺さぶってみる

　第 2 章で見たように、あらゆる人間関係にパワーが介在するとすれば、どのようなときにパワーを活用できると感じるか？ それはどのような種類のパワーか？ どのようにパワーを奪われているか？ パワーの集中と濫用の可能性の危険をどのように回避する？ 臆さずに権力者に真実を語る、そして多様な情報源を批判的に評価できる人たちの中に身を置くためにはどうするか？ 所属する組織において、正義、公正、エンパワメントはどう体現されているか？

　リーダーシップとマネジメント、権限とパワー、エンパワメントと無 力 化（ディスエンパワメント）などの違いについて考え続けよう。NASPA（National Association of Student Personnel Administrators、高等教育における学生支援専門職団体）の学生リーダーシッププログラム・ナレッジコミュニティでは、リーダーシップに関するさまざまなテーマやアイデアに関する楽しいポッドキャストを配信中。エピソード 34「権力と権威」はここから：
https://soundcloud.com/user-606900324-709612745/episode-34-foundational-leadership-question-power-and-authority

---

　特定の特性を女性のリーダーシップのあり方とすること。その危険性を解きほぐした優れた論文が、ピッティンスキー、ベーコン、ウェル（Pittinsky, Bacon, & Welle 2007）の「リーダーシップの「偉大なる女性」論：ポジティブな

ステレオタイプと不安定なお立ち台の危険性」です。論文は次のような問いを投げかけます。ジェンダー化された見方は、リーダーシップについての理解を深めるのか。ジェンダー化されたリーダーシップの概念は、意図せざる結果をいかにもたらすか。予想・期待はいかにそれらに基づいた行動を生み出すか。男性が協働、協力、個人的なつながりづくり、励まし、参加を行うという予想・期待は、女性についてのステレオタイプによって弱められるのか。

　ピッティンスキーらは、女性のリーダーシップのあり方を「女性特有」とすることで生じる４つの危険を解説しています。第一に、女性が特定の方法でリーダーシップを発揮する、とされると、ジェンダー化された特性を持たない人がリーダーシップから排除されたり、よりジェンダー適合的、つまり女性らしいリーダーシップ発揮を求められるというものです。例えば、主体的でアサーティブ、堂々とした女性がいるとしましょう。彼女の直球アプローチは、「女性は協調的で関係的であるべき」というジェンダー期待に背く可能性があります。同じような行動をする男性は強くて決断力があると見られるのに対して、彼女は信用を失い、支配的またはキツいというレッテルを貼られる可能性があるわけです。第二に、女性はより参加型・民主的な、男性はより独裁的・指示的なスタイルでリーダーシップをとる傾向のエビデンスは存在するものの、リーダーシップのジェンダー差についてのほとんどの研究では、その差は非常に小さいことが明らかにされていることです。さらには、これらの研究にはまぎれもない限界も存在します。それは、研究対象から、ジェンダーの流動性を持つ参加者の声を完全に除外してしまっていることです。第三の危険は、異なる信念や期待によって、同じ行動でも異なる視点を持つ可能性があるということです。これは、たとえデータがその主張を裏付けていなくても、自分の行動やリーダーシップをジェンダー由来の型にはめてしまうということです。つまり、ジェンダーとリーダーシップのステレオタイプを強化する可能性があるということです。強く、物事に進んで働きかける女性がいたとしても、彼女はそのジェンダーゆえに、協調性や遠慮を期待されることがあるかもしれません。第四の危険は、ジェンダー化されたリーダーシップ観は二項対立的な見方を強め、男女問わずリーダーの選択肢を狭めてしまうというものです。

第8章 あやうい「お立ち台」に気をつけて

リーダーシップと交差する<ruby>アイデンティティ<rt>インターセクショナル</rt></ruby>

イーグリーとカーリ（Eagly & Carli 2007）は、女性やリーダーについてのステレオタイプが、女性のリーダーシップへの抵抗感を生み出すことを述べています。女性リーダーは、思いやりがあって優しく、丁重という女性的なジェンダー役割を遂行すると同時に、アサーティブさ・有能さという男性的なリーダーシップ役割を果たすことを求められているのです。これは、女性リーダーが直面する多くのプレッシャーのうちのひとつでしかありません。歴史的に周縁化されてきた複数のアイデンティティを持つ女性を考えてみましょう。『女性とリーダーシップ：ビジョンそして多様な声を変容させていくこと』（Chin, Lott, Rice, & Sanchez-Hucles 2007）は、有色の女性がリーダーシップの実践の中でジェンダー化された人種差別を経験する様子を記しています。そこで描かれるプレッシャーを次の語彙リストにまとめました。思考や感情、経験を名づける語彙を持つことは、ジェンダー差別の内在化を防ぐのに大いに役立ちます。

○「初の」または「唯一」であること

女性がガラスの天井を突き破り、リーダーシップの迷宮をうまく歩み、組織内で地位を得る折、その人は特定のアイデンティティ集団（女性、トランスジェンダー、有色の女性など）からの「初の」または「唯一の」代表者という立ち位置になることがあります。このようなブレイクスルーに特有のプレッシャーが存在します。「女性は」と一般化され、後に続く女性たちに影響を与えるのを心配し、成功せねばという過剰なプレッシャーを感じるかもしれません。功績を称えられると同時に、マイクロアグレッションを浴びるような経験をするかもしれません。サンチェス＝ヒュークリースとサンチェス（Sanchez-Hucles & Sanchez 2007）は、「理路整然と話す」や「ほかの有色の人びととは違う」といった表現で有色の女性が褒められると述べます。こういったコメントの心理的負担は無視できないものでしょう。

○<ruby>燃え尽き症候群<rt>バーンアウト</rt></ruby>

リーダーシップ役職の女性のうち、歴史的に周縁化されてきたアイデンティティを持つ女性は、燃え尽き症候群になりやすいものです。役職をとりまく環

境は、孤立そして絶え間ない困難を伴い、精神的、肉体的に大きな負担を強いるものです。ゴースキーとチェン（Gorski & Chen 2015）は、燃え尽き症候群のアクティビストの症状を、（a）心理的・感情的なウェルビーイングの悪化、（b）身体的なウェルビーイングの悪化、（c）幻滅と絶望、という3つのカテゴリーに分類しています。こういった症状を経験した人たちは、引き金となる場所や空間から一時的または永久的に去るということがわかっています。ウィリアム・スミス（Smith 2010）は、白人学生が多い大学に在籍する黒人学生が、人種由来のマイクロアグレッションから影響を受ける様子を研究し、**人種由来の偏見による心的ストレス**（racial battle fatigue）という言葉をつくりました〔本書第7章 p. 211 参照〕。燃え尽き症候群ともつながるものですが、人種由来の偏見による心的ストレスは、不安、フラストレーション、ショック、怒り、抑うつなど、白人が歴史的に多数を占める場で有色の人びとが経験しうる心理的・生理学的な症状を表したものです。

○コード・スイッチング（Code-Switching）

コード・スイッチングとは、自身のアイデンティティ由来の文化とマジョリティ文化の間を行ったり来たりすることを指します。複数の社会的アイデンティティを持つ女性は、権力・影響力や情報、機会を得るために主流（メインストリーム）の文化（つまり、白人、男性、シスジェンダー、異性愛規範）に巧みに順応するものの、歴史や文化、アイデンティティを失わないようにもしています。いわば綱渡りのようなものです。所属する組織や社会環境の文化やルール、その中でも特に暗黙の了解・不文律を把握しておき、それに従って行動するのか否かについて自覚的に決定するというものです。

テレビで見たコード・スイッチングとステレオタイプ脅威の最も複雑な例は、イッサ・レイの番組『インセキュア（Insecure）』（North & Matsoukas 2016）でした。エリート法律事務所で働くイッサの友人モリー。白人男性がマジョリティの文化の中でアフリカ系アメリカ人女性である自分が溶け込むために、信じられないほど懸命に働いてきました。そんなとき、別なアフリカ系アメリカ人女性ラシーダが、この法律事務所のインターンとして採用されます。言葉遣い・振る舞い、飾ることなく育ってきたインナーシティ文化を存分に発揮するラシーダ。モリーは、ラシーダが会社の文化になじめるようにと支えつつ、昇

第8章　あやうい「お立ち台」に気をつけて

進していくためには自分自身もマジョリティ文化に合わせて変わらねばならないという不安に直面するのです。ニューヨーク・タイムズ紙の評論家・アンジェリカ・バスティアン（Bastien 2016）は、このエピソードにおけるコード・スイッチングを次のように表現しています。

> 警察の残虐行為に始まり地毛がプロフェッショナルらしくないと言われることまで、黒人女性が対処せざるを得ないありとあらゆること……それを考えれば、自分たちと外の世界の間に鎧をつくるなんて驚いたことじゃない。この鎧にはさまざまな形があって、黒人コミュニティに特有なものが、コード・スイッチング。黒人どうしの場での振る舞い方は、プロフェッショナルな仕事の場では望ましくないのを小さな頃から繰り返し学ぶから。友だちと話すときのような砕けた言葉やスラング、辛辣なユーモアは使わない。白人が安全で脅威を感じないスタイルに変える。それは嘘をつくことではなく、サバイバル手段。でも、黒人同僚がコード・スイッチングをごまかしだと断じ、スイッチして使う言葉が受け入れられない場合はどうなるのか。モリーに「ちょっとスイッチしたら」と促されたラシーダは、憤慨するのだった。有名な法律事務所の美学に沿った振る舞いをさせようとするとき、モリーは無私ではなく、自身を守りたいという算段もある。黒人が少ない世界（特に権力者の立場の黒人が稀な世界）で働く場合、同じ黒人同僚のミスが不当に跳ね返ってくることもある。コード・スイッチングは、公（パブリック）とプライベート、それぞれの自分をつくりだすことにもつながっている。

○認識的特権

サンチェス＝ヒュークリースとサンチェス（Sanchez-Hucles & Sanchez 2007）は、「さまざまな抑圧が絡まり合う交差点（インターセクション）に立つことで、人種、階級、ジェンダー、障害の有無、セクシュアリティといった側面それぞれが、権力が作用する場として機能している様子が見えてくる」（p. 215）と述べます。モヤ（Moya 2001）はそれを「認識的特権」、つまり、世界の仕組みを理解する上で、抑圧された人びとが持ちうる利点、と呼んでいます。その具体例として、有色の女性が周縁化された自分たちの状況を用いて、組織、手続き、制度を批判的に検

討したり、リーダーシップへの創造的なアプローチを促してきたことを挙げています。認識的特権は、**認識的不正義の概念と密接につながっています**。認識的不正義は、知識の伝達・理解にまつわる不公正のことで、沈黙、抑制、搾取や抑圧といったものを含みます（Fricker 2007）。

○抑圧の階層性

抑圧の階層性とは、人びとが持つ複数の交差するアイデンティティに留意せずひとつのアイデンティティだけを本質化したり、複数の周縁化されたアイデンティティから最も抑圧の対象となっているものだけを取り上げる傾向を指します。誰のアイデンティティが最も社会から抑圧されているかお互いに比較することでも生じる抑圧です。全ての抑圧はつながっているのだから、抑圧の階層などあるべきでないという考えが一般的です。ロード（Lorde 1983）は次のように説明しています。

> レズビアンのコミュニティの中で私は黒人、そして黒人のコミュニティの中で私はレズビアン、とされる。黒人に対する攻撃は、レズビアンそしてゲイにとっての問題でもある。なぜなら、多くの黒人女性がレズビアンコミュニティの一員だから。レズビアン・ゲイに対するあらゆる攻撃は、黒人にとっての問題でもある。なぜなら、多くのレズビアンやゲイが黒人だから。抑圧に階層などないのだ。［…］ある特定の抑圧とだけ闘うなんて悠長なことを言っていられない。不寛容からの自由はある特定のグループだけの権利だと信じることなどできない。そして、差別の暴力と闘う場を選んでなどいられない。差別の暴力が私を破壊しようとする場は、そう遠くないうちにあなたを破壊する場にもなるのだ。（p. 9）

○瘴気（Miasma）の状態

サンチェス＝ヒュークリースとサンチェス（Sanchez-Hucles & Sanchez 2007）は、歴史的に周縁化されてきた出自を持つ女性リーダーは、職場で過大な試練やストレスに直面すると指摘します。あからさまな人種差別に予防的な職場環境であっても、主流のアイデンティティを持つ人びとと同じ土俵での競争という「平等の虚構」が存在するのです。無意識の偏見やマイクロアグレッション

が放置されていると、現実は「平等」からは大きく異なるものとなります。リバースとケイバー（Livers & Caver 2003）は、このような現実を瘴気〔古代から病気を蔓延させる原因と考えられてきた悪い空気・雰囲気〕と呼びます。少数派であるゆえの用心深さ、防御性、警戒心が、その人たちのエネルギーや時間、生産性・創造性発揮に負担を強いてしまうというものです。サンチェス゠ヒュークリースとサンチェス（Sanchez-Hucles & Sanchez 2007）は、瘴気は「自分の地位を脅かしそうな地雷に注意を払いながら、他者からじろじろ見られることにも対処するという二重の負担をつくりだす」(p. 219) と指摘します。組織の瘴気から身を守る方法としては、信頼できる仲間のネットワークを築き不平等の懸念や認識を評価・検証すること、また、所属組織が多様なリーダーが持つ「違い」を生かしうるサポートやメンターによる支援を提供することを挙げています。

○相互エンパワメント

　サンチェス゠ヒュークリースとサンチェス（Sanchez-Hucles & Sanchez 2007）は、相互エンパワメントを、尊重、相互関係、平等、個人的影響力から成るリーダーシップ・スタイルと述べています。相互性、コンパッション、集団性、関与、合意形成といった自分も他者も高める概念で特徴づけられるスタイルです。伝統的なリーダーシップのあり方が想起させる個性、支配、階層といったものが、リーダー以外の人たちの貢献や力の発揮を矮小化させることから、リーダーシップ役職の女性が自らを「リーダー」と認識しづらいとも指摘しています。

○ステレオタイプ脅威

　2005 年にカタリスト（Catalyst）が行った女性のリーダーシップ調査において、昇進を阻む一番の障壁はステレオタイプでした。サンチェス゠ヒュークリースら（Sanchez-Hucles et al. 2007）が、リーダーシップとエスニシティの交差を検証しています。民族についてのステレオタイプが女性の職場での地位の差につながっていること、人種的ステレオタイプはジェンダー・ステレオタイプ以上に浸透していること、有色の女性は性的ステレオタイプと闘わねばならないこと、そして形だけの地位は「職務における生産性についての不正確な評価や非現実的な期待を生み出し、燃え尽きや疲労困憊、高い職位の忌避傾向を生み出す」

というものです（p. 238）。ステレオタイプ脅威は、これらのネガティブな認識を女性が自己認識に内在化することで発生します（Hoyt & Murphy 2016）。

　多くの有色の女性は、人の2倍働く必要性を感じ、周縁化されたアイデンティティについてのステレオタイプを打ち消すために常に警戒し続けなければなりません。このステレオタイプ脅威は、強い不安、消耗や燃え尽き、脱落につながりうるのです。アフリカ系の私の友人は、黒人は時間を守らないという不正確な認識を広めないために、決して遅刻しないよう必死であると話してくれました。誰もが遅刻せざるを得ない状況に遭遇します。しかし、やむを得ない遅刻の経験も「そのときたまたま」とはならず、所属するコミュニティ全体の信頼を損ねるものとして、彼女に重くのしかかっているのです。

○トークニズム（tokenism）

　トークニズムとは、マイノリティ集団の包摂について、形式的または象徴的な努力しかしないことを表します。特に、労働者の人種・性別における平等を装うために、マイノリティ集団から少数の人を採用することを指すものです。トークニズムの結果として、包摂（インクルージョン）の実体なきままに多様性（ダイバーシティ）が装われていることが多々あります。

○三重の困難

　リーダーシップ役職にある有色の女性は、ジェンダー、人種、エスニシティの3点に関するさまざまなステレオタイプが引き金となって、三重の困難を経験しえます（Sanchez-Hucles & Sanchez 2007）。サンチェス＝ヒュークリースとデイビス（Sanchez-Hucles & Davis 2010）は、有色の女性が多様な文化的、民族的背景を持ちつつも、ジェンダー由来のリーダーシップの典型に加え、「ヨーロッパ・アメリカで喧伝される民族・人種・ジェンダー由来の行動典型」に沿わねばならないという複雑な状況について解説しています（p. 174）。

　有色の女性がリーダーシップの舵取りの中でジェンダー化された人種差別に対処する折、前述してきたような障壁に直面することがあります。さらには、社会的な孤立・不可視化や、業績を上げできるだけミスをしないという多大なプレッシャーを感じたり、信用できないと見られたり、自分のアイデンティ

第8章 あやうい「お立ち台」に気をつけて

ティを間違って認識されたり、常に詮索されたり、メンターや支援者を得難かったり、過剰なストレスや燃え尽きを経験したりするのです（Turner 2001）。

セージは、アフリカ系アメリカ人、2つの人種的ルーツを持ち、シスジェンダーで異性愛者であり、労働者階級で育ち、中年で、信仰を持つと自認している女性です（第7章にも登場）。

ナラティブとカウンターナラティブ　　セージのストーリー

　これまでの職場では、いつもそうでした。一定期間の勤務を経た後、白人同僚たちが、わたしを「怒れる黒人女性」というステレオタイプを超えた存在として受けとめるようになって初めて、頼んでもいない信頼の輪に入れてもらえるのです。白人同僚たちが白人の特権について考える相手として。同僚たちが、白人としての自身の罪悪感と向き合うにあたって、気分が晴れるような手助けを期待されます。それは、有色の学生が白人同僚の権威やポリシーを問うたり不満を表明するといったことの後に、よく起こります。学生と和解できなかったり、誤解が生じたりした場合、状況打開の方法を学ぶための支援を必要とするのです。よく、「間違って伝わっていなければいいけれど」「言いたかったのは、公平で一貫した態度をとるということで、特定の学生だけを特別扱いはできない」「……という発言は、人種差別主義者のように見えただろうか」とわたしに訴えます。

　学生との難しい会話を報告する必要があることは理解しています。わたしは困っている人に手を差し伸べたいと思う方ですが、何度も続くとそれは問題になります。黒人女性として、自分の体が疲労困憊するような余計な感情労働をするのを期待されているわけです。それは、人種由来の偏見による心的ストレスやマイクロアグレッションから身を守るといったことに加えて、アイデンティティ由来の余分な労働となるわけです。また、部署で唯一の有色の人間であるゆえに、常に高いレベルを期待され、監視されているように感じます。黒人であることがどれだけ許されているのだろうとよく考えこみます。役職において優れたリーダーシップスキルを発揮することが期待され、それには共感やチームワークも含まれるのはわかっています。自分自身の健康を管理することとそういったスキルを発揮していくことの狭間で、苦しい思いをしています。

231

リーダーシップの脱ジェンダー化

　リーダーシップは男らしさであると考えるのは危険です。本章では、女性はより参加型で民主的なスタイル、そして男性は独裁的で指示的なスタイルでリーダーシップをとる傾向がある、という考え方に一石を投じています。女性のリーダーシップを「不安定なお立ち台」に載せ、ほかのアプローチとは異なると見なすことの危険性について解説してきました。リーダーシップをジェンダー化して表現することに対して、脱ジェンダー化することを求める動きが出てきています（Katuna 2019; Pittinsky et al. 2007）。リーダーシップの脱ジェンダー化が必要なのは、ジェンダー・ステレオタイプに合致しないリーダーシップ・アプローチをとる人びとの排除につながるからです。また、リーダーシップのジェンダー化は、トランスジェンダー、ノンバイナリー、インターセックスのリーダーを視野に入れていません。また、女性が自身のリーダーシップ能力について否定的な考え方を内在化するステレオタイプ脅威にもつながりうるものです（Hoyt & Murphy 2016）。

　本章の内容について同僚と議論していたとき、リーダーシップ教育者であるトリシャ・テイグとアンバー・ウィーストがパワフルな質問を投じてくれました。「リーダーシップの脱ジェンダー化、それとも改めてジェンダー化、どちらが目的なのか」と。もし、複数のアイデンティティの作用をリーダーシップ・プロセスの中心に据えるなら、脱ジェンダー化によって、リーダーシップに対するジェンダー（あるいはほかのアイデンティティ）の影響を否定・切り離すことになってしまいます。テイグの指摘は、「身体はリーダーシップの場に現れるため、切り離して考えることはできない」でした。リーダーシップに対するステレオタイプ的なアプローチから脱却する必要がある一方で、身体性を伴う自己がどのようにリーダーシップをとって、そのリーダーシップがどのように認識されるかを再検討する必要がある、ということです。この考え方は、神経科学、感情知能、マインドフルネスの知見を活用し、リーダーシップ学習における身体性を重視するソマティック・リーダーシップという新領域の研究とも重なります（Hamill 2013）。

　脱ジェンダー化・再ジェンダー化にかかわらず、リーダーシップにおいてジェンダーが果たす役割を問うのは大切なことです。ジェンダー化された視点

は、リーダーシップに対する理解を深めるのでしょうか。ジェンダー化された
リーダーシップの概念を持つことで、何が起こりうるでしょうか。ジェンダー
に基づく期待は、行動をどのように形づくるでしょうか。ジェンダーのリー
ダーシップへのかかわりを批判的に検討するための2つの方法は、インターセ
クショナリティに着目すること、そして文化の影響を考慮したリーダーシップ
という考え方を取り入れることです。

○インターセクショナリティに着目する

交差性（インターセクショナリティ）とは、複数の社会的アイデンティティの接合を明らかにするも
ので、個人を単一のカテゴリーやステレオタイプに還元しないよう促してくれ
ます。リーダーシップ・アイデンティティ、行動、有効性を理解・発揮するに
あたって、複数のアイデンティティが相互作用している影響を認識すべき、と
いうものです。そのためには、自分自身の特権や抑圧されたアイデンティティ
と、それらがどのようにリーダーシップに反映されるかを理解していく自分自
身とのワークが必要になります。それは、他者を本質化せずに、リーダーシッ
プを複数の社会的アイデンティティ、コミュニティ、文脈のレンズから理解し
ようとすることでもあります。また、歓迎されていない、あるいは敵対的な場
を歩まねばならないときに、燃え尽きや身体的・心理的負担から自分を守るよ
うにすることを意味します。そして、女性ならではのリーダーシップのあり方
だとか女性的なリーダーシップ・スタイルといったジェンダー化された語りか
ら一歩踏み出し、リーダーシップを脱ジェンダー化して語っていくことでもあ
るのです。ジョーンズ（Jones 2016）は、このプロセスの大切さを次のように打
ち出しています。

> リーダーシップをインターセクショナルな視点で考えるとは、複数の社会
> 的アイデンティティ、そしてより大きな不平等の構造への注意を払うこと
> である。その視点は、異なる文化がかかわりあうための強力なツールとな
> り、自分らしさに拠って立った、文化に根差したリーダーシップ実践を叶
> える。社会的アイデンティティを理解することは、差異をふまえた効果的
> なかかわりのため、そして、このますます多様化しグローバルな世界で生
> きていくためのスキルと感性の涵養に不可欠である。(p. 33)

○文化の影響を考慮したリーダーシップ学習（CRLL）へ

　文化の影響を考慮したリーダーシップ学習（Culturally Relevant Leadership Learning: CRLL）モデル（図8.1参照）は、アイデンティティの作用を考慮しないリーダーシップ理論やアプローチの蔓延に対して開発されたものです。本章でも見てきたように、リーダーシップは「差異が生み出す利点と難点」（Bertrand Jones, Guthrie, & Osteen 2016, p. 10）に留意しながら検討されるべきものです。このモデルの中心には、リーダーシップの学習プロセスに影響を与える３つの発達の領域、すなわちアイデンティティ、キャパシティ、効力感があります。アイデンティティとは、「人生の文脈の中で自分自身を理解するための継続的な生涯にわたる取組」（Bertrand Jones, Guthrie, & Osteen 2016, p. 13）とされ、リーダーシップの礎となるものです。あなたのアイデンティティ、つまりあなたが誰であるか、は、歴史、政治、文化の力、交差（インターセクショナル）する社会的アイデンティティ、そしてリーダーシップ・アイデンティティ（第３章）によって形成されています。自分のアイデンティティをどのように概念化するかが、リーダーシップ・キャパシティ（リーダーシップ・プロセスに効果的にかかわっていくために必要な知識、スキル、態度）に影響を与えるとされています（Dugan 2017; Guthrie & Chunoo 2018）。また、あなたのリーダーシップ・アイデンティティとリーダーシップ・キャパシティは、あなたのリーダーシップ効力感と相互に影響を与え合っています。リーダーシップ効力感については第２章でも触れましたが、ある状況下でリーダーシップ知識とスキルを行使する自分の能力についての、自分自身の考え方のことです（Dugan et al. 2013）。

　キャンパス風土は、学生の成長、発達そして学習に大きな調整効果を与えるものです。そのような風土を、CRLLモデルでは、リーダーシップ学習に影響を与える文化を５側面で捉えます。CRLLモデルはリーダーシップがいかに特定の声を排除してきたか、つまり、「リーダーシップ学習の背景で作用する、隠れた、あるいは、意図されていないカリキュラム」（Bertrand Jones et al. 2016, p. 16）を明らかにするものです。CRLLでは、リーダーシップ環境・文脈における包摂と排除の歴史的遺産の検討が求められます。構成員の多様性、すなわち特定の文脈や環境における様々な集団の人数や割合にも着目します。そして、リーダーシップが実践される特定の組織や場における心理の検証が促されます。例えば、差別、ステレオタイプ、対立についての受けとめや認識はど

第 8 章　あやうい「お立ち台」に気をつけて

図 8.1　CRLL モデル
（出典：Guthrie, Bertrand Jones, & Osteen（2016）、許可を得て使用。）

ようなものか、差異に対してどのような態度がとられているか、その文化あるいはコミュニティの構成員はダイバーシティとインクルージョンの課題にどう反応しているか、ということです（Bertrand Jones et al. 2016）。

　CRLL は、行動そして組織・制度も考慮します。行動については、組織やコミュニティのメンバー間の相互作用、そして文化的に多様な集団内の相互作用の質を検証します。行動は、社会文化的会話と呼ばれる差異の内と外で行われる会話の頻度と質、多様な見方や経験を提示するカウンターナラティブやコンテンツに触れたり、批判的省察（クリティカル・リフレクション）の習慣を培う機会も含まれます（Dugan & Velazquez 2015）。組織・制度については、組織や機関の日常的な運営の注視が必要です。教育プログラムやカリキュラムの多様性、雇用と採用のプロセス、予算編成と資金配分、表彰と報償のプロセスなどの検討が含まれます。

　これら 5 側面から成る CRLL モデルの構成要素は、個人・組織それぞれが、

公正と包摂の状況を評価、そして強化するための戦略を表しているのです。個人のアイデンティティ、効力感、キャパシティ開発に限定してリーダーシップを論じるのでは不十分です。リーダーというものは、権力と排除が組み込まれた支配的なナラティブによって維持されている組織・社会全体的な強制力や、それらが個人の行為主体性と行動に及ぼす影響という問題の解決も学ばなくてはならないのです。文化の影響を考慮したリーダーシップ学習は、個人の学びを超えて、組織、制度、および社会全体的なダイナミクスを問いただし、揺るがしていく（disrupt）ことを求めるものなのです（Owen et al. 2017）。

　一連の特性、行動、属性を女性ならではのリーダーシップとしてステレオタイプ化することは、全ての人、特に女性にとって有害であることがおわかりいただけたでしょうか。

　歴史的に抑圧された複数のアイデンティティを持ちながらリーダーシップの旅を歩む複雑さについて考えてきた本章の締めくくりは、アメリカと日本という2つの大きく異なる文化を行くナコのナラティブです。

　ナコは、日本人でシスジェンダーの異性愛者、中流階級の女性だと自認しています。

ナラティブとカウンターナラティブ	ナコのストーリー

　日本で育ったわたしは、能力や才能、知識を他人に示すことは不適切だと教えられてきました。他人や特定の出来事を批判することは避け、集団の和を大切にするようにと育てられたのです。日本社会では、謙虚さが特別に重要な徳だとされています。それは女性については、いっそうのこと。批判的なのは、自分の能力や知識を他人に誇示するという好ましくない性質とされています。批判的であることと謙虚であることは相反する性質なのです。

　一方、米国、特にわたしが身を置く学術の世界では、批判的であることが価値づけられている場合が多いと感じます。米国での研究生活の中で、クリティカルさを培い、さまざまな状況を分析する際に批判的思考を用いることを学びました。そんなある日のことです。母と一緒に旅行中、ある話題について議論を始めました。何の話題について意見が食い違ったのかは思い出せないのですが、母が黙って泣き出したことを鮮明に覚えています。母はこのとき、わたし

第8章 あやうい「お立ち台」に気をつけて

があまりに批判的になり、意見を強く言うようになったと感じたそうです。この出来事は、一種の警鐘となりました。今はアメリカに住んでいるけれど、基本的には、わたしは日本社会の一員なのです。日本人の女性として、これ以上批判的になってはいけないと思うようになりました。アメリカに住んでいるもののアメリカ人ではないので、2つの異なる文化やイデオロギーの中で日々生きていけるようにしなくては、と気づいたのでした。

　わたしはいつだって自分がアメリカ人でないことを思い知らされています。ある日、白人男性同僚に、その日起こったある出来事を話したときのことです。「今日の授業で、学生が私の英語を笑ったの」。それは嫌な経験でした。というのも、長い間、自分のノンネイティブなアクセントや不完全な英語力が、アメリカでの学術的キャリアにどう影響するか、ネガティブに考えていたから。この嫌な経験を誰かと共有することによって、より建設的にその出来事の意味を理解できるのではと期待していました。すると彼は、「誰でも皆、同じでしょう。僕は人種や民族といったアイデンティティにこだわってはいないよ」と言うのです。彼のこの言葉を、典型的な人種偏見_{カラーブラインド}を避ける発言と受けとめたものの、無害にも思える発言に敏感になりすぎているのではないかともやもやしたのです。社会正義の問題に関する文献に親しんできたため、彼の視点を否定的に捉えてしまっているとも感じました。アジア人女性として、また英語を母国語としない者として、わたしは社会正義の問題に敏感になりすぎているのでしょうか。

　アメリカと日本という異なる文化圏にまたがって生活する中で、自分の2つのアイデンティティや人生観について何度も考えてきました。2つの異なるイデオロギーに従って生きてきたと言った方が正確かもしれません。今アメリカに住んで、学術の世界で仕事をしているため、よく自分に次のような問いを投げかけます。「もしわたしが白人男性で英語が母国語だったら、わたしの体験は違っていただろうか」。

237

第 **9** 章

女性とリーダーシップを
再想像するために

その戦略、仲間たち、そしてクリティカルな希望について

ほとんどのアクティビズムは、我々のような普通の人びとによってもたらされる。
―パトリシア・ヒル・コリンズ「もうキング牧師はいらない」(Collins 2000)

未来は全て、我々一人ひとりが日々何をするかにかかっている。(社会)運動というものは、
人びとが動いていくことなのだ。
―グロリア・スタイネム『非道な行為と日常の反乱』(Steinem 1987)

　　第 8 章は、ジェンダーとリーダーシップの構築や実践に影響を与える
社会全体的な力に抗うためのアイデアで締めくくりました。この最終章でも、
ジェンダーとリーダーシップに関する批判的な考察を超え、行動を起こすため
の具体的戦略について述べていきます。まず、全ての抑圧がいかに相互に関連
し合っているか、そして、社会変革のためのリーダーシップへのアプローチを
つくりだすために、立場性、アイデンティティ、権力がどのように交差してい
るかを考えることから始めましょう。全ての問題が同じように解決できるわけ
ではないので、社会変革のための多様な手段も説明します。続いて、〔第 4 章の
「社会化のサイクル」を提示したハロによる〕「解放のサイクル」における自分自身
のポジショナリティを考察します。そして最後に、変化を起こす際にはつきも
のとなる、反対勢力への対応、燃え尽き症候群の回避、クリティカルな希望の
維持の方法を解説します。

社会変革運動におけるフェミニストなリーダーシップ

　これまでの章で、交差性（インターセクショナリティ）という概念を取り上げてきました。この概念は 1970 年代以来、黒人フェミニストの思想の一部として展開されてきたものです。コンバヒーリバー・コレクティヴのメンバーは、支配のマトリックスと多様な抑圧が絡み合ったシステムという考え方を用い、人種、性、異性愛、そして階級的抑圧のつながりを説明しています（Collins 1990; Moraga & Anzaldúa 2015）。どちらか一方、という二項対立的な思考から脱却することで生まれる力があるのです。人びとを、分類的ではなく交差的な方法で捉える利点のひとつは、差異のカテゴリーの順位付けを超えられるということ。抑圧の階層化について第 8 章で取り上げましたが、それは交差する多様なアイデンティティを考慮することなく、人をひとつだけのアイデンティティ・カテゴリー（例えば、アジア人、女性、ユダヤ人）にあてはめ、周縁化されたアイデンティティのうちどれが最も抑圧にさらされているかを測る傾向のことでした。これに対して、**フェミニストなリーダーシップ**は、反性差別的であると同時に、反人種差別的です。

　コリンズ（Collins 1990）は、「抑圧を「加算」から「連動」モデルに置き換えることで、新しいパラダイムで考える可能性が生まれる」と述べています。新しいパラダイムとは、「単に生き残る、適応する、対処するのがゴールではなく、むしろ、生きていく自分という当事者意識、そしてそのような自分自身に対する説明責任の感覚を持ちうる場」（p. 223）というものです。交差する（インターセクショナル）アイデンティティという概念でさまざまな抑圧の結びつきが見えるようになると、ほぼ全ての社会変革運動においてフェミニストなリーダーシップが存在することがわかります。私自身が最近、この実例を目にしたところです。それは、キャンパスで #MeToo 運動に積極的に参加する有色の女性が、ブラック・ライブズ・マター（Black Lives Matter: BLM）運動の活動をする男性学生に詰め寄られた場面でした。性暴力反対活動が BLM 活動に注がれるはずの学生のエネルギーやコミットメントを減じさせているのではないかと、彼は問うたのです。彼女は、#MeToo の問題に取り組むときは常に彼女自身のアイデンティティから BLM についても伝えている、と答えました。この女性は、「抑圧のオリンピック」をつくりだすのではなく、変革が多方面に起こるように、一人

第9章　女性とリーダーシップを再想像するために

ひとりが周縁化されたアイデンティティをもって活動に参加するように呼びか
けていたのです。このように学生アクティビストたちは、自分自身の交差する
アイデンティティに根差しながら活動を展開するさまざまな方法を見出してい
ます。例えば、私の大学においては、Undocublack（不法滞在者である有色の学
生）、FLIP（低所得家庭の、大学第一世代の学生）、BlackFemmes（クィアおよびト
ランスも含む全てのジェンダーの黒人）、ワーキングマザー同盟、パレスチナの正
義のためのユダヤ人などの学生グループなどがあります。

　ジェンダーとリーダーシップをめぐる既存の権力構造を揺るがしていくた
めに、他者とどのように協働できるでしょうか。デューガン（Dugan 2017）は、
権威主義的構造の中に、誰もが平等な立場で入ってくるわけではないと指摘し
ます。各人の立場性、アイデンティティ、知識、パワーが、それぞれの社会変
革へのアプローチを形づくります。既存の構造を問い直すために使える方法に
は次のようなものがあります。例えば、自分自身についてのクリティカル・リ
フレクションに取り組む、社会的・文化的資本を使って支配的なナラティブを
変える、批判だけで終わらずその先を見越して再構築に向かう、社会変革に取
り組む方法をほかの人に教える、などです（Dugan 2017）。

　シェイとレン（Shea & Renn 2017）は、パワーは本質的には敵対的である
という考え方を、フェミニストなリーダーが嫌がる必要はないと論じています。
むしろ組織や社会の変革のために、フェミニストなリーダーシップにより、権
力を覆すよう勧めるのです。これは、自身が所属する組織に固有の抑圧的な構
造的権力を名づけ、異議を唱えていくことで可能となります。また同時に、無
力感を打ち消す方法にもなります。そのような実践の一例を、私の大学で見つ
けました。それは、大富豪コーク兄弟などの大口寄付者との協定内容の詳細
を公表するよう、学生たちが大学を訴えた事例です。シェイとレンは、フェミ
ニストなリーダーもまた、協力的かつ集団的に権力を共有するものだと述べま
す。権力の共有は、意思決定に際し他者の意見を招き入れること、変革のため
の戦略や戦術について互いに教育し合うこと、支援・承認やウェルビーイング
の促進を通して支え合うことで、可能となります。

241

社会変革のためのリーダーシップ手段：アクションの分類

　全ての問題を同じ方法で解決できるわけではありません。異なる社会問題には、それぞれに適した変革の手段を使うことが必要です。ハーバー＝カランとティラポー（Haber-Curran & Tillapaugh 2018）は、「社会的に公正なリーダーシップであるためには、多種多様なリーダーシップ・キャパシティ、行動、そしてあらゆるジェンダーを考慮したアプローチが必要」（p. 85）と指摘し、効果的な変革の担い手となるために必要な知識やスキル、価値観を詳細なリストにまとめています。「伝統的、階層的、権威主義的なリーダーシップの概念化の限界」の把握、そのような概念化のもとでのアプローチが一部の人たちを取り残し「ジェンダーに基づく特権と抑圧をさらに強める」可能性の認識も、そこに挙げられています（p. 87）。そして、「性差別、ジェンダリズム〔ジェンダー二元論主義〕、シスセクシズム〔性別一致主義〕の終結を目指すインクルーシブなフェミニズム」（p. 87）を大切にし、「個人、グループ、システム、各レベルでの批判的検討と探究」を伴う戦略を用いるよう学生に勧めています。

　表9.1には、変化をもたらすための多様な方法を一覧にしています。あなたが関心を寄せる問題には、どの手段が最も適しているでしょうか。必要性に差し迫られている人に対しては直接的な支援が最も効果的ですが、不公正な政策を変えようとする場合は、アドボカシーやキャパシティ・ビルディング（能力開発）が有効となるでしょう。

解放のサイクル

　第4章で確認したハロ（Harro 2013b）の社会化のサイクルを覚えていますか。ハロは、人びとが抑圧の本質とその中で自分自身が果たしてしまっている役割をより深く理解するようになると、個人としての変化を超えて、不公正に対して何かをしたいという動機が強くなることに気づきました。私たちを社会化し抑圧する多くの力を特定し名づけることができれば、その力に抗い、解放を求めて動き出すことができるのではないでしょうか。ハロは、これまでに成功したあらゆるクリティカルな変容や解放運動に共通するパターンに基づき、解放のサイクルを設計しました。図9.1に示すこのサイクルについて、ハロは、変

第 9 章　女性とリーダーシップを再想像するために

表9.1　シビック・エンゲージメントの方法

活動形態	活動内容
直接的支援	コミュニティの差し迫ったニーズに対応するために、個人の時間とエネルギーを提供すること。例えば、学習支援、シェルターでの食事提供、家の建設や修理、近所や公園の清掃。
コミュニティリサーチ	コミュニティの強みについて、そして、コミュニティが社会問題からどのような影響を受けているかを知るために調査すること。ほかの取組が拠り所となる知識を提供できる。
アドボカシーと教育	政府や企業の意思決定者に向け、コミュニティのメリットとなる選択をするように説得するために、さまざまな方法（例：請願、デモ、投書）を用いること。コミュニティ団体でのスピーチ、市民への資料配布、学校での教育活動などを通じて、社会課題への一般の人びとの意識を高める。
キャパシティ・ビルディング（能力開発）	コミュニティの多様な構成員と協力し、既存の資産を活用しながら課題解決し、よりよい場所にしていくこと。コミュニティのあるべき姿とその実現方法について誰もが発言できる場をつくること。
政治的関与	選挙運動や投票など、政治のプロセスに参加すること。責任を持って投票するために地域、国、国際社会の課題を普段から把握し、社会課題についての議論や討論に参加することも含まれる。
社会的責任のある個人的・職業的行動	個人的または職業上の決断を下す際に、他者の福祉についての自身の責任感を働かせること。自身のキャリアや専門をコミュニティのために役立てること。自身の価値観に根差したライフスタイルの選択も含まれる。例えば、リサイクル、ハイブリッドカーの使用、自転車通勤、不当な企業方針を理由に特定の製品を買う・買わないを決断する、社会的公正を大切にする企業で働くことを選択する、など。
慈善活動	お金やモノの寄付や資金集めのためのイベント企画・参加。
コミュニティ団体活動への参画	市民団体、スポーツリーグ、教会の聖歌隊、学校の委員会など、コミュニティづくりの基盤となる社会的ネットワークを構築するコミュニティ団体・組織に参加すること。

出典：Owen & Wagner（2010）

243

革の取組は全て異なるため、「ハウトゥ」つまりいかにやるべきかを示すものではないこと、そしてほかの人びとにとって機能したものの解説であることに注意を呼びかけています。ハロのモデルは変化の7つのステップを描いていますが、どのステップからもこのモデルへの出入りは可能で、ほとんどの変容プロセスにおいてサイクルは幾度も繰り返されます。抑圧を終わらせるための活動は、悲しいかな、決して完全に終わることはありません。ハロは解放を、クリティカルな変容、すなわち抑圧を生み出すシステムとしての構造と暴力を特定し、名づけ、対処できるようになることである、と定義しています。

○目覚める

ハロ（Harro 2013b）は、自分自身や世界を新しい方法で見つめるきっかけとなる重大な出来事を経験した結果として、多くの人は解放のサイクルに入っていくと考えています。例えば、本書を読み自身の認識に不協和音が生じ、ジェンダーやリーダーシップの概念を異なる視点で捉えるようになる人もいるかもしれません。もしかすると、これまで自分はリーダーシップ・プロセスに取り組めるとは思っていなかったけれど、第3章のリーダーシップ効力感を高める方法を実践したことで、できるように感じつつあるという人もいるかもしれません。また、日常的に不公正を経験しているため、すでに「目覚めた」状態にある人もいるかもしれません。

○準備する

解放サイクルの次のステップでは、新しい見方や視点に基づき、自分自身の考え方や行動を意識的に解体、再構築していきます。ハロ（Harro 2013a）は、「いったん何かを知ったら、もうそれを知らないということはできない」（p. 620）と述べています。これは、仏教哲学者のティク・ナット・ハン（Hanh 1992）の言葉、「見るということは、行動することを伴う。そうでなければ、見ることに何の意味があるのか」（p. 91）という言葉を連想させてくれます。このステップで大切なのは、内観、教育、コンシャスネス・レイジング（consciousness-raising）などのプロセスです。ここでは、自身が囚われている固定観念、無知、差別的・特権的な態度、共謀や抑圧的な言動など、自分や他者を制限する行動を解体するプロセスにより、自身がエンパワーされていき

ます。プロセスで使用する一連の道具をつくりだしたり、インスピレーション
の源やつながりを探し出すことが含まれます。あなたの工具ベルトにはジェン
ダーの不公正と闘うためのどんな道具がありますか。リーダーシップのより公
正なシステムを構築するための道具はどうでしょうか。

○働きかける

　ハロ（Harro 2013b）のサイクルの次のステップでは、ひとつ前の「準備する」
で得たスキルやツールを使います。これには、反対意見があっても黙ってい
るのではなく、声を上げて何がおかしいかを指摘することも含まれます。あ
なたは本書を読むことで、フェミニズム、賃金格差、トランスジェンダーの
人びとの権利といった話題について新しい視点で考えるようになったり、善
意の性差別を見たときにそれを指摘する必要性を感じたりするようになった
かもしれません。家族、友人、同僚に自分の信念をどのように伝えています
か。このステップでは、ほかの人があなたの考えに反発したり、疑問を投げ
かけたりする可能性があり、リスクを伴います。それと同時に、あなたのコ
ミットメントに気づき応援してくれる人たちとの新しいつながりが育まれる
こともあります。

○コミュニティをつくる

　社会変革は孤立した状態では起こりません。他者との継続的な対話が必要な
のです。これまでの章で述べたように、コミュニティを築くには、自分たちと
同じような人たち（同じ社会的アイデンティティや、目的に対する似たようなコミッ
トメントを共有する人たち）と対話すること、そして、自分たちとは異なる人た
ちとも対話することが必要です。後者の方がはるかに難しく、前提やルール、
役割、構造などを問い直す必要も出てくることでしょう。なぜ、社会変革には、
自分と意見の異なる人たちとの持続的な対話の時間が不可欠なのでしょうか。
ハロ（Harro 2013a）は、「我々を分断する壁や境界を可能な限り小さくしない限
り、システムを変えるという真の課題に集中することはできない」（p. 622）と
述べています。これが、SNS上で目にするレッテル貼りや罵倒とどう違うかを
考えてみてください。お互いの違いを探り、最初は同意できないかもしれない
人びとの意見に深く耳を傾けるために時間を割くというのは、革新的な行為で

す。その結果として、エネルギー、リソース、インスピレーション、理解、思いやり、共感、人間性、そしてモチベーションが高まるとハロは述べています。あなたは、自分と似ている人、違う人、誰と対話をしていますか。

○連携する

　抑圧的なシステムを止め、立ち向かっていくために、仲間^{アライ}と共に行動に移すステップです。教育、資金調達、ロビー活動、アクション・リサーチ、政策的取組、アクティビズム、アライシップなど、図 9.1 に示したあらゆる行動が含まれます。考えてみてください。私たちの多くが、ここまでの３つのステップの実践をしないまま、このステップへと急いでいることを。準備と熟考された意図、そして多様な協力体制によって行われる行動そしてアクティビズムは、単独のアクティビズムよりもはるかに強力なものになりえます。アクティビストの旅^{ジャーニー}の素晴らしい例として、この章の最後にある２つの物語を読んでみてください。登場する２人の女性たちが、解放のサイクルを通じた旅について語るものです。

○変化をつくりだす

　ハロ（Harro 2013b）にとって、「変化をつくりだす」とは、制度をクリティカルに変革しながら、新しい文化を創造するプロセスを意味しています。このステージでは、人びとはリーダーシップ・プロセスに取り組み、前提を疑い、リスクを取り、権力や影響力を共有し、政策に影響を及ぼし、変革を導いていきます。変化を生み出すための無数のリソースが存在しています。実践的な戦略については、『Do Good Well』（Vasan & Przybylo 2013）という本をおすすめします。この本は若い女性アクティビストによって書かれたもので、目標達成のためのメディアの活用法から取組の効果測定や評価方法まで、さまざまな情報を提供してくれます。

○維持する

　ハロ（Harro 2013b）は、変革の実現が解放のサイクルの最終ステップではないと言います。新しい構造、ルール、役割、前提を育み、維持するのは、実現そのもの以上にたいへんなことがあります。このステップに含まれるのは、組

第 9 章　女性とリーダーシップを再想像するために

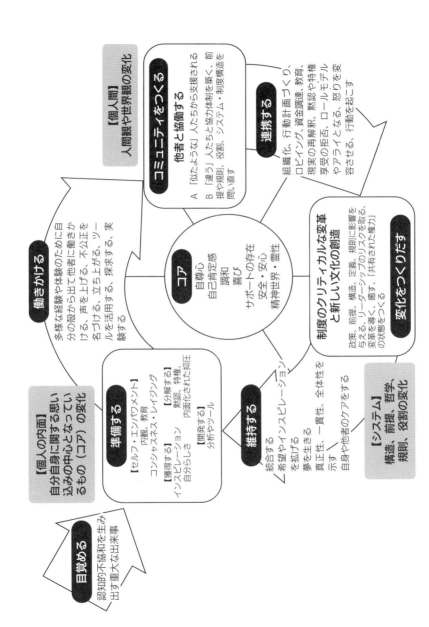

図 9.1　ハロの解放のサイクル（出典：Harro (2013b)、許可を得て使用。）

織の事務作業だけではありません。真正性、一貫性、そして全体性の体現も含まれます。また、希望とインスピレーションを生み出し、説明責任を果たすこと、そして、他者と自分自身を大切にすることもです。変化への旅において、セルフケアを実践していますか。

　リーダーシップ・ラビリンスをどう進むかを考えるにせよ、解放のサイクルのどのステップが自分にとって最も役立つかを考えるにせよ（エクササイズ 9.1 参照）、ジェンダーとリーダーシップにおける自分自身の旅、そして、解放のサイクルにおける自分自身の立場性を見つめることが大切です。

エクササイズ 9.1　自分自身の旅の地図を描く

　ハロ（Harro 2013b）の「解放のサイクル」で紹介されている変化のプロセスやスキルのうち、すでにあなたの「リーダーシップ道具箱」の中にあると感じるものにチェックを付けてみよう。やってみたいものの横に★印を、よくわからない、またはもっと学びたいと思う概念の横にクエスチョンマークを付けてみよう。

　「解放のサイクル」モデルのコアについても考えてみよう。自分を愛すること、大切にすること、バランス、喜び、サポート、安心やスピリチュアリティなどについての、自分自身の実践はどのようなものだろう。自分の生活の中で、これらをどのように育てているだろうか。他者との協働ではどうだろうか。やってみようと感じたら、自分と同じような変化への取り組みをしている人たちと結果を共有してみよう。グループや組織としての解放のサイクルを、仲間と一緒に、旅はユニークでよい、ということを思い出しながら描き出すのも一案。昔から「比較は喜びの泥棒」と言われ、社会化と解放のサイクルをどう乗り切るかはユニークであっていいのだから。

アライ形成：仲間たちを持とう

　変革への活動は、その旅の友だちや仲間がいるほどよいものです。社会正義のアライとは、抑圧が対象者・集団に向けられたときにそれを阻止する人、

特権を認識し、制度化された抑圧を問い、可能な限り抵抗する人と定義されています（Reason, Broido, Davis, & Evans 2005）。アライは、抑圧が、抑圧行為の対象者だけではなく、全ての人を傷つけると理解したときに、最も力を発揮してくれます（Davis & Harrison 2013）。これについて、身をもって学んだことがあります。とある友人が、黒人への警察の暴力について、私がSNS上で声を上げていないと対峙してくれました。彼女は、私がジェンダーの問題では常に声を上げ活動するのに、人種にかかわる問題ではほとんど沈黙していることに気づいていました。私は自分を社会正義のアライであると認識していますが、白人警察官による黒人への暴力の問題について、白人の私が声を上げること自体が別な論点を生み、注意を逸らしてしまうことが心配でした。不正義がどこで起ころうと声を上げるのではなく、白人として見られることを気にしてリスクを取っていなかった私の考え方に、彼女は挑んでくれたのです。そんな働きかけをしてくれたことがありがたく、私は自分の行動を変えました。自分のジェンダーアイデンティティからも、この問題に迫ることができるようになりました。今では、なぜより多くの注意が黒人女性よりも黒人男性に対する残虐行為に対して向けられるのか、と問うことができます。

　社会正義のアライになる方法については、いくつかのモデルがあります（Alimo 2012; Broido 2000; Edwards 2006; Ortiz & Rhoads 2000; Reason et al. 2005）。解放のサイクルと同様に、社会的不公正に無意識な状態から、社会正義への認識と学び、そして社会的行動への統合とコミットメントの段階を経るものです（Linder 2015）。エドワーズ（Edwards 2006）のモデルは、社会正義のアライを3種類に分けて説明しています。

・自分本位なアライは、1人の人物とのつながりに動機を感じ、その個人が属する集団や集団が直面する問題ではなく、その個人自身を守ろうとする。
・利他的なアライは、自分自身の特権に自覚的になるほど、その罪悪感からアライとして活動することがある。対象となる集団全体のためよりも、その中の特定の人びとのために活動するようになることもある。
・社会正義のアライは、個人ではなく、性差別などのより大きな問題とのつながりを感じながら、抑圧を永続化させている自分自身の役割を理解している。

アライたちは、一見アライであるようには見えなかったり、あなたと同じような姿をしているとは限りません。フェミニズムや解放への活動において、男性やジェンダーノンコンフォーミングな人たちが果たす役割を考えることはとても大切です。ジョンソン（Johnson 2005）がみごとに言ってのけています。「異性愛者、男性、アングロサクソン、白人、経済的に余裕のある人びとが、特権の問題を自分ごととし、それについて何かをする義務を感じない限り、不公正は解決されない」（p. 10）。エマ・ワトソン（Watson 2014）は国連での演説で、「半数が会話に招かれているとも歓迎されているとも感じていないのに、どうやって世界を変えられるのでしょう」と賢明に問いかけました（第18パラグラフ）。ジェンダー平等への運動は、インクルーシブでなくてはなりません。マリーンら（Marine, Helfrich, & Randhawa 2017）は、大学生世代のフェミニストは、どのようなジェンダーでもフェミニストになりうる、そしてジェンダーアイデンティティやジェンダー表現は変わりうると考える傾向を指摘しています。そのような信念が、男性やトランスジェンダー、ジェンダークィアの友人たちを、フェミニスト運動のアライとしてだけではなく、社会変革の実践に欠かせない当事者という立場で迎え入れているのです。

ここで、兄弟が彼女のリーダーシップへの自信を培ってくれたと語るリー、続いて、父親の揺るぎないサポートがフェミニストとしての彼女を形づくってくれたと語るカリオペのナラティブを読んでみてください。

リーは、白人、シスジェンダー、異性愛者、中流階級の女性というアイデンティティを自認しています。

ナラティブとカウンターナラティブ　　　　**リーのストーリー**

　人生において、わたしを支え、守り、思いやり、そして、心に決めたことは何でも成し遂げられると思わせてくれたのは、男性たちです。大家族の中で育ったことが、最大のギフトだったと思います。4人の兄と1人の姉がいるとはよくあることではなく、わたしは数少ない幸運な1人です。休み時間に男子が「女子はキックボールしちゃだめ」と言ったことを、帰宅時に怒って話した日を覚

えています。兄たちはみんな、その男の子たちはおかしい、きっとわたしが得意なのを知っているから怖がっているだけだと言いました。その日、兄たちは裏庭で一緒に何時間もキックボールをしてくれました。学校の男の子たちよりもうまいことを見せられるように、ボールを超ハードに、そして高く蹴る方法をアドバイスしてくれたのです。男子の言うことなど聞かず、キックボールをしたらいいと言ってくれました。なぜならわたしがやりたいことを邪魔するなんて許されないから、と。

　兄たちはいつも、わたしがよりよくなれるためにポジティブに後押ししてくれました。サッカー、バスケットボール、水泳、そしてダンスや体操など、あらゆるスポーツを教えてくれました。競争心とチームプレーも教えてくれました。また、タフで強い人間になるように、そして正直であるように、自分の感情を共有することを恐れないように、励ましてくれました。いつだって、宿題を手伝ってくれ、学ぶことの大切さを教えてくれました。人を尊重することや礼儀正しさだけではなく、大胆さやカリスマ性を発揮することも学びました。兄たちは、自信を持つとはどんなことかについて説明してくれ、化粧で顔をごまかしたり、特定の服を着たり、男性の気を引くために何かをする必要はない、なぜなら自分を自分として好きになるべきなんだからと言ってくれました。そして何よりも、自分がやろうと思ったことは何でもできる、ジェンダーのせいで価値が低いなんて誰も言うことはできない、といつも教えてくれました。兄たちは、一緒にいたいと思うような男性について、非常に高い基準と模範を示してくれました。多くの人は、こんなふうな経験を持ちえないだろうし、自分がとても幸運だと感じています。彼らの知恵とサポートが、社会で女性が直面する多くの問題に陥らないよう、そして将来直面するであろう不公正に対応する準備をさせてくれたと心から思っています。

　カリオペは、白人、シスジェンダー、異性愛者、中流階級、ギリシャ正教を信仰する女性というアイデンティティを自認しています。

ナラティブとカウンターナラティブ　　カリオペのストーリー

　父からの応援は、キラキラしているわけでも、大げさでも、派手なわけでもありません。ただ、常に、そこにあります。静かに、絶え間なく。力強く、絶え間なく。それがスタンダードです。女の子だから、後には、女性だから、を理由に父に支えられたという具体的な瞬間が思い浮かびません。笑顔になった

り、涙が出たりするような記憶もないのです。父からのサポートは、常にそこにありました。思い出せる限り、あたりまえのようにあったものです。父は、母、2人の妹、そしてわたしを、小さな、普通の、そしてある意味退屈な方法で、支え、尊重してきてくれました。父は、庭でバスケをしたり、サッカーをしながら、静かにわたしたちに自信をつけさせ、自分を愛することを教えてくれました。

父の愛とサポートは、母を大切にする様子に表れています。愛と敬意をもって母に語りかける姿。母と一緒に笑う、あるいはふざけながら母を笑う姿。何かあっても落ち着きを保って、会話を交わす姿。対等で、パートナー、最愛の人として彼女を扱う姿。

それは、電話で、帰りにナプキンやタンポンを買ってきた方がいいかどうかをわたしたちに聞くことにも表れています。生理やセックスについて話すとき、ほかの男性のように視線を避けたり、声を潜めて話したりしないところにも。わたしたちが望んだわけでもない、常に恥ずかしいと思わされている身体機能について、決して恥ずかしいとは思わせないところ。

夕食のとき、歴史やメディアに登場するパワフルな女性についてわいわいと議論を交わすときにも明らかです。父は、女性とパワフルという言葉を同じ文章で使っても、嫌な顔をしないのです。わたしたちの女性アイドルを称え、彼女たちの功績を学び、ガル・ガドットの誕生日にはメッセージを送ってくれます。

15歳のときに、「最愛の人」にフラれたわたしを抱きしめてくれたときにも明らかでした。泣いているわたしを避けず、母が帰ってくるのを待って女どうしで話したらいいと言ってくれたときに。抱きしめ、泣かせてくれて、最もすてきな女の子だと言ってくれたとき。最もよいことに値する存在だと言ってくれたとき。

妹が、彼女の方が上手だから、男の子にバスケットボールをさせてもらえなくなったと泣いて帰ってきたときにも明らかでした。どんな男の子にも彼女が持つ光を曇らせるようなことをさせちゃいけないと言い、妹がもっと上手になるようにと外に出て一緒に練習したとき。スリーポイントを決めて、男の子たちに向かって中指を立てて、さっさとコートから立ち去ったらいい、と言ったとき（これについては、後ほど母が拒否権を行使しました）。

これらは、人生の一大イベントではありません。歴史に残るような記憶でもありません。しかし、自分を愛すること、信じること、そしてパワーを育んだくれたかかわりの一部です。3人の強い女性を生み出した、穏やかな日常の一部です。

第9章　女性とリーダーシップを再想像するために

ノン・フェミニストの他者にどう対応するか

　違いを超えて話し合おう、異なる意見を持つ人に深く耳を傾けよう——どれ
だけ努めても、ジェンダー公正やフェミニストなリーダーシップへのコミットメ
ントを理解しない人はいます。相手があまり知らない人あるいは普段会わない
人であれば、単にもどかしいくらいかもしれません。しかし、家族や親しい友
人だと、深く傷つくことがあります。そういった人たちを避ける以外に、あな
たのまわりのノン・フェミニストに対処する戦略はどのようなものでしょうか。

○話してみよう

　抵抗には抵抗で応じないことが大切です。抵抗する人に対話を働きかけま
しょう。カプリーノ（Caprino 2017）は、他者がジェンダー不平等について考え
るきっかけとなるような、力強い問いかけを示しています。抵抗を示す相手が
これらの質問を通じた対話に乗り気で、かつあなたにエネルギーと感情的ウェ
ルビーイングがあれば、やってみてもいいかもしれません。その人には、自由
な、価値判断をしない、上下関係に囚われない方法で、ということを理解して
もらいましょう。自分の欠点とともに、どういったことによって傷つくか、つ
まりバルネラビリティ（vulnerability）について話しておいてもいいかもしれま
せん。自由な対話の詳しいガイドラインは、ナッシュ、ブラッドリーとチッカ
リング（Nash, Bradley, & Chickering 2008）の「キャンパスでホットトピックス
についてどう話すか：両極化から道徳的会話へ」を参照してみてください。カ
プリーノ（Caprino 2017）は、性差別的思考の限界を明らかにするのに役立つ、
順序立てられた自由回答形式の質問を次のように提示しています。

1. 女性と男性は同等の権利と機会を得るのに値すると考えますか？　そう
　思わない場合、その理由を具体的に教えてください。
2. 地球上の全ての人間は、平等な権利と全ての機会への平等なアクセス
　を持つに値するという考え方に反対ですか？　反対する場合、平等であ
　ると、何が起こるのを懸念していますか？　あなたの考え方には、どの
　ようなマイナス面がありえるでしょうか？
3. 特定の集団だけが特定の機会・権利へのアクセスを許されるべきだと

253

思いますか？ もしそうなら、どの集団が優遇され、そのアクセスを認められるべきでしょうか、また、誰がそれを決めるべきでしょうか？

4. 男性には全ての権利や機会がある一方で、女性には一部の権利しか与えないのは本質的に公平であると思いますか？

5. これらの課題に関して、あなたの信念をつくってきたものを思い返してみてください。具体的には、それらはどこから来たのでしょうか？ 幼少期、成人期初期？ ジェンダーに関する個人的経験、あるいはメディアで読んだり見たりしたものでしょうか？ あなたの「トライブ」〔一緒に時間を過ごすことが多い友人の集団〕や、家族、同年代で、今のあなたの信念に影響を及ぼしているのは誰でしょうか？

6. ジェンダーと平等について、メディアで読んで頭にきたり、憤慨したりすることは何ですか？ 特定の人びとが全ての権利・機会にアクセスできないようにすることが、全ての人びとにとっての公正で健康的で豊かな世界の実現につながると思いますか？

7. 最後に、自分の信念を、あなたは本当に正しいと感じますか？ 健康で、全人的で、誠実で、思いやりがあり、公正であるという、あなたの本当の姿と一致していると感じますか？（第11パラグラフ）

○線を引こう

　もし、対話がうまくいかないのに、抵抗する人と関係を続けなければならない、あるいは続けたいのであれば、自分自身の境界線を引くことを考えてみましょう。私の友人の一家は、政治については非常に分断されています。長い間、祝日の食事の席は、怒鳴り合い、罵り合い、政治的対立の話で台無しになっていました。友人の母がいよいよ耐えきれなくなり、家族は「食卓で政治の話はしない」という方針を決めました。その方針に合わせ、彼女は家の中の小部屋を政治活動ゾーン、愛称「PEZ（Political Engagement Zone）」に指定し、政治的な話になるたびに「PEZで」と促すようにしたのです。別の友人の家族は、これとは逆のアプローチです。家の中の一室を「安全地帯」に指定して、そこでは政治的な話ができないようにしています。議論が過熱しそうな話題について話すのが嫌になったら、その安全地帯に引っ込むことができるのです。

第9章 女性とリーダーシップを再想像するために

○自分の限界を知り、サポートシステムを頼ろう

　誰かがジェンダーやリーダーシップの見解について合理的な議論をしたいのであれば、すればよいでしょう。しかし、そのような会話が、罵倒、露骨な性差別、または意見の相違を解決するために暴力的言動や暴力に移行しないよう、自分の境界線を知っておきましょう。残念なことですが、有害な人たちとはもうかかわれないというときが来るかもしれません。もしかかわらなくてはならないのであれば、差しさわりのない話題について極めて軽いやりとりをすることを目指しましょう。私にも天気の話しかしない親戚がいます。仲間やサポートシステムといった安全な場を活用して、発散したり、前向きになれるようにしましょう。

アクティビストとしての燃え尽きを避ける

　公平と正義への深い関心を持ち、たゆまぬ努力を続けている人に共通するのが、「アクティビストの燃え尽き」に少なからず直面するということです。その人の情熱やアイデンティティが、アクティビストとしての活動と深く結びついていることが多いゆえに、燃え尽き症候群や活動へのエネルギー・関心の喪失に陥りやすいのです。ジェンダー正義やリーダーシップの脱ジェンダー化について深い関心を持つ、私の周りの多くの学生にもあてはまります。ゴースキーとチェン（Gorski & Chen 2015）は、アクティビストには無私の文化、ひいては「殉教」の文化があり、それがアクティビストに役割分担や期待以上の仕事をさせ、疲弊させると述べています。また、アクティビスト運動・組織内の政治や権力闘争も、燃え尽き症候群につながる可能性があります。ゴースキーとチェンは、多様な社会正義アクティビストにインタビューを行い、燃え尽き症候群の3つの主要な症状を発見しました。心理的・感情的なウェルビーイングの悪化、身体的なウェルビーイングの悪化、幻滅・絶望感です。これらの症状は、組織やコミットメントから人びとが離れていくことにつながります。

　では、どうすればいいのでしょうか？　何よりもまず、アクティビストの「殉教」の文化に異議を唱えなくてはならないでしょう。ゴースキーとチェン（Gorski & Chen 2015）の研究では、多くのアクティビストが燃え尽き症候群の感情をお互いに話し合うのはタブーだと感じていました。活動の負担感を話す

ことさえ、その人が活動にコミットしていないと示すかのように受けとめていたのです。第二に、アクティビズムの重要な構成要素として、セルフケアの実践をその中心に据える必要があるということです（Chen & Gorski 2015）。機内放送で「人を助ける前に、まず自分に酸素マスクをつけましょう」というアナウンスを聞いたことがあるでしょう。これは、変革の活動をする全ての人のための知恵です。ジェンダー平等を求めるようなアクティビスト運動が持続していくためには、心身の健康を優先させることが不可欠なのです。

クリティカルな希望を持ち続ける

　苦難に直面しても希望を持ち続けることを学んだ人たちは、リーダーシップにおける、クリティカルな希望の重要性を見出しています。クリティカルな希望は、ナイーブ（naive）な希望や、不正義の克服に向かって活動を続ける困難の否定とは違うものです。第2章の表2.1に示したリーダーシップの9つの学習課題を覚えているでしょうか。そのうち、悪戦苦闘しながらも希望を持ち続けることこそ、おそらくリーダーシップに最も必要なスキルのひとつです。プレスキルとブルックフィールド（Preskill & Brookfield 2009）はその理由を次のように説明しています。

　　希望があれば変革が起こるわけではないものの、希望がなければ変革は不可能である。ごく普通の人びとが共に目的に向かう活動に無限の可能性があるという感覚がなければ、正義に向かう旅を始めることすらできない。［…］希望は、人道的で前向きな変化をもたらすための十分条件ではないが、そうするための必要条件なのだ。自分自身が希望を持つこと、それは、メンバーが希望を持つようにすることだとリーダーが学ぶと、可能性の風土、つまりどんなことでも可能だという雰囲気がつくりだされる。（pp. 175–176）

　ラブ（Love 2013）は、解放への意識という考えを打ち出しています。彼女は、公平性と社会正義を生み出すためにシステムや制度を変えようとする人は誰でも、解放への意識を培わねばならないと述べます。それにより、人びとは抑圧

第9章　女性とリーダーシップを再想像するために

的なシステムや制度の中で、社会化の力に服従するのではなく、意図と自覚を
もって自分の人生を生きることができるようになるのです。解放への意識は、
人びとが失望や絶望に屈さずに、抑圧の力学を認識し続けることを可能にしま
す。また、抑圧のシステムに意図的に抗いながら、システム内で人びとが演じ
る役割を非難するのではなく、注視し続けられるようになります。

　ジェンダーやリーダーシップについて私たちがどのように社会化されている
か、社会化された概念が大学キャンパスでどのように立ち現れているか、そし
てこの社会化が仕事や家庭のあり方にどのように影響を及ぼしているか。本書
が、みなさんが新しい方法で考えるきっかけでありますように。単に理論や用
語を知るだけでは十分ではありません。調べること、つまりトピックについて
学ぶことから、自分の周りにより公平で公正な場をつくりだす行動、つまり歩
み出すことへ。これが解放への 旅 なのです。どこかの誰かが、気づいたとき
に不正を指摘したり、ジェンダーに配慮したリーダーシップや組織を提唱する
のを待つこともできます。同時に、私たち自身が袖をまくって、動き出すこと
もできます。**結局のところ、待ち望んでいたリーダーは私たち自身なのです。**

　本書を締めくくるのは、自身のコミュニティでリーダーシップを発揮し、ほ
かの組織と協働し、人びとを組織し、偽りのない（authentic）関係を築き、社
会正義のために動き続ける2人の女子大生の物語です。ほかに収録された全て
のナラティブと同じく、彼女たちの言葉は、自分自身の深いコミットメントに
ついて考え、社会変革のためにリーダーシップを発揮していくよう力を与えて
くれるものです。

　ショーナは黒人、カリブ系アメリカ人一世、労働者階級の女性というアイデ
ンティティを持っています。

ナラティブとカウンターナラティブ　　ショーナのストーリー

　16歳のとき、初めてデモに参加しました。ノース・フェイスのジャケットと
帽子、マフラーを着込み、友人や地域の人たちと一緒に寒空の下に立ち、地域
社会に約束されていた低所得者向けの住宅用地に新しい寮を建設しようとして
いる地元の大学に抗議したのです。そのときわたしは、数十年前に同じような

活動によって生まれ変わったこの地域を守らなければならないという責任感と自負を感じていました。

　ちょうどその1年前、マイタウンというNPOのユースツアーガイドとして採用されました。マイタウンは高校生を雇い、ボストンの歴史を学ばせてから、サウスエンド地区の歴史ウォーキングツアーのガイドをしてもらっていました。しかし、そのツアーはポール・リヴィアやジョン・ハンコックといった著名人についてではなく、ボストンの歴史の全体像をつくりあげるのに貢献した、社会的地位の低い人びとの物語を取り上げるものでした。このツアーでは、黒人、ラテン系、アジア系ほか多くの文化の歴史に焦点を当てていました。労働者階級の家族の住む地域を破壊することになるサウスウェスト・コリドー高速道路に抗議する、地域住民の日常的な活動にも焦点を当てていました。また、寝台車ポーターズの同胞団〔the Brotherhood of Sleeping Car Porters、黒人が率いる最初の労働組織〕による組合結成の取組や、市からの支援が全く得られないことに対抗し、自己決定を具現化した自分たちの街「マンデラ」を立ち上げようとしたロックスベリーの住民の物語も紹介していました。わたしが学び、また、ガイドとしてツアーに参加する同年代や大人に伝えていた歴史は、ボストン有数の公立高校に在籍しながらも聞いたことのないものでした。自分と同じような容姿を持ち、同じような移民としての歴史を持ち、自分が住んでいた地域に住む人びとがいるボストンについて学ぶことによって、街との深いつながりを感じ、変化に影響を与えたいと思うようになったのです。闘いたい──ボストン、自分のコミュニティ、そして若者のために、と。

　ボストンとの深いつながりは、大人になってからも続きました。大学卒業後、ボストンに戻り、青少年教育スタッフとして、かつてわたし自身が育ててもらったいくつかの組織で働き始めました。夏休みの若者向けの仕事の外部資金が削減されたとき、すぐに市内のほかの青少年教育に携わる人たちと動き出しました。青少年の暴力問題を減らすだけではなく、青少年が成功するために必要なツールを提供するためにも、さまざまな機会を通じた青少年支援が重要であることを知っていたのです。すぐに、それだけでは終われないと思い、若者と大人両方にとっての問題と闘うグループをつくりました。「ボストン・ユース＆ユース・ワーカー連合」として、デモやコミュニティ・ミーティング、市当局との会談を通じて、若者の仕事へのアクセス、市や民間による資金提供、CORI（前科記録）改革、そして若者の暴力に対処してきました。街への想いが、人間関係の構築や社会正義への深いコミットメントへと育っていったのです。わたしの変容です。そして今日、自分の経験を織り交ぜながら、若者を力づけ、コミュニティを変え、連帯をつくりだすための支援活動を続けています。

第 9 章　女性とリーダーシップを再想像するために

　カイラは、南部出身の黒人労働者階級で、大学・修士課程を卒業した第一世代のシスジェンダー女性というアイデンティティを持っています。

ナラティブとカウンターナラティブ　　　　カイラのストーリー

　バージニア州リッチモンドにある白人生徒が多い高校で、3 年生の頃から活動を始めました。友人たちと一緒にアフリカ系アメリカ人生徒連合を立ち上げることを決めたのですが、クラスメートたちからひどく反発を受けました。このとき初めて、黒人であることが「標準」ではないこと、そして、黒人であることを愛するのが抵抗の行為である、と気づきました。大学に進み、労働者階級黒人家庭の第一世代大学生としての 旅 を始めました。学んでいくにあたっての経済的、感情的、環境的あらゆる障害に対処しながら、高等教育のあり方や学費ローン問題を扱うバージニア学生パワーネットワーク（Virginia Student Power Network: VSPN）に参加するようになりました。VSPN に参加したことで、州議会でのロビー活動、州内でのさまざまな直接行動の組織化や参加、ティム・ケイン上院議員との連邦議会での会話といった機会を得ることができたのです。ちょうどその頃、ミズーリ州ファーガソンで、マイケル・ブラウンがダレン・ウィルソンに殺される事件がありました。ウィルソンが不起訴となったことで、今でいう「ブラック・ライブズ・マター」運動の誕生を目の当たりにしました。わたしは学生アクティビストとして、人種的正義のための活動にかかわるようになり、ワシントン D.C. の黒人フェミニストの人種的正義の団体に所属、大学では徹底的にインクルーシブな学習コミュニティを要求する活動を開始しました。大学の多くの黒人学生と共に要求リストを作成、大学の執行部に働きかける戦略を組んで、黒人学生への支援を促しました。

　これらの取組を通して、若者が仲間を集め、その輪を広げ、共に行動して社会変化を起こす重要性を学んだのです。オードリー・ロード（Lorde 2015）はかつて、「コミュニティなくして、解放はない」（p. 95）と言っています。組織化やアクティビズムの経験を通して、わたし自身の黒人女性としてのアイデンティティへの理解が大きく広がったと思います。

用 語 集

アライ *ally*
社会正義のアライとは、人や集団に向けられる抑圧に対して介入する、つまり特権の存在を認識し、制度的抑圧を可能な限り問いただす人を指す（Reason et al. 2005）。抑圧は被抑圧者だけではなく全ての人びとを傷つけるという認識のもとで、最も効果的なアライとなる（Davis & Harrison 2013）。仲間・支援者・味方。

イデオロギー *ideology*
大多数にとって真実かつ望ましいと思われる、広く受け入れられた一連の価値観、信念、神話、説明。イデオロギーの機能は、「既存の社会的慣習が自然に定められたものであり、全ての人の利益のためにあると人びとに納得させることによって［…］不公正な社会・政治秩序を維持する」こと（Brookfield 2005, p. 41）。

インターセクショナリティ *intersectionality*
交差性。権力、特権、抑圧が絡み合うシステムが持つ影響や、これらの力がいかに日常経験や複数の社会的アイデンティティを形づくっているかを表す（Crenshaw 1989, 1991）。コリンズとビルゲ（Collins & Bilge 2016）が定義したインターセクショナリティの3つの核となる概念は、絡み合う抑圧のマトリックス（多様な社会的不平等の交差）、スタンドポイント理論（知識とは主観的であり、個人の社会的立場によって形成される）、そして、抑圧と客体化への抵抗（目指すべきところ）。

インポスター症候群 *impostor syndrome*
価値に値しない、詐欺師であると露見することを恐れる自己不信感。

ウーマニスト *womanist*
作家のアリス・ウォーカーは、1979年の短編「ロード、テイシ、ガードナーを知ることによって至った「別れ」」で、有色の女性のニーズに応えるウーマニスト運動という考えを打ち出した。ウォーカー（Walker 1982）は、フェミニズムは文化から切り離して考えることはできず、黒人フェミニストは白人フェミニズムに依存しない独自のアプローチを必要としていると述べる。

エージェント・アイデンティティ
agent identities
労せずして利益が与えられている社会的特権集団と合致する、アイデンティティの側面。

エンパワメント *empowerment*
パワーを分かち合い、他者が自らの権限と影響力を行使できるようにする実践。真のパワーの分かち合いと、人びとが意思決定に加われているように見えて実は一方的な意思決定が行われているような偽のエンパワメントとの混同に注意しよう。

オーセンティックリーダーシップ
authentic leadership
高次の目的（パーパス）、意味、価値観に根差しながら導き、真正（本物）で持続する関係性をつくりだすリーダーシップ（George 2003）。

お飾りのインターセクショナリティ
ornamental intersectionality
インターセクショナリティが批判理論に根差すという理解がない、安易な使用や誤用を指す。

オフィーリア・コンプレックス
Ophelia complex
女性であることの意味について規定された考え方に従うために、青年期の女子が自身の興味関心や能力を削いでいくプロセス。

オンランプ（再入場）とオフランプ（退場）
on-ramps and off-ramps
女性が長期間職場を離れ（オフランプ）、その後再入場（オンランプ）するためには懸命な努力が必要となるキャリアの中断を表す。このようなキャリアの中断は、育児や高齢者介護などの家庭責任が主となるプル型要因、あるいは職場から生じるプッシュ型要因による場合がある。プッシュ型要因には、自身が十分に活用されていない、評価されていない、賃金が低い、昇進がない、女性を支援する風土がない、などがある。

解放への意識 *liberatory consciousness*
人びとが失望や絶望に屈せずに、抑圧の力学を認識し続けることを可能にする。抑圧のシステムに意図的に抗いながら、システム内で人びとが演じる役割を非難するのではなく、注視し続けられるようにするもの（Love 2013）。

カウンターナラティブ *counternarratives*
歴史的に疎外されてきた人びとがストーリーを語ること、それに耳を傾けることを指す。カウンターナラティブは一部の人びとを標的とする支配的な言説に抗う、そして別な人びとを抑圧から守るものである（Davis & Harrison 2013）。

確証バイアス *confirmation bias*
脳の機能の一部として、バイアスは、以前から存在する思い込みを補強するような情報を探し、矛盾する情報を無視しながら知覚を形成しうる。

価値観 *values*
個人の行動を導くだけではなく、他者の行動を判断する基準。価値観は文化的な影響も受け、文化そして社会化のプロセスは価値観とは切っても切り離せないため、ジェンダー、人種、エスニシティによって価値観は異なりうる。価値観は短期的・長期的な目標や人生の満足度も規定する。

ガラスのエスカレーター *glass escalator*
女性が多い職業で、女性がはしごを登る脇を、男性は見えないエスカレーターで一気に最上階まで上がる現象を表す。統計によると、女性が多い職業においても男性の方が昇進するスピードが速い（Goudreau 2012）。

ガラスの崖 *glass cliff*
ライアンとハスラム（Ryan & Haslam 2005）が示した、危機的状況における要職に女性が多い現象。女性はリーダーシップ役職に就けるものの、困難な状況打開のために起用され、状況が好転しないとその責任を負わされるというもの。

ガラスの天井 *glass ceiling*
幹部職への女性のキャリアアップを妨害する、見えない障害物の存在を解説したヒモヴィッツとシェルハート（Hymowitz & Shellhardt 1986）によるウォール・ストリート・ジャーナル紙の記事をきっかけに広く知られるようになった概念。女性が直面する上級管理職昇進への障壁を示す。

カラリズム／シェイディズム *colorism/shadism*
肌の色が濃い人ほど偏見や差別を受ける現

象のこと。1800年代後半から1900年代にかけて行われた紙袋より濃い肌色をした人を排除する「紙袋テスト」もその表れ。

関係性リーダーシップ
（リレーショナル）

relational leadership model ....
関係性リーダーシップの5つの要素は、(1) 高次の目的や意味への留意、(2) 多様な人びとそして視点の包摂、(3) 関係者をエンパワーすること、(4) 倫理的であること、そして (5) これらの4要素はプロセスの重視によって可能になること。このモデルは、自分自身が知る、在る、行うことについてのセルフ・アウェアネスを伴う。

感情知性型（EQ）リーダーシップ

emotionally intelligent leadership ....
ダニエル・ゴールマン（Goleman 1995）による「自分自身と他者の感情を認識し、調整する」(p. 2) 能力である感情知性（emotional intelligence）を土台とするもの。感情的知性を伴ったリーダーシップは、自己への意識、他者への意識、文脈への意識の3側面に注意を向ける（Shankman et al. 2015）。

くっつく床 *sticky floor* ....
女性がガラスの天井にぶつかるずっと以前のキャリアパス初期で直面する障害。くっつく床は、「将来性がない仕事に女性を追いやる職業・職務分離、女性比率の高い職業における低賃金労働、これらの職業における柔軟性の欠如と昇進のためのはしご（ジョブ・ラダー）の不在」など、女性の進出を遅らせる差別的慣行を表す（Carli & Eagly 2016, p. 517）。

クリティカルな希望 *critical hope* ....
苦難に直面しても希望を持ち続けることを学ぶプロセス。「希望があれば変革が起こるわけではないものの、希望がなければ変革は不可能である」（Preskill & Brookfield 2009, p. 175）。

クリティカル・リフレクション

critical reflection ....
さまざまな問題や知識という広い文脈において、自分の経験を分析し、再考し、問い直すプロセス（Jacoby 2015, p. 26）。クリティカル・リフレクションには政治的な側面があり、背景に働いている社会的、政治的な力や覇権的（ヘゲモニック）イデオロギーという観点から経験や問題を検討することで、社会変革のための行動へと明示的につなげていく。

継承者 *inheritors* ....
前の世代がつくりだした公正とジェンダー正義の遺産を受け継いでいく、自分たちの次の世代を表す。

行為主体性／主体性（エージェンシー）

agency ....
力、つまり「世界に対して働きかけるためのエネルギー、知性、資源、機会を持っている」という感覚（Brookfield 2005, p. 47）。

構造的多様性 *structural diversity* ....
構成員の多様性ともいわれ、ある組織、制度、コミュニティに存在するさまざまなグループの人数と代表性の比率を表す。構造的多様性とインクルーシブで公正な風土づくりは別物とされる。

コード・スイッチング *code-switching* ....
自身のアイデンティティ由来の文化とマジョリティ文化の間を行ったり来たりすること。

国境を超えたフェミニズム
（トランスナショナル）

transnational feminism ....
「現代の帝国主義と植民地主義の文脈において、国籍（人種や民族を含む）、性、ジェンダー、階級が交差するところ」（Valoy 2015, 第7パラグラフ）に着眼する。

コミュニティ・エンゲージメント
community engagement ……………………………
「高等教育機関とコミュニティが、相互にとって有益な知識や資源をやりとりするために、互恵的な文脈の中で連携・協力すること」(Carnegie Foundation for the Advancement of Teaching 2015, 第14パラグラフ)。

コンクリートの壁 *concrete wall* ………………
女性がある業界・業種に初めて足を踏み入れようとする試みを表したのがコンクリートの壁、つまり参入を阻む絶対的な制限。女性が医師や弁護士になること、兵役に就くことが許されなかったのは、それほど昔のことではない。女性は未だに特定の職業から排除されている。

サーバントリーダーシップ
servant leadership ……………………………………
サーバントリーダーシップの出発点は、「誰か／何かのために役立ちたい(to serve)」という自然な感情。そして効果的なリーダーは、まず仕える人であるというもの(Greenleaf 1977)。サーバントリーダーシップが目指すところは、人の人生を豊かにし、よりよい組織をつくり、究極的にはより公正でケアし合う世界をつくりだすこと。

差別 *discrimination* …………………………………
人種、社会階級、性的指向、年齢、障害などで特徴づけられた集団についての、偏見に基づいた決めつけ(Adams et al. 2013)。

さりげない完璧さ *effortless perfection* …………
特に女性が感じるプレッシャーで、目に見えるような努力をしたり見せたりすることはせずに、賢く、物事を成し遂げ、健康で、美しく、人気者であるべきというもの。さりげなく完璧でいる女性は、あらゆる領域(私生活、社会、学業、キャリア、健康や美容)で成功し、それら全てを無理せずやっ

ているように振る舞う。

三重の困難 *triple jeopardy* …………………………
リーダーシップ役職にある有色の女性は、ジェンダー、人種、エスニシティの3点に関するさまざまなステレオタイプが引き金となって、三重の困難を経験しうる(Sanchez-Hucles & Sanchez 2007)。

ジェンダーアイデンティティ
gender identity ……………………………………………
内的に深く抱く自身のジェンダー感覚。トランスジェンダーの場合、内的なジェンダーアイデンティティは出生時に割り当てられた性別と一致しない。ほとんどの人は、男か女(または男の子か女の子)というジェンダーアイデンティティを持つ。ただし、ジェンダーアイデンティティが2つの選択肢のいずれかにしっくりとあてはまらない人もいる(ノンバイナリーおよび／またはジェンダークィアを参照)。ジェンダー表現とは異なり、ジェンダーアイデンティティは可視化されていない。

ジェンダーノンコンフォーミング
gender nonconforming ……………………………
従来の男性らしさ、女性らしさの期待とは異なるジェンダー表現をする人たちを表す用語。ジェンダーノンコンフォーミング全員がトランスジェンダーであるわけではなく、トランスジェンダー全員がジェンダーノンコンフォーミングであるわけではないことに注意。多くの人は型にはまらないジェンダー表現を持っているが、その事実だけでその人がトランスジェンダーだとは言えない。多くのトランスジェンダー男性・女性は、慣習的に男性的または女性的なジェンダー表現をする。トランスジェンダーであったとしても、ジェンダーノンコンフォーミングだとは限らない。この言葉はトランスジェンダーの同義語ではなく、誰かがジェンダーノンコンフォーミングと自認してい

る場合にのみ使用されるべき。

ジェンダー表現 *gender expression* ....
自分のジェンダーの外見上の表現。服装、
態度、社会的行動およびほかの要因の組み
合わせによる表現で、一般には男性性と女
性性の物差しで測られる。ジェンダー・プ
レゼンテーションとも呼ばれる（例：女
性らしさ、男性らしさ、フェム、ブッチ、
両性的、ジェンダーニュートラルなど）。

ジェンダー役割 *gender roles* ....
文化的なステレオタイプで、生物学的な性
別に基づいた適切な行動に作用するととも
に、そのような行動への期待を生み出す。
ジェンダー役割は社会的に構築され、メディ
ア、家族、環境そして社会からの影響を受
ける。

シスジェンダー *cisgender* ....
ジェンダーアイデンティティと出生時に割
り当てられた生物学的性別が一致している
人（例：男性と自認していて、出生時に男
性に割り当てられている）。端的には、トラ
ンスジェンダーでない場合は、シスジェン
ダー。

実力主義神話 *myth of meritocracy* ....
人びと、特にエージェント・アイデンティ
ティを持つ集団に属する者が、全ての人び
とは公平な土俵にいるとみなす誤った思い
込みで、政策や慣行がターゲット・アイデ
ンティティ保有者に与えうる異なる影響を
無視するもの。同時に、エージェント・ア
イデンティティ保有者自身が、社会全体的
な抑圧こそが変えられるべきものと捉える
のではなく、自分自身を変えられないと無
力感を持つこともある。

社会化のサイクル *cycle of socialization* ....
ボビー・ハロ（Harro 2013b）によるモデル。
社会化の力がいかに多方面にわたり、一貫

し、循環し、永続するもので、多くの場合
は不可視あるいは意識されず、そして明ら
かにされないかを示したもの。

社会的圧力 *social pressure* ....
集団に適合したいという願望を生み出し、
女子や若い女性が集団の期待に沿うよう、
自身の態度や行動、または価値観へと変え
るといった破壊的な行動に駆り立てること
がある。

社会的位置 *social location* ....
種々の個人的・社会的アイデンティティに
紐づいた、社会における自分の位置づけ。

社会的構築 *social construction* ....
社会と文化の相互に作用しながら、特定の言
葉が何を意味するかについて多様な意味や連
想が生み出されるプロセス。

社会変革モデル *Social Change Model* ....
リーダーシップを、社会にポジティブな変
化をもたらす、高次の目的を有した協働的
で価値観に基づくプロセスとする（Higher
Education Research Institute 1996）。リー
ダーシップとは立場ではなくプロセスであ
り、そのプロセスは公正性、社会的正義、
自己理解、個人のエンパワメント、協働、
市民性、奉仕といった価値観に根差すもの
であると明確に打ち出している。社会変革
型リーダーシップに不可欠な8つの価値観
（8つのC）は、自己意識（Consciousness of
self）、自己一致（Congruence）、コミットメ
ント（Commitment）、協働（Collaboration）、
高次の目的の共有（Common purpose）、理
解にむかうための丁寧な論争（Controversy
with civility）、市民性（Citizenship）、そし
て変化（Change）。これらの価値観がそれぞ
れ個人、所属集団、コミュニティ・社会の3
つの次元に分類されている。

瘴気の状態 *miasma condition* ·····················
リバースとケイバー（Livers & Caver 2003）
が示した、多数派が占める職場における少
数派の状態。少数派であるゆえの用心深さ、
防御性、警戒心がその人たちのエネルギー
や時間、生産性・創造性発揮に負担を強い
ている状態を指す。

女王蜂 *Queen Bee* ·······························
「カリスマ性、影響力、お金、容姿、意志、
操作によってほかの女子の上位に君臨し、
下位の女子どうしの友情を弱めることで自
分自身の権力と影響力を強める」（Wiseman
2009, p. 87）。女王蜂の周りには、二番手、
とりまき、板ばさみの傍観者、ターゲット、
チャンピオンなどがいる。

人種由来の偏見による心的ストレス
racial battle fatigue ························
ウィリアム・A・スミス（Smith 2010）によ
る造語。有色の学生が、歴史的に白人を優
遇してきた個人的・職業的な場を進んでい
くにあたり、常に不安で、集中できず、疲
弊し、頭痛を起こす傾向を表したもの。

神話的規範 *mythical norm* ·················
パワーを保持し抑圧をもたらす社会を理想
化した特徴を表す。オードリー・ロード
（Lorde 1984）によるこの造語は、アメリカ
の「神話的規範」がいかに「白人、太って
いない、男性、若い、異性愛、キリスト教
徒、そして経済的に安定している」（p. 116）
人びとのことであるかを示している。この
規範に外れる人は、自分が直面する抑圧を
自分とその規範の違いのうちひとつだけに
帰する傾向がある。そのように被抑圧者が
ひとつの違いだけを特別視することは、ほ
かの抑圧の原因や、抑圧につながる「違い
についてのゆがんだ認識」（p. 116）を無視
することとなる。社会に存在する神話的規
範は、抑圧がどのように捉えられるか、よっ
てどのような言葉で伝えられていくかに大

きな影響を与えている。女性運動はその一
例。人種、年齢、階級ではなく、女性とし
ての抑圧だけにレトリックや社会的努力を
傾けている。

ステレオタイプ脅威 *stereotype threat* ···········
自分が属するグループに関する好ましくな
いステレオタイプを自分自身の中に確認す
ることへの不安。

性的指向 *sexual orientation* ···············
ある人がほかの人に対して惹きつけられる
身体的、恋愛的、感情的な魅力のこと（例：
異性愛、同性愛、ゲイ、レズビアン、両性
愛、全性愛、無性愛）。ジェンダーアイデン
ティティと性的指向は同じではない。

制度的裏切り *institutional betrayal* ···············
大学当局が適切な対応を取らずにいると、
学生は制度的裏切りと呼ばれる状況に見舞
われうる（Linder & Myers 2018）。制度的
裏切りは、虐待防止を怠る、虐待的な状況
を常態化する、報告手続きを困難にする、
被害事例に対して不適切な対応をする、隠
蔽や誤情報を容認する、被害者や内部告発
者を罰するといったことが含まれる（Smith
& Freyd 2014）。

性別 *sex* ·······························
個人を男性または女性として分類すること。
出生時に、乳児は外見上の解剖学的特徴に
基づいて性別が決められ、出生証明書に記
載される。しかし人の性別は、実際には染
色体、ホルモン、内外の生殖器官、二次性
徴などの身体的特徴の組み合わせ。

セルフ・オーサーシップ *self-authorship* ········
「自身の信念、アイデンティティ、社会
的関係を定義する内的能力」（Baxter-
Magolda 2014, p. 25）と定義されるもの。
セルフ・オーサーシップ理論は核となる次
の３つの問いに答えようとする。私はそれ

をどのように知っているのか（How do I know?）、私は何者か（Who am I?）、私は他者とどのような関係を望むのか（What relationships do I want with others?）。

善意の性差別 *benevolent sexism* ·············
偏見の中でもさりげない種類で、女性は愛情深く、繊細で、敏感だとステレオタイプ化するもの。善意の性差別主義者は、保護され、養われる必要のある弱い人間として女性を概念化する（Glick & Fiske 1996）。これらの特徴や態度は一見、女性に配慮しているかのように見えるが、善意の性差別は敵対的性差別と同様に抑圧的であることが研究によって明らかにされている（Glick & Fiske 2001）。

先駆者 *predecessors* ······························
私たち以前にジェンダー公正のために闘った祖父母世代あるいは第二波フェミニストで、生きている間に世界の大きな変化を経験した人びと。

潜在的偏見 *implicit bias* ···················
人びとが無意識のうちに、そしてよく不本意のうちに、他者に対して示す偏見。潜在連合テスト（IAT）（Greenwald et al. 1998）は、人びとが心の中で行っている無意識の連想の強さを明らかにするとされている。

相互エンパワメント
reciprocal empowerment ···················
サンチェス＝ヒュークリースとサンチェス（Sanchez-Hucles & Sanchez 2007）によると、相互エンパワメントとは尊重、相互関係、平等、個人的影響力から成るリーダーシップ・スタイルで、相互性、コンパッション、集団性、関与、合意形成といった自分も他者も高める概念で特徴づけられる。

ターゲット・アイデンティティ
target identities ·····························
社会的な抑圧の標的となる個人のアイデンティティの側面。

焚きつけ役 *instigators* ···················
今日、あるジェンダーに特化した課題に取り組む組織やグループの一員としてジェンダー平等に向けて活動し、分断が深まる世界におけるジェンダー正義達成のための闘いを訴えかける人びと。

ダブルバインド *double bind* ·············
女性は共同体的で協調的であるべきという期待と、リーダーは主体的であるべきという期待とが衝突する際に発生。女性が職場で人と接するとき、共同体的な性質と主体的な性質の適切なバランスについて、異なる期待に遭遇することがよくある。これらの異なる期待が、女性がリーダー的立場に就くことへの抵抗感として現れることもある。

男女の賃金格差 *gender wage gap* ·············
さまざまな分野で女性が活躍していながらも、データは一貫して男女の賃金格差を示している。この格差は通常、フルタイム労働者である女性全員の年間給与の中央値と、男性集団のそれとを比較して報告される。最近の国勢調査のデータでは女性の収入は男性の約81％であることを示し、中央値は41,554ドル、男性は51,640ドルとなっている（US Census Bureau 2019）。

冷たい教室 *chilly classroom* ·············
教室で、教師が無意識のうちに誰に発言を求め認めるかによって、女性の自己肯定感やキャリア形成意欲を削ぎうることを表す。

適応型リーダーシップ *adaptive leadership* ···
困難な課題に取り組み、成功するよう人びとをまとめ上げ動かしていく活動（Heifetz 1994）。ハイフェッツは、世の中には2種類

の課題があるとした。解決策がすでに存在する技術的問題と、答えがわからないゆえに試行や学び続けること、行動の調整が必要となる適応課題である。

トークニズム *tokenism* ·····················
マイノリティ集団の包摂について、形式的または象徴的な努力しかしない実践。特に、労働者の人種・性別における平等を装うために、マイノリティ集団から少数の人を採用することを指す。トークニズムの結果として、包摂の実体なきままにダイバーシティが装われていることが多々ある。

特権 *privilege* ·····························
「アイデンティティの特定の要素だけに基づいた、一部の人間だけが労せずして享受する権利、利益、免除」（Davis & Harrison 2013, p. 35）。

トランス * *trans** ·························
トランスジェンダーまたはトランスセクシュアルを意味する略語として、あるいはトランスジェンダー内のさまざまなアイデンティティを包含する意味で使われる。その意味は厳密ではなく、理解が広く共有されていないため、意味を理解していないかもしれない聴き手に使う場合は注意が必要。直接の引用や自身の語りの文脈でその用語の意味を明確に説明できる場合を除き、この用語の使用は避けること。

トランスジェンダー *transgender* ·············
出生時に割り当てられた性別とジェンダーアイデンティティおよび／またはジェンダー表現が、出生時に与えられた性別による典型的なものとは異なる人をまとめて指す用語。トランスジェンダーの人びとは、「トランスジェンダー」を含む幅広いジェンダー用語のうちのひとつまたは複数を使用して自分自身を表現することもあるので、本人が好む用語を使用しよう。トランスジェンダーの多

くは、自分の身体をジェンダーアイデンティティと一致させるため医師によってホルモン剤を処方されている。手術を受ける人もいる。しかし、全てのトランスジェンダーがそうできる・するとは限らず、トランスジェンダーのアイデンティティは、外見や医療処置に左右されるものではない。

内面化された抑圧 *internalized oppression* ·····
アダムズら（Adams et al. 2013）は、エージェント・アイデンティティを持つ集団が流布するウソや誤情報をターゲット集団側が内面化する（信じる）と定義し、抑圧の体験に対する常に無意識な反応だとしている。

認識的特権 *epistemic privilege* ···············
世界の仕組みを理解する上で、抑圧された人びとが持ちうる利点。モヤ（Moya 2001）はその具体例として、有色の女性が周縁化された自分たちの状況を用いて、組織、手続き、制度を批判的に検討したり、リーダーシップへの創造的なアプローチを促してきたことを挙げている。

ノンバイナリーおよび／あるいはジェンダークィア *nonbinary and/or genderqueer* ·····
自分のジェンダーアイデンティティおよび／またはジェンダー表現を男性と女性のカテゴリーから外れるものとして経験する人によって使用される用語。自身のジェンダーを男性と女性の中間に位置すると定義することもあれば、これらの用語とは全く異なるものとして定義することもある。トランスジェンダーやトランスセクシュアルの同義語ではなく、ノンバイナリーおよび／またはジェンダークィアとして自認している場合にのみ使用されるべき。

パラドックス *paradoxes* ·····················
一見矛盾しているようでいて、掘り下げてみると根拠や真実が証明されうる主張や命題。

パワー（社会的勢力） *power, types of* ....
権力の種類。**正当勢力**とは、肩書きや地位を持つことで手にする影響力のことで、地位が高いほど増すとされる。**報酬勢力**とは、肯定的な結果を与えたり、否定的な結果を取り除く影響力。**強制勢力**とはその逆で、否定的な結果を与えたり、肯定的な結果を取り除く影響力。**情報勢力**とは、ほかでは得られない知識、あるいは意思決定や仕事にとって重要と思われる知識によって発生する。**専門勢力**は、専門の知識、能力、スキルを持っていることから生まれる。**参照／準拠勢力**は、人間関係から発生し、誰を知っているか、サポート源としての人間関係の活用能力を表す。

批判理論 *critical theory* ....
社会の理解・説明のみを志向するような従来の理論とは対照的に、社会全体のありようを批判し、変革を志向するための社会理論。物事を説明するだけでなく、変えていこうとするもの。

フェミニズム *feminism* ....
性差別的な抑圧をなくすための運動。その目的は、特定の女性グループ、特定の人種や階級の女性のためのものではない。また、女性だけに特権を与えるものでもない。それは、みんなの人生を変える力を持つもの（hooks 2000a, p. viii）。

文化の影響を考慮したリーダーシップ学習モデル *Culturally Relevant Leadership Learning Model*（CRLL）........................
インクルーシブリーダーシップのモデルのひとつ。学生リーダーのキャパシティ（能力）、アイデンティティ、効力感とキャンパス風土の諸側面の相互作用を検証するもの（Bertrand Jones et al. 2016）。

ベクデル・テスト *Bechdel test* ....
アリソン・ベクデルが1985年に開発した、映画における性差別を次の3つの基準で測定する質問集。「少なくとも2人以上の女性が登場するか」「その女性同士が会話をするシーンがあるか」「その会話の内容は、男性についての話以外であるか」。https://bechdeltest.com にて、ベクデル・テスト合格／不合格映画リストを確認できる。

ヘゲモニー *hegemony* ....
「被支配階級や従属階級の人びとが、単に劣った立場を受け入れることを強要されるのではなく、その支配に同意」し、結果として「特定の文化的な信念や価値、文化的な実践が強化され、それ以外のものが潜在化したり一部排除されたりする」（Adams et al. 2013, p. 28）という社会的コントロールのありよう。

偏見 *prejudice* ....
画一的なステレオタイプに根差したバイアスや頑迷さ（Adams et al. 2013）。

ポスト工業化時代のリーダーシップ理論
postindustrial theories of leadership ....
1990年代以降の知識経済において用いられるリーダーシップ理論を表す用語。

マイクロアグレッション *microaggressions* ...
「意図的もしくは非意図的な、日常的に起こる、言葉による、ノンバーバル、あるいは環境的な軽視、冷遇、侮辱であり、周縁化された集団への所属だけを根拠として、相手に敵意や見下し、否定的なメッセージを発すること」。これらのメッセージは「ターゲットとなった人の集団アイデンティティや経験的現実を無効化し、個人的あるいは集団的レベルで卑下し、劣った人間であると伝え、多数派集団には属さないことを示し、脅し、おびえさせ、劣等的な地位および扱いに追いやりうる」（Sue 2010）。

マターナル・ウォール *maternal wall*
母になることで生まれる壁。女性が妊娠し
たり、育児休暇を取得したりすることで生
じるバイアス。妊娠によって、職務遂行に
否定的な推測に結び付けられたり、妊娠に
よって感情的・非合理的になり、職務への
コミットメントがなくなるとされたりする
（Williams 2004）。

水漏れパイプ *leaky pipeline*
時間が経つにつれ、女性がキャリアから姿を
消していくこと（特定の STEM 分野などで）。

民主的な対話／違いを超える対話
democratic dialogue/Dialogue Across Difference
違いについて（例：多様な視点の存在を明
らかにするようなトピックについて）、違い
を超えて（例：異なる背景や考え方を持っ
た人たちと共に）、他者とかかわるプロセス。

燃え尽き（バーンアウト）症候群 *burnout*
リーダーシップ役職の女性のうち、歴史的
に周縁化されてきたアイデンティティを持
つ女性は燃え尽き症候群になりやすい。旧
来のリーダーシップ環境で立ち回るにあ
たっての孤立感や恒常的な困難が、精神的・
肉体的に大きな負担を与えるのである。

抑圧の階層性 *hierarchies of oppression*
人びとが持つ複数の、そして交差するアイ
デンティティに留意せずひとつのアイデン
ティティだけを本質化したり、複数の周縁
化されたアイデンティティから最も抑圧の
対象となっているものだけを取り上げる傾
向。誰のアイデンティティが最も社会から
抑圧されているかお互いに比較することで
も生じる抑圧。

リーダーシップ *leadership*
「人びとが共にポジティブな変化を成し遂
げようとする、関係性と倫理性を持ったプ
ロセス」（Komives et al. 2013〔日向野監訳

2017〕, p. 95）。

リーダーシップ・アイデンティティ発達（LID）モデル
Leadership Identity Development（LID）Model
集団のプロセスとしてのリーダーシップに
相互依存的に臨む、協働的で関係的なリー
ダーとしてのアイデンティティを個人がい
かに発達させるかを理解するための枠組み。
6 つの段階（気づき、探索／関与、リーダー
の特定、リーダーシップの識別、世代継承
性の重視、統合／総合）がある。非階層的
なリーダーシップを快適と感じ、リーダー
シップは地位・役職であるという考え方か
らそこここで起こりうるものという捉え方
に移行するプロセスを示したもの（Komives
et al. 2005, 2006, 2009）。

リーダーシップ意欲 *leadership motivation*
リーダーシップ・プロセスに取り組む可能
性に影響を与える強い望み・欲求。

リーダーシップ・キャパシティ
leadership capacity
効果的にリードしたり、リーダーシップに
取り組むための能力（ability）を構成する
知識、態度、スキルを表す。

リーダーシップ自己効力感
leadership self-efficacy
「リーダーシップ・プロセスに効果的に取り
組む可能性に対する個人の信念」（Dugan &
Correia 2014, p. 25）。リーダーシップ自己効
力感は、制御体験、代理体験、言語的説得、
生理的情動的状態によって培える（Bandura
1997）。

リーダーシップの工業化理論
industrial theories of leadership
1990 年代より前のリーダーシップの考え方
を、製造業社会に適した効率性や有効性に
焦点を当てた工業化理論として説明する研

用 語 集

究者が多い。

リーダーシップの実行 *leadership enactment*
リーダーシップ行動の顕現であり、人びと
が実際にリーダーシップに取り組むプロセ
スを表す。

リーダーシップの迷宮 *leadership labyrinth* ⋯⋯
女性がキャリアを通じて直面するさまざま
な障害、選択肢、オンランプ（再就職）と
オフランプ（休職・退職）を表し、女性が
リーダーシップの旅において曲がりくねっ
た道のりを歩むという比喩（Carli & Eagly
2016）。

リーダーシップ発達／開発
leadership development ⋯⋯⋯⋯⋯⋯⋯⋯⋯⋯⋯⋯⋯⋯
リーダーシップ役割や取組において、効果
的に関与するための能力（ability）が拡大
／発達するプロセス（Day 2001）。リーダー
シップ・キャパシティ、意欲、アイデンティ
ティ、効力感、実行（Dugan 2017）間の複
雑な相互作用や、価値観やアイデンティティ
発達という人間的・対人関係発達の側面が
かかわっている（Guthrie & Jenkins 2018）。

Womxn *womxn* ⋯⋯⋯⋯⋯⋯⋯⋯⋯⋯⋯⋯⋯⋯⋯⋯⋯
一部の人が使い始めた womxn という綴り
において、x はジェンダーフルイド、ジェ
ンダークィア、ジェンダーノンコンフォー
ミング、ノンバイナリーな人たちの包摂を
表している。

訳者あとがき

　「リーダーとか、リーダーシップとか、無理。仕切ったり、とりまとめたりできる人ってすごい。ちょっと意識高い系」「応援団長は男子って決まってた。部活でも部長は男子、副部長が女子」「でも就活のために、リーダーシップ力つけなきゃ」……。「次代の女性リーダーの育成」を基本理念とする地方公立女子大で、学生たちがそんなふうに語る場面に数多く出会ってきた。同時に、教職員や地域のみなさんからも、リーダー育成やリーダーシップ開発に必ずしも前向きではない発言を聞くことがあった。「女性はでしゃばらなくていい」「女性はサポート役」「大切なのはリーダーシップではなくフォロワーシップ」といった具合に。

　わたし自身は「女性がリーダーなんて」や「女性ならではのリーダーシップ」といった決めつけはまっぴらごめんなものの、実は、「「リーダーシップ」ってなんだかうさんくさい」と思っていたことを告白しよう。そのうさんくささは、日本の大学教育改革で汎用的能力や学習成果の可視化が重要視される中で抱えるに至った、「何のためのリーダーシップ？」というもやもやから醸されているのもわかっていた。勤務校の基本理念を画餅に帰さないためにも、その創立100周年を記念して新設された「女性リーダーシップセンター」の活動や新カリキュラムで導入された「リーダーシップ開発科目群」を価値あるものにしていくためにも、リーダーシップを梃子とした学生の成長支援につながる自分の軸をつくるべく、様々な研鑽機会を模索し、飛び込んでみることにしていた。

　国際リーダーシップ学会（International Leadership Association: ILA）が主催する3泊4日のリーダーシップ教育研修（Leadership Education Academy: LEA）への参加もその一環だった。研修初日、主に北米の大学教職員から構成される約60名の参加者は、リーダーシップ教育者としてのアイデンティティ、そして自身が持つ「フィルター」（物事を理解、判断、評価する枠組み）について個々人でふりかえるセッションに臨んだ。これは自分自身の「リーダーシップ」理解やその理解が根ざす価値観を俯瞰するためのもので、教授法改善がHowや

What だとすると、Why から始める構成。「自分はいったい何者であって、何のためにリーダーシップ開発教育に従事しているのか」を真正面から自分自身に問いかける。続くセッションでは、リーダーシップ研究の潮流や主要理論が概説され、その直後に設けられていたのが批判理論のコマだった。

　リーダーシップはジェンダーと同様に社会的に構築されていること。リーダーシップに関する無意識の枠組みを意識化し、検討、そして捉え返していくことの必要性。リーダーシップ開発教育における批判性^{クリティカリティ}の重要性についての解説を聞きながら、枠組み自体を捉え返すリーダーシップ開発教育アプローチにドキドキしていた。わたしが感じていた「うさんくささ」の源泉である、既存の社会において成果を出せるような人材・スキル育成という枠組みは、「リーダーシップ開発教育」のもとで検討対象となりうるのだ。他者と共に検討し、「リーダーシップ・プロセス」を描き出す実践がリーダーシップ開発教育の射程にあるのだ。「うさんくさい」ともやもやするだけで、積極的に、知的に抗っていなかった自分自身のありようを恥じた。そして、「批判の座」である大学にふさわしいリーダーシップ開発教育を構想しだすと、恥ずかしさは消え、ワクワクが溢れてくるのだった。

　LEA 最終日には、参加者がお互いの今後の実践のために思いつく限りのアドバイスを紙片に書いて提供しあうセッションが設けられた。色とりどりのポストイットのうち、LEA 研修企画チームの一員である米国大学教員からの紙片にあったメッセージが、「ジュリー・オーウェン著『待ち望んでいたリーダーはわたしたち（We are the leaders we've been waiting for)』を読んで！」。検索し、すぐにポチり、帰国後届いたその本にマーカーを引き、メモを取り、その後日本語訳をすることになるなどこれっぽっちも思うことのないまま、読みふけった。日本の大学におけるリーダーシップ教育研究では見たことがない、ジェンダーほか社会的アイデンティティの検討、抑圧と解放という切り口。それら概念や理論を立体化させる、学生の生きられた経験であるナラティブ。「誰一人取り残さない」や、ダイバーシティ・エクイティ・インクルージョン推進の媒介となるリーダーシップ教育実践研究……この本は、日本のリーダーシップ教育開発、そして大学教育が次に進む道を照らしてくれている！

　読む脇で同時進行していたのが、本書の共訳者である泉谷さんと河井さん

訳者あとがき

との科研費申請作業だった。日々、相当な数のメールをラリーしながら、申請作業自体が研究的様相を帯びていく中、LEA 最終日の紙片にあった「オーウェン本」からのヒントを共有、申請テーマが「社会変革、女性、リーダーシップ」に収斂していった。そして「オーウェン本、翻訳出版しましょう！」という河井さんの焚き付け。そこからは、「日本の読者のみなさんへ」に詳しい。

科研費申請を終えてすぐの 2022 年 10 月には、出版社探し、そして下訳を開始した。当初から「科研費が取れても取れなくてもやるべきことだからやる」という信念と勢いで、訳者 3 名自身が女性とリーダーシップについての学びを深めながら翻訳作業に取り組み、それぞれが担う大学教育現場での実践や研究発表機会を準備、展開していった。そして 2023 年 3 月、携帯の着信に目をやると、「これ、採択ですよね？ 震えています」と泉谷さんからのメッセージ。「社会変革を志向する女性リーダーシップ教育研究：大学生向けのプログラム開発（代表研究者：泉谷道子）」科研採択の知らせだった。

その科研費の一部を出版補助にあて、河井さんが旧知であるナカニシヤ出版から刊行するという見通しも立った。担当章を決めて進めていた下訳全章を、訳者 3 名で確認する作業を積み重ねた。本書が初の翻訳本担当となるナカニシヤの井上さん、そしてベテラン山本さんも、種々の確認作業を共にしてくださった。原著タイトル『We are the leaders we've been waiting for』は本文中にも言及があるように、オバマ前大統領が 2008 年 2 月の選挙キャンペーンで使ったスピーチにインスピレーションを得ている。ほかの誰でもなく、自分自身がコミットすること、ほかの誰かがやってくれるのを待つのではなく、自分自身が、同じように動き出した他者と共に変革を体現していくこと。それを、何らかの理由で「自分はリーダーには適さない、なれない」と思っている人びとに向けて、「いや、その囚われから自分を解放し、囚われをつくりだしている社会を変えていこう」と呼びかける本書を訳しながら、2022 年夏の LEA 研修コンテンツに本書が与えていたであろう影響を確認したのだった。

「翻訳させてほしい！」と暑苦しく長いメールをジュリーに送って間もなく 2 年になる。ジュリーを知る人なら皆、笑みを浮かべ「そうそう」と頷く、「はじめに」でも言及されるジュリー特有のスタイル。それは、原著のそこここで

も感じ取ることができる。そのスタイルを、言語を超え、活字としていかに表現できるのか。本書を書くに至ったジュリーの想いや経験、知、課題意識をどう届けられたものか。訳者３名、そして井上さんや山本さんも加わって、議論と修正を幾度も重ねた。そのプロセスで発見するに至った原著のミスや古くなった情報は、日本語版では修正した。日本語版タイトルである『リーダーシップはみんなのもの：フェミニズムから考える女性とリーダーシップ』は、ジュリーも愛読するベル・フックスの『フェミニズムはみんなのもの』にヒントを得ている。第５章タイトルにも明らかなように、ジュリーが自らのリーダーシップ開発教育研究へのアプローチを、フェミニストな、と語ること。そして、とかくSNS上で「フェミ」が誤解され炎上することも多い昨今、フェミニズムは「女性のためのもので男性は敵」ではなく、男女のみならず全てのジェンダーを問わず、ジェンダー差別から生まれる抑圧に抗い、自由になっていくためのものという理解につなげたいということ。リーダーシップを、既存の経済社会システムにとって都合のよい、生産的人材開発という文脈に狭めなくていいということ。自分自身をフルに発揮することを妨げる様々な抑圧に気づき、抑圧を生むシステムを他者と共に変容させていくこと、そのプロセスを、自分も他者もお互いがフルに発揮される意図的なかかわりあいにすること——ジュリーも模索し続けるひとや世界のありようを、わたしたち訳者と編集者も、打ち出し、実践につなげたい。そんな決意と、そこに加わる仲間を増やしたいという想いを込めた。

　本書から、学生はもちろんのこと、大学の教職員も多くを学べることだろう。ジュリーの大学キャリアのスタートは、学生支援担当職員だったことを記しておく。米国の大学におけるリーダーシップ開発教育研究、特に、社会的責任や社会変革、近年の社会正義との接続といった実践や研究は、学生支援専門職員の力に拠りながら進展してきた。ジュリーが「メンター」と慕う師はスーザン・コミベス。すでにリタイアを公言しているコミベスは、多くの学生支援職員を力づけ、職員の知を体系化する仕事に情熱を注いだ、米国大学リーダーシップ開発教育研究の拠点である全米リーダーシップ・プログラム・クリアリングハウス（NCLP）の創設者でもある。日本の大学では、「職員という身分なので」や「専門知識の涵養は教員が」といった意見や雰囲気は、まだまだ散見される。リーダーシップを共通言語として、教職員自身も

訳者あとがき

自らの囚われや抑圧的なシステムに気づき、学生と一緒になって新しい自分
たちや社会のありようを共に描き出していけますように。
　リーダーシップは、みんなのもの。本書を手に取ってくださるみなさんそれ
ぞれが、それぞれの場所で、リーダーシップをみんなのものとしていく実践に
踏み出し、臨み続けていけますように。そしてそんな実践を連ねて、大きなう
ねりを生み出すために、本書が役に立ちますように。

訳者を代表して
和栗百恵

＊本書の翻訳出版は、JSPS 科研費 JP23K02557 の助成を受けたものです。

文　　献

Abes, E. S., & Hernández, E. (2016). Critical and post-structural perspectives on self-authorship. In E. S. Abes (Ed.), *Critical perspectives on student development theory* (New Directions for Student Services, No. 154, pp. 97–108). San Francisco, CA: Jossey-Bass.

Adams, F., & Horton, M. (1975). *Unearthing seeds of fire: The idea of Highlander.* Winston-Salem, NC: J.F. Blair.

Adams, M., Blumenfeld, W. J., Castañeda, R., Hackman, H. W., Peters, M. L., & Zúñiga, X. (Eds.). (2013). *Readings for diversity and social justice* (3rd ed.). New York, NY: Routledge.

Alderman, N. (2019). *The power.* Boston, MA: Little, Brown & Company. (オルダーマン, N.／安原和見 (訳) (2023). 『パワー』河出書房新社)

Alexander, L. B. (2017). Why women are still underrepresented in nonprofit leadership. Retrieved from https://www.nonprofithr.com/women-underrepresented-nonprofit-leadership/

Alimo, C. J. (2012). From dialogue to action: The impact of cross-race intergroup dialogue on the development of white college students as racial justice allies. *Equity & Excellence in Education, 45,* 36–59.

Alter, C. (2015, April 14). Here's the history of the battle for equal pay for American women. *Time.* Retrieved from https://time.com/3774661/equal-pay-history/

American Association of University Women. (2014). *Close the confidence gap.* Retrieved from https://www.aauw.org/2014/05/19/close-the-confidence-gap/

American Association of University Women. (2015). *Solving the equation: The variables for women's success in computing and engineering.* Retrieved from https://www.aauw.org/research/solving-the-equation/

American Association of University Women. (2016a). *Barriers and bias: The status of women in leadership.* Washington DC: AAUW.

American Association of University Women. (2016b). *Ending campus sexual assault toolkit.* Retrieved from https://www.aauw.org/resource/campus-sexual-assault-tool-kit/

American Association of University Women. (2016c). *How to fight your own implicit biases.* Retrieved from https://www.aauw.org/2016/03/30/fight-your-biases/

American Association of University Women. (2017). *The simple truth about the gender pay gap.* Retrieved from https://www.aauw.org/research/the-simple-truth-about-the-gender-pay-gap/

American Association of University Women. (2018). *Women's student debt crisis in the United States.* Retrieved from https://www.aauw.org/research/deeper-in-debt/

American Student Government Association. (2019). *About.* Retrieved from https://asgahome.com/about-asga/

Anzaldúa, G. E. (1987). *Borderlands/La Frontera: The new Mestiza.* San Francisco, CA: Aunt Lute Books.

Arnett, J. J., & Tanner, J. L. (2006). *Emerging adults in America: Coming of age in the 21st century.* Washington DC: American Psychological Association.

Association of American Medical Colleges. (2017). *More women than men enrolled in U.S. medical schools in 2017.* Retrieved from https://news.aamc.org/press-releases/article/applicant-enrollment-2017/

Astin, H. S., & Leland, C. (1991). *Women of influence, women of vision: A cross-generational study of leaders and social change.* San Francisco, CA: Jossey-Bass.

Bandura, A. (1997). *Self-efficacy: The exercise of control.* New York, NY: W. H. Freeman.

Bass, B. M.（1990）. *Bass and Stogdill's handbook of leadership: Theory, research, and managerial application*（3rd ed.）. New York, NY: Free Press.

Bastedo, M. N.（2011）. Curriculum in higher education. In P. G. Altbach, P. J. Gumport, & R. O. Berdahl（Eds.）, *American higher education in the twenty-first century: Social, political, and economic challenges*（3rd ed, pp. 462–485）. Baltimore, MD: Johns Hopkins University Press.

Bastien, A.（2016, October 23）. Insecure season 1, episode 3 recap: Code-switching. *New York Times*. Retrieved from https://www.nytimes.com/2016/10/23/arts/television/insecure-season-1-episode-3-recap.html

Battered Women's Justice Project.（2019）. *Military and veterans*. Retrieved from https://www.bwjp.org/our-work/projects/military-and-veterans-advocacy-program.html

Baxter-Magolda, M. B.（2001）. *Making their own way: Narratives for transforming higher education to promote self-development*. Sterling, VA: Stylus.

Baxter-Magolda, M. B.（2004）. Self-authorship as the common goal of 21st-century education. In M. B. Baxter Magolda, & P. M. King（Eds.）, *Learning partnerships: Theory and models of practice to educate for self-authorship*. Sterling, VA: Stylus.

Baxter-Magolda, M. B.（2014）. Self-authorship. In C. Hanson（Ed.）, *In search of self: Exploring student identity development*（New Directions for Higher Education, No. 166, pp. 25–33）. San Francisco, CA: Jossey-Bass.

Bechdel, A.（1986）. *Dykes to watch out for*（Illustrated ed.）. Ithaca, NY: Firebrand Books.

Benson, P., & Saito, R.（2000）. The scientific foundations of youth development. In Public/Private Ventures（Eds.）, *Youth development: Issues, challenges, and directions*（pp. 125–147）. Philadelphia, PA.: Public/Private Ventures.

Bertrand Jones, T., Guthrie, K. L., & Osteen, L.（2016）. Critical domains of culturally relevant leadership learning: A call to transform leadership programs. In K. L. Guthrie, T. Bertrand Jones, & L. Osteen（Eds.）, *Developing culturally relevant leadership learning*（New Directions for Student Leadership, No. 152, pp. 9–21）. San Francisco, CA: Jossey-Bass.

Bilodeau, B. L.（2009）. *Genderism: Transgender students, binary systems, and higher education.* Saarbrücken, Germany: Verlag.

Box, R.（2017, July 30）. *The gender equality debate: A boost for women in sport.* Retrieved from https://athleteassessments.com/gender-equality-debate/

Broido, E. M.（2000）. The development of social justice allies during college: A phenomenological investigation. *Journal of College Student Development, 41,* 3–18.

Brookfield, S. D.（1995）. *Becoming a critically reflective teacher.* San Francisco, CA: Jossey-Bass.

Brookfield, S. D.（2005）. *The power of critical theory: Liberating adult learning and teaching.* San Francisco, CA: Jossey-Bass.

Brooks, R.（2014, February 25）. Recline, don't 'lean in': Why I hate Sheryl Sandberg. *Washington Post.* Retrieved from https://www.washingtonpost.com/blogs/she-the-people/wp/2014/02/25/recline-dont-lean-in-why-i-hate-sheryl-sandberg/

Brown, B.（2010）. *The gifts of imperfection: Let go of who you think you're supposed to be and embrace who you are.* Center City, MN: Hazelden.（ブラウン, B.／本田健（訳）（2013）.『「ネガティブな感情」の魔法:「悩み」や「不安」を希望に変える10の方法』三笠書房）

Brown, B.（2012）. *Daring greatly: How the courage to be vulnerable transforms the way we live, love, parent, and lead.* New York, NY: Gotham.（ブラウン, B.／門脇陽子（訳）（2013）.『本当の勇気は「弱さ」を認めること』サンマーク出版）

Brown, B.（2015）. *Rising strong: The reckoning. The rumble. The revolution.* New York, NY: Spiegel & Grau.（ブラウン, B.／小川敏子（訳）（2017）.『立て直す力：感情を自覚し、整理し、人生を変える3ステップ』河出書房新社）

Brown, B.（2017）. *Braving the wilderness: The quest for true belonging and the courage to stand alone.* New York, NY: Random House.

Brown, B.（2018）. *Dare to lead: Brave work. Tough conversations. Whole hearts.* New York, NY: Random House.

Brown University. (2018). *Brown LGBTQ Center's statement of values and support*. Retrieved from https://www.brown.edu/campus-life/support/lgbtq/

Burns, J. M. (1978). *Leadership*. New York, NY: Harper & Row.

Butler, J. (1990). *Gender trouble: Feminism and the subversion of identity*. New York, NY: Routledge. (バトラー, J.／竹村和子（訳）(2018).『ジェンダー・トラブル：フェミニズムとアイデンティティの攪乱（新装版）』青土社)

Campbell, C. M., Smith, M., Dugan, J. P., & Komives, S. R. (2012). Mentors and college student leadership outcomes: The importance of position and process. *Review of Higher Education: Journal of the Association for the Study of Higher Education, 35*(4), 595–625.

Cannady, M. A., Greenwald, E., & Harris, K. N. (2014). Problematizing the STEM pipeline metaphor: Is the STEM pipeline metaphor serving our students and the STEM workforce? *Science Education, 98*, 443–460.

Caprino, K. (2017, March 18). What is feminism, and why do so many women and men hate it? *Forbes*. Retrieved from https://www.forbes.com/sites/kathycaprino/2017/03/08/what-is-feminism-and-why-do-so-many-women-and-men-hate-it/

Carli, L. L., & Eagly, A. H. (2007). Overcoming resistance to women leaders: The importance of leadership style. In B. Kellerman & D. L. Rhode (Eds.), *Women and leadership: The state of play and strategies for change* (pp. 127–148). San Francisco, CA: Jossey-Bass.

Carli, L. L., & Eagly, A. H. (2016). Women face a labyrinth: An examination of metaphors for women leaders. *Gender in Management, 31*(8), 514–527. https://doi.org/10.1108/GM-02-2015-0007

Carnegie Foundation for the Advancement of Teaching. (2015, May). *Community engagement elective classification*. Retrieved from http://carnegieclassifications.iu.edu/

Cash, T. F., & Smolak, L. (Eds.). (2011). *Body image: A handbook of science, practice, and prevention* (2nd ed.). New York, NY: Guilford Press.

Catalyst. (2018a). *Quick take: Women in male-dominated industries and occupations*. Retrieved from https://www.catalyst.org/knowledge/women-male-dominated-industries-and-occupations

Catalyst. (2018b). *Quick take: Women in management*. Retrieved from https://www.catalyst.org/knowledge/women-management

CBS News. (2018, April 15). *Leading by example to close the gender pay gap*. Retrieved from https://www.cbsnews.com/news/salesforce-ceo-marc-benioff-leading-by-example-to-close-the-gender-pay-gap/

Center for American Women and Politics (CAWP). (2019). *Current numbers: Women in office*. Retrieved from https://www.cawp.rutgers.edu/current-numbers

Center for Creative Leadership. (2018). *Talent reimagined: Seven emerging trends for transformative leaders*. Greensboro, NC: Center for Creative Leadership.

Center for Service-Learning & Civic Engagement, Michigan State University. (2015). *Service-learning toolkit: A guide for MSU faculty and instructors*. Retrieved from https://communityengagedlearning.msu.edu/upload/toolkits/Service-Learning-Toolkit.pdf

Chandler, D. (2011). What women bring to the exercise of leadership. *Journal of Strategic Leadership, 3*(2), 1–12.

Chen, C. W. (2011). *Compliance and compromise: The jurisprudence of gender pay equity*. Leiden, Belgium: Martinus Nijhoff.

Chen, C. W., & Gorski, P. C. (2015). Burnout in social justice and human rights activists: Symptoms, causes, and implications. *Journal of Human Rights Practice, 7*(3), 366–390.

Chin, J. L., Lott, B., Rice, J., & Sanchez-Hucles, J. (Eds.). (2007). *Women and leadership: Transforming visions and diverse voices*. Malden, MA: Blackwell.

Chozik, A. (2016, November 5). Hillary Clinton and the return of the (unbaked) cookies. *New York Times*. Retrieved from https://www.nytimes.com/2016/11/06/us/politics/hillary-clinton-cookies.html

Clery Center. (2019). *Jeanne Clery disclosure of campus security policy and campus crime statistics act*. Retrieved from https://clerycenter.org/

Clifford, P. G. (1992). The myth of empowerment. *Nursing Administration Quarterly, 16*(3), 1–5.

Cobble, D. S., Gordon, L., & Henry, A. (2014, September 22). What 'Lean In' leaves out. *The Chronicle of Higher Education*, B4.

Cokley, K., McClain, S., Enciso, A., & Martinez, M. (2013). An examination of the impact of minority status stress and impostor feelings on the mental health of diverse ethnic minority college students. *Journal of Multicultural Counseling and Development, 41*(2), 82–95.

Collins, P. H. (1990). *Black feminist thought: Knowledge, consciousness, and the politics of empowerment.* Boston, MA: Unwin Hyman.

Collins, P. H. (2000). We don't need another Dr. King. In J. Birnbaum & C. Taylor (Eds.), *Civil rights since 1787: A reader on the Black struggle* (pp. 908–909). New York, NY: NYU Press.

Collins, P. H. (2003). Some group matters: Intersectionality, situated standpoints, and Black feminist thought. In T. L. Lott & J. P. Pittman (Eds.), *A companion to African-American philosophy* (pp. 205–229). Malden, MA: Blackwell.

Collins, P. H. & Bilge, S. (2016). *Intersectionality.* Malden, MA: Polity Press. (コリンズ, P. H. & ビルゲ, S. ／下地ローレンス吉孝 (監訳), 小原理乃 (訳) (2021). 『インターセクショナリティ』人文書院)

Combahee River Collective. (1977). A Black feminist statement. In G. Anzaldúa & C. Moraga (Eds.), *This bridge called my back: Writings by radical women of color* (2nd ed.). Latham, MD: Kitchen Table/Women of Color Press.

Cooney, K. (2018). *When women ruled the world: Six queens of Egypt.* Washington DC: National Geographic. (クーニー, K. ／河江肖剰 (監修), 藤井留美 (訳) (2023). 『古代エジプトの女王：王座で新しい役割を果たした6人の物語』日経ナショナルジオグラフィック)

Couric, K. (2011, March 28). Amy Poehler tells Katie Couric "I just love bossy women!" *Glamour Online.* Retrieved from https://www.glamour.com/story/amy-poehler-tells-katie-couric-i-just-love-bossy-women

Crenshaw, K. (1989). Demarginalizing the intersection of race and sex: A Black feminist critique of antidiscrimination doctrine, feminist theory and antiracist politics. *University of Chicago Legal Forum, 1989*(1), 139–167.

Crenshaw, K. (1991). Mapping the margins: Intersectionality, identity politics, and violence against women of color. *Stanford Law Review, 43*, 1241–1299.

Crenshaw, K. (2015, September 24). Why intersectionality can't wait. *Washington Post.* Retrieved from https://www.washingtonpost.com/news/in-theory/wp/2015/09/24/whyintersectionality-cant-wait/

Crenshaw, K., Gotanda, N., Peller, G., & Thomas, K. (Eds.). (1995). *Critical race theory: The key writings that formed the movement.* New York, NY: New Press.

Cronin, T. E., & Genovese, M. A. (2012). *Leadership matters: Unleashing the power of paradox.* Boulder, CO: Paradigm.

Croom, N., Beatty, C., Acker, L., & Butler, M. (2017). Exploring undergraduate Black womyn's motivations for engaging in "sister circle" organizations. *NASPA Journal About Women in Higher Education, 10*(2), 216–228.

Crowe C. (2018, October 2). "I never applied": Nobel winner explains associate-professor status, but critics still see steeper slope for women. *The Chronicle of Higher Education.* Retrieved from https://www.chronicle.com/article/I-Never-Applied-Nobel/244699

Dasgupta, N., & Stout, J. G. (2014). Girls and women in science, technology, engineering, and mathematics: STEMing the tide and broadening participation in STEM careers. *Policy Insights from the Behavioral and Brain Sciences, 1*, 21–29.

Davis, T., & Harrison, L. (2013). *Advancing social justice: Tools, pedagogies, and strategies to transform your campus.* San Francisco, CA: Jossey-Bass.

Day, D. V. (2001). Leadership development: A review in context. *Leadership Quarterly, 11*(4), 581–613.

Dinh, J. E., & Lord, R. G. (2012). Implications of dispositional and process views of traits for individual difference research in leadership. *Leadership Quarterly, 23*, 651–669.

文　献

Drexler, P. (2013, March 6). The tyranny of the queen bee. *Wall Street Journal.* Retrieved from https://www.wsj.com/articles/SB10001424127887323884304578328271526080496

Dugan, J. P. (2017). *Leadership theory: Cultivating critical perspectives.* San Francisco, CA: Jossey-Bass.

Dugan, J. P., & Correia, B. (2014). *MSL insight report supplement: Leadership program delivery.* College Park, MD: National Clearinghouse for Leadership Programs.

Dugan, J. P., Kodama, C., Correia, B., & Associates. (2013). *Multi-Institutional Study of Leadership insight report: Leadership program delivery.* College Park, MD: National Clearinghouse for Leadership Programs.

Dugan, J. P., & Komives, S. R. (2010). Influences on college students' capacities for socially responsible leadership. *Journal of College Student Development, 51,* 525–549.

Dugan, J. P., Komives, S. R., & Segar, T. C. (2009). College student capacity for socially responsible leadership: Understanding norms and influences of race, gender, and sexual orientation. *NASPA Journal, 45*(4), 475–500.

Dugan, J. P., Kusel, M. L., & Simounet, D. M. (2012). Transgender college students: An exploratory study of perceptions, engagement, and educational outcomes. *Journal of College Student Development, 53*(5), 719–736.

Dugan, J. P., Torrez, M. A., & Turman, N. T. (2014). *Leadership in intramural sports and club sports: Examining influences to enhance educational impact.* Corvallis, OR: NIRSA.

Dugan, J. P., & Velazquez, D. (2015). Teaching contemporary leadership: Advancing students' capacities to engage with difference. In S. K. Watt (Ed.), *Designing transformative multicultural initiatives: Theoretical foundations, practical applications, and facilitator considerations* (pp. 105–118). Sterling, VA: Stylus.

Duke University Women's Initiative. (2003). *Steering committee final report.* Retrieved from http://universitywomen.stanford.edu/reports/WomensInitiativeReport.pdf

Eagly, A. H., & Carli, L. L. (2007). *Through the labyrinth: The truth about how women become leaders.* Boston, MA: Harvard Business School Press.

Edwards, K. E. (2006). Aspiring social justice ally development: A conceptual model. *NASPA Journal, 43,* 1235–1256.

Edwards, N. N., Beverly, M. G., & Alexander-Snow, M. (2011). Troubling success: Interviews with Black female faculty. *Florida Journal of Educational Administration & Policy, 5*(1), 14–27.

Fagell, P. (2018, October 30). Seven ways parents can teach girls to build one another up, instead of tearing one another down. *Washington Post.* Retrieved from https://www.washingtonpost.com/lifestyle/on-parenting/7-ways-parents-can-teach-girls-to-build-each-other-up-instead-of-tearing-each-other-down/2018/10/29/92550976-c016-11e8-9005-5104e9616c21_story.html

Feeney, N. (2013, July 11). Why aren't there more women on the top-earning comedians list? *Forbes.com.* Retrieved from https://www.forbes.com/sites/nolanfeeney/2013/07/11/why-arent-there-more-women-on-the-top-earning-comedians-list/

Field, A. T. (2018, December 3). Fraternities and sororities sue Harvard over its policy. against single-sex groups. *The Chronicle of Higher Education.* Retrieved from https://www.chronicle.com/article/FraternitiesSororities/245251

Foreman, A. (2016). *The ascent of woman. BBC video series.* Retrieved from http://www.ascentofwoman.com/

Francis, A., & Said, R. (2021). Identity and intersectionality in leadership. In J. Pigza, J. E. Owen, & Associates (Eds.), *Women and leadership development in college: A facilitation guide,* pp. 49–50. Stylus Publishing.

Frankel, L. P. (2009). *Nice girls don't get rich: 75 avoidable mistakes women make with money.* New York, NY: Business Plus. (フランケル, L. P. ／森嶋マリ (訳) (2006).『「いい子」をやめて、金持ちになる：女性が犯しやすい70のまちがい』ソフトバンククリエイティブ)

Frankel, L. P. (2014). *Nice girls don't get the corner office: Unconscious mistakes women make that sabotage their careers.* New York, NY: Business Plus. (フランケル, L. P. ／髙山祥子 (訳) (2014).『大

人の女はどう働くか?：絶対に知っておくべき考え方、ふるまい方、装い方』海と月社)

Frankel, L. P., & Frohlinger, C. (2018). *Nice girls just don't get it: 99 ways to win the respect you deserve, the success you've earned, and the life you want.* New York, NY: Harmony.

Freedman, R. (1988). *Bodylove: Learning to like our looks and ourselves.* New York, NY: Harper & Row.

French, J. R. P., Jr., & Raven, B. H. (1968). The bases of social power. In D. Cartwright & A. F. Zander (Eds.), *Group dynamics* (3rd ed., pp. 259–269). New York, NY: Harper & Row.

Fricker, M. (2007). *Epistemic injustice: Power and the ethics of knowing.* Oxford, UK: Oxford University Press. (フリッカー, M. ／佐藤邦政 (監訳), 飯塚理恵 (訳) (2023). 『認識的不正義：権力は知ることの倫理にどのようにかかわるのか』勁草書房)

Friedan, B. (1963). *The feminine mystique.* New York, NY: W.W. Norton. (フリーダン, B. ／三浦冨美子 (訳) フリーダン, B. ／三浦冨美子 (訳) (2004). 『新しい女性の創造 (改訂版)』大和書房)

Friedman, S., & Laurison, D. (2019). *The class ceiling: Why it pays to be privileged.* Bristol, UK: Policy Press.

Gay, R. (2014). *Bad feminist.* New York, NY: Harper Collins. (ゲイ, R. ／野中モモ (訳) (2017). 『バッド・フェミニスト』亜紀書房)

Gay & Lesbian Alliance Against Defamation (GLAAD). (2019). *An allies' guide to terminology.* Retrieved from http://www.glaad.org/sites/default/files/allys-guide-to-terminology_1.pdf

Gender Spectrum. (2019). *Understanding gender.* Retrieved from https://www.genderspectrum.org/resources/parenting-and-family-2/

George, B. (2003). *Authentic leadership: Rediscovering the secrets to creating lasting value.* Hoboken, NJ: Wiley. (ジョージ, B. ／梅津祐良 (訳) (2004). 『ミッション・リーダーシップ：企業の持続的成長を図る』生産性出版)

Girl Scout Research Institute. (2008). *Change it up! What girls say about redefining leadership.* New York, NY: Girl Scouts of the USA. Retrieved from https://www.girlscouts.org/content/dam/girlscouts-gsusa/forms-and-documents/about-girl-scouts/research/change_it_up_executive_summary_english.pdf

Girls Inc. (2014). *Girls' Bill of Rights.* Retrieved from https://girlsinc.org/app/uploads/2017/04/girls_bill_of_rights_2014.pdf

Glick, P., & Fiske, S. T. (1996). The ambivalent sexism inventory: Differentiating hostile and benevolent sexism. *Journal of Personality and Social Psychology, 70*(3), 491–512.

Glick, P., & Fiske, S. T. (2001). An ambivalent alliance: Hostile and benevolent sexism as complementary justifications for gender inequality. *American Psychologist, 56*(2), 109–118.

Goldieblox (2019). *About.* Retrieved from https://www.goldieblox.com/about/

Goldin, C., & Rouse, C. (2000). Orchestrating impartiality: The impact of "blind" auditions on female musicians. *American Economic Review, 90*(4), 715–741.

Goleman, D. (1995). *Emotional intelligence: Why it can matter more than IQ.* New York, NY: Bantam Books. (ゴールマン, D. ／土屋京子 (訳) (1996). 『EQ：こころの知能指数』講談社)

Gorski, P. C., & Chen, C. W. (2015). Frayed all over: The causes and consequences of activist burnout among social justice education activists. *Educational Studies, 51*(5), 385–405.

Goudreau, J. (2012, July 24). A new obstacle for professional women: The glass escalator. *Forbes.* Retrieved from https://www.forbes.com/sites/jennagoudreau/2012/05/21/a-new-obstacle-for-professional-women-the-glass-escalator/

Grady, C. (2018, July 20). The waves of feminism, and why people keep fighting over them, explained. *Vox.* Retrieved from https://www.vox.com/2018/3/20/16955588/feminism-waves-explained-first-second-third-fourth

Greenleaf, R. K. (1977). *Servant leadership: A journey into the nature of legitimate power and greatness.* New York, NY: Paulist Press. (グリーンリーフ, R. K. ／金井壽宏 (監訳), 金井真弓 (訳) (2008). 『サーバントリーダーシップ』英治出版)

Greenwald, A. G., McGhee, D. E., & Schwartz, J. L. (1998). Measuring individual differences in implicit cognition: The Implicit Association Test. *Journal of Personality and Social Psychology, 74*

(6), 1464–1180.

GuideStar (2017). *GuideStar 2017 nonprofit compensation report.* Retrieved from https://trust. guidestar.org/highlights-of-the-2017-guidestar-nonprofit-compensation-report

Guthrie, K. L., Bertrand Jones, T., & Osteen, L. (Eds.). (2016). *Developing culturally relevant leadership learning* (New Directions for Student Leadership, No. 152). San Francisco, CA: Jossey-Bass.

Guthrie, K. L., & Chunoo, V. S. (Eds.). (2018). *Changing the narrative: Socially just leadership education.* Charlotte, NC: Information Age Press.

Guthrie, K. L., & Jenkins, D. M. (2018). *The role of leadership educators: Transforming learning.* Charlotte, NC: Information Age.

Guy, M. E., & Fenley, V. (2013). Inch by inch: Gender equity since the Civil Rights Act of 1964. *Review of Public Personnel Administration, 34,* 40–58.

Haber, P. (2011). Iron sharpens iron: Exploring the experiences of female college student leaders. *Advancing Women in Leadership Journal, 31,* 86–101.

Haber-Curran, P., & Sulpizio, L. (2017). Student leadership development for girls and young women. In D. Tillapaugh & P. Haber-Curran (Eds.), *Critical perspectives on gender and student leadership* (New Directions for Student Leadership, No. 154, pp. 33–46). San Francisco, CA: Jossey-Bass.

Haber-Curran, P., & Tillapaugh, D. (2018). Beyond the binary: Advancing socially just leadership through the lens of gender. In K. L. Guthrie & V. S. Chunoo (Eds.), *Changing the narrative: Socially just leadership education* (pp. 77–92). Charlotte, NC: Information Age Press.

Hall, R. J., & Lord, R. G. (1995). Multi-level information-processing explanations of followers' leadership perceptions. *Leadership Quarterly, 6,* 265–287.

Hall, R. M., & Sandler, B. R. (1982). *The classroom climate: A chilly one for women?* Washington DC: Association of American Colleges Project on the Status and Education of Women.

Halpert, J. A., Wilson, M. L., & Hickman, J. L. (1993). Pregnancy as a source of bias in performance appraisals. *Journal of Organizational Behavior, 14,* 649–663.

Hamill, P. (2013). *Embodied leadership: The somatic approach to developing your leadership.* London, UK: Kogan Page Limited.

Hanh, T. N. (1992). *Peace is every step: The path of mindfulness in everyday life.* New York, NY: Bantam Books. (ハン, T. N. ／池田久代 (訳) (2011).『微笑みを生きる：〈気づき〉の瞑想と実践 (新装版)』春秋社)

Harro, B. (2013a). The cycle of liberation. In M. Adams, W. J. Blumenfeld, R. Castaneda, H. W. Hackman, M. L. Peters, & X. Zuñiga (Eds.), *Readings for diversity of social justice,* (3rd ed., pp. 618–625). New York, NY: Routledge.

Harro, B. (2013b). The cycle of socialization. In M. Adams, W. J. Blumenfeld, C. R. Castañeda, H. W. Hackman, M. L. Peters, X. Zuñiga (Eds.), *Readings for diversity of social justice,* (3rd ed., pp. 45–52). New York, NY: Routledge.

Harts, M. (2019). *The memo: What women of color need to know to secure a seat at the table.* New York, NY: Seal Press.

Harwarth, I., Maline, M., & DeBra, E. (2005). *Women's colleges in the United States: History, issues, and challenges.* Washington DC: U.S. Department of Education National Institute on Post-secondary Education, Libraries, and Lifelong Learning.

Heifetz, R. A. (1994). *Leadership without easy answers.* Cambridge, MA: Harvard University Press. (ハイフェッツ, R. A. ／幸田シャーミン (訳) (1996).『リーダーシップとは何か!』産能大学出版部)

Hersey, P., & Blanchard, K. H. (1969). Life cycle theory of leadership. *Training & Development Journal, 23* (5), 26–34.

Hewlett, S. A. (2002). Executive women and the myth of having it all. *Harvard Business Review.* Retrieved from https://hbr.org/2002/04/executive-women-and-the-myth-of-having-it-all

Hewlett, S. A. (2007). Off-ramps and on-ramps: Women's nonlinear career paths. In B. Kellerman & D. L. Rhode (Eds.), *Women and leadership: The state of play and strategies for change,* pp. 407–430. San Francisco, CA: Jossey-Bass.

Hewlett, S. A., & Luce, C. B. (2005). Off-ramps and on-ramps: Keeping talented women on the road to success. *Harvard Business Review, 83*(3), 43-46.

Higher Education Research Institute. (1996) *A social change model of leadership development guidebook* (Version III). Los Angeles: University of California Higher Education Research Institute.

Hinze, C. F. (2015). *Glass ceilings and dirt floors: Women, work, and the global economy.* New York, NY: Paulist Press.

Hollis, R. (2018). *Girl, wash your face: Stop believing the lies about who you are so you can become who you were meant to be.* New York, NY: Thomas Nelson. (ホリス, R. ／小西敦子（訳）(2022).『傷ついた私を助けてくれたこと：ウソや思い込みを捨ててなりたい自分になる』パンローリング)

Hollis, R. (2019). *Girl, stop apologizing: A shame-free plan for embracing and achieving your goals.* New York, NY: Harper Collins.

hooks, b. (2000a). *Feminism is for everybody: Passionate politics.* Cambridge, MA: South End Press. (フックス, b. ／堀田碧（訳）(2020).『フェミニズムはみんなのもの：情熱の政治学』エトセトラブックス)

hooks, b. (2000b). *Feminist theory: From margin to center.* Cambridge, MA: South End Press. (フックス, b. ／清水久美（訳）(1997).『ブラック・フェミニストの主張：周縁から中心へ』勁草書房)

hooks, b. (2011). *Ain't I a woman? Black women and feminism* (2nd ed.). New York, NY: Routledge. (フックス, b. ／大類久恵（監訳）, 柳沢圭子（訳）(2010).『アメリカ黒人女性とフェミニズム：ベル・フックスの「私は女ではないの?」』明石書店)

hooks, b. (2013, October 28). Dig deep: Beyond Lean In. *The Feminist Wire.* Retrieved from https://thefeministwire.com/2013/10/17973/

Howes, S. D. (2016). *You're kind of just conditioned: Women and female college students' defiance of dominant social messages in the development of leader self-efficacy.* (Doctoral dissertation). Loyola University, Chicago, IL. Retrieved from https://ecommons.luc.edu/luc_diss/2135

Hoyt, C. L., Burnette, J. L., & Innella, A. N. (2012). I can do that: The impact of implicit theories on leadership role model effectiveness. *Personality and Social Psychology Bulletin, 38*(2), 257–268. doi:10.1177/0146167211427922

Hoyt, C. L., & Murphy, S. E. (2016). *Managing to clear the air: Stereotype threat, women, and leadership.* Paper #238. Richmond, VA: Jepson School of Leadership Studies.

Hughes, B. E., & Hurtado, S. (2018). Thinking about sexual orientation: College experiences that predict identity salience. *Journal of College Student Development, 59*(3), 309–326.

Human Rights Campaign. (2019). *Glossary of terms.* Retrieved from https://www.hrc.org/resources/glossary-of-terms

Hymowitz, C., & Schellhardt, T. D. (1986). The glass-ceiling: Why women can't seem to break the invisible barrier that blocks them from top jobs. *Wall Street Journal, 57,* D1, D4–D5.

Inceoglu, I., Thomas, G., Chu, C., Plans, D., & Gerbasi, A. (2018). Leadership behavior and employee well-being: An integrated review and a future research agenda. *Leadership Quarterly, 29*(1), 179–202.

Institute for Women's Policy Research. (2016, May). Mothers in college have declining access to on-campus child care. IWPR Quick Figures report #Q049. Retrieved from https://iwpr.org/wp-content/uploads/wpallimport/files/iwpr-export/publications/Q049.pdf

Iskra, D. M. (2008). *Breaking through the brass ceiling: Strategies of success for elite military Women.* Riga, Latvia: VDM Verlag.

Jacoby, B. (2015). *Service-learning essentials: Questions, answers, and lessons learned.* San Francisco, CA: Jossey-Bass.

Johnson, A. G. (2005). *Privilege, power, and difference* (2nd ed.). New York, NY: McGraw-Hill.

Jones, B. (2014). *Breaking through the stained-glass ceiling: Shattering myths and empowering women for leadership in the church.* Tulsa, OK: Harrison House Publishers.

Jones, S. (2016). Authenticity in leadership: Intersectionality of identities. In K. L. Guthrie, T. Bertrand Jones, & L. Osteen (Eds.), *Developing culturally relevant leadership learning* (New Directions for Student Leadership, No. 152, pp. 23–34). San Francisco, CA: Jossey-Bass.

文　献

Jordan, J.（1980）. *Passion: New poems 1977-1980*. New York, NY: Beacon Press.

Kahneman, D.（2011）. *Thinking, fast and slow*. New York, NY: Farrar, Straus and Giroux.（カーネマン, D.／村井章子（訳）（2014）.『ファスト& スロー：あなたの意思はどのように決まるか? 上』『ファスト& スロー：あなたの意思はどのように決まるか? 下』早川書房）

Katuna, B.（2019）. *Degendering leadership in higher education*. West Yorkshire, UK: Emerald.

Kaufman, S. B.（2011, January 28）. Does the Implicit Association Test（IAT）really measure racial prejudice? Probably not. *Psychology Today*. Retrieved from https://www.psychologytoday.com/us/blog/beautiful-minds/201101/does-the-implicit-association-test-iat-really-measure-racial-prejudice

Kellaway, M.（2014, September 3）. First of "seven sisters" schools to admit trans women. *Advocate*. Retrieved from https://www.advocate.com/politics/transgender/2014/09/03/watch-first-seven-sisters-schools-admit-trans-women

Kezar, A. J., & Wheaton, M. M.（2017）. The value of connective leadership: Benefitting from women's approach to leadership while contending with traditional views. *About Campus, 21*（6）, 19–26.

Kimmel, M.（2008）. *Guyland: The perilous world where boys become men*. New York, NY: Harper Collins.

Kingston, M. H.（1976）. *The woman warrior: Memoirs of a girlhood among ghosts*. New York, NY: Knopf.

Kinzie, J., Thomas, A. D., Palmer, M. M., Umbach, P. D., & Kuh, G. D.（2007）. Women students at coeducational and women's colleges: How do their experiences compare? *Journal of College Student Development, 48*（2）, 145–165.

Kollmayer, M., Schultes, M., Schober, B., Hodosi, T., & Spiel, C.（2018）. Parents' judgments about the desirability of toys for their children: Associations with gender role attitudes, gender-typing of toys, and demographics. *Sex Roles, 79*（5）, 329–341. Retrieved from https://doi.org/10.1007/s11199-017-0882-4

Komives, S. R., & Dugan, J. P.（2010）. Contemporary leadership theories. In R. A. Couto（Ed.）, *Political and civic leadership: A reference handbook*, pp. 109–125. Thousand Oaks, CA: SAGE.

Komives, S. R., Longerbeam, S. D., Mainella, F. C., Osteen, L., Owen, J. E., & Wagner, W.（2009）. Leadership identity development: Challenges in applying a developmental model. *Journal of Leadership Education, 8*（1）, 11–47.

Komives, S. R., Longerbeam, S. D., Owen, J. E., Mainella, F. C., & Osteen, L.（2006）. A leadership identity development model: Applications from a grounded theory. *Journal of College Student Development, 47*（4）, 401–418.

Komives, S. R., Lucas, N., & McMahon, T. R.（2013）. *Exploring leadership: For college students who want to make a difference*（3rd ed.）. San Francisco, CA: Jossey-Bass.（コミベズ, S. R. ルーカス, N. & マクマホン, T. R.／日向野幹也（監訳）, 泉谷道子, 丸山智子, 安野舞子（訳）（2017）.『リーダーシップの探求：変化をもたらす理論と実践』早稲田大学出版部）

Komives, S. R., Owen, J. E., Longerbeam, S. D., Mainella, F. C., & Osteen, L.（2005）. Developing a leadership identity: A grounded theory. *Journal of College Student Development, 46*, 593–611.

Kuruvilla, C.（2014）. These are the religious denominations that ordain women. *Huffington Post*. Retrieved from https://www.huffpost.com/entry/religion-ordain-women_n_5826422

Labyrinth Society.（2019）. *About labyrinths*. Retrieved from https://www.labyrinthsociety.org/about-labyrinths

Lam, B.（2015, October 13）. Jennifer Lawrence calls out the wage gap. *The Atlantic*. Retrieved from https://www.theatlantic.com/business/archive/2015/10/jennifer-lawrence-wage-gap/410311/

Lawless, J. L., & Fox, R. L.（2013）. *Girls just wanna not run: The gender gap in young Americans' political ambition*. Washington DC: Women & Politics Institute.

Le Guin, U.（1987）. *The left hand of darkness*. New York, NY: Ace Books.（ル・グィン, U. K.／小尾芙佐（訳）（1977）.『闇の左手』早川書房）

Leaper, C.（2014）. Parents' socialization of gender in children. In R. E. Tremblay, M. Boivin, & R.

Peters (Eds.), *Encyclopedia on early childhood development*. Retreived from http://www.child-encyclopedia.com/gender-early-socialization/according-experts/parents-socialization-gender-children

Lear, M. W. (1968, March 10). *The second feminist wave*. New York Times.

Levensen, J. C., Shensa, A., Sidani, J. E., Colditz, J. B., & Primack, B. A. (2017). Social media use before bed and sleep disturbance among young adults in the United States: A nationally representative study. *Sleep, 40* (9).

Light, P. (2013, April 19). Why 43% of women with children leave their jobs, and how to get them back. *The Atlantic*. Retrieved from https://www.theatlantic.com/sexes/archive/2013/04/why-43-of-women-with-children-leave-their-jobs-and-how-to-get-them-back/275134/

Linder, C. (2015). Navigating guilt, shame, and fear of appearing racist: A conceptual model of antiracist white feminist identity development. *Journal of College Student Development, 56* (6), 535–550.

Linder, C., & Myers, J. S. (2018). Institutional betrayal as a motivator for campus sexual assault activism. *NASPA Journal About Women in Higher Education, 11* (1), 1–16.

Livers, A. B., & Caver, K. A. (2003). *Leading in Black and white: Working across the racial divide in corporate America*. San Francisco, CA: Jossey-Bass.

Lopez, G. (2017, March 7). For years, this popular test measured anyone's racial bias. But it might not work after all. *Vox*. Retrieved from https://www.vox.com/identities/2017/3/7/14637626/implicit-association-test-racism

Lorber, J. (1994). Night to his day: The social construction of gender. In J. Lorber (Ed.), *Paradoxes of gender* (pp. 13–36). New Haven, CT: Yale University Press.

Lord, R. G., De Vader, C. L., & Alliger, G. M. (1986). A meta-analysis of the relation between personality traits and leadership perceptions: An application of the validity generalization procedures. *Journal of Applied Psychology, 71*, 402–410.

Lorde, A. (1983). *There is no hierarchy of oppressions. Bulletin: Homophobia and Education, 14* (3/4), 9.

Lorde, A. (1984). *Sister, outsider: Essays and speeches*. New York, NY: The Crossing Press.

Lorde, A. (2015). The master's tool will never dismantle the master's house. In C. Moraga, & G. Anzaldúa, G. (Eds.), *This bridge called my back: Writings by radical women of color* (4th edition), pp. 94–97. Albany, NY: State University of New York Press.

Love, B. J. (2013). Developing a liberatory consciousness. In M. Adams, W. J. Blumenfeld, R. Castañeda, H. W. Hackman, M. L. Peters, & X. Zúñiga (Eds.), *Readings for diversity and social justice* (3rd ed., pp. 600–605). New York, NY: Routledge.

Marine, S. B., Helfrich, G., & Randhawa, L. (2017) Gender-inclusive practices in campus women's and gender centers: Benefits, challenges, and future prospects. *NASPA Journal About Women in Higher Education, 10* (1), 45–63.

Martin, C. L., & Ruble, D. N. (2010). Patterns of gender development. *Annual Review of Psychology, 61* (1), 353–381.

Martínez Alemán, A. M., & Renn, K. A. (Eds.). (2002). *Women in higher education: An encyclopedia*. Santa Barbara, CA: ABC CLIO.

Micheletti, L. M. (2002). Coeducation. In A. M. Martínez Alemán, & K. A. Renn (Eds.), *Women in higher education: An encyclopedia* (pp. 21–25). Santa Barbara, CA: ABC CLIO.

Miller, C. C. (2014, April 23). Pay gap is because of gender, not jobs. *New York Times*. Retrieved from https://www.nytimes.com/2014/04/24/upshot/the-pay-gap-is-because-of-gender-not-jobs.html

Miller, C. C. (2016, March 18). As women take over a male-dominated field, the pay drops. *New York Times*. Retrieved from https://www.nytimes.com/2016/03/20/upshot/as-women-take-over-a-male-dominated-field-the-pay-drops.html

Miller, C. C., Quealy, K., & Sanger-Katz, M. (2018, April 24). The top jobs where women are outnumbered by men named John. *New York Times*. Retrieved from https://www.nytimes.com/interactive/2018/04/24/upshot/women-and-men-named-john.html

Miller, D., & Wai, J. (2015, February 17). The bachelor's to Ph.D. STEM pipeline no longer leaks more women than men: A 30-year analysis. *Frontiers of Psychology.*

Moraga, C., & Anzaldúa, G. (2015). *This bridge called my back: Writings by radical women of color* (4th ed.). Albany: State University of New York Press.

Moya, P. (2001). Chicana feminism and postmodern theory. In C. McCann & S. Kim (Eds.), *Feminist theory reader: Local and global perspectives* (pp. 463–481). New York, NY: Routledge.

Muhr, S. L., & Sullivan, K. R. (2013). "None so queer as folk": Gendered expectations and transgressive bodies in leadership. *Leadership, 9*(3), 416–435.

Nash, R. J., Bradley, D. L., & Chickering, A. W. (2008). *How to talk about hot topics on campus: From polarization to moral conversation.* San Francisco, CA: Jossey-Bass.

National Association of Women Business Owners. (2018). *Women business owner statistics.* Retrieved from https://www.nawbo.org/resources/women-business-owner-statistics

National Coalition for Women and Girls in Education. (2017). *Title IX at 45: Advancing opportunity through equity in education.* Washington DC: NCWGE.

National Eating Disorders Association. (2019). *Body image.* Retrieved from https://www. nationaleatingdisorders.org/body-image-0

National Institute of Mental Health. (2019). *Statistics.* Retrieved from https://www.nimh.nih.gov/ health/statistics/mental-illness.shtml

National Multicultural Greek Council (NMGC) (2019). *About.* Retrieved from https://nationalmgc. org/about/

National Panhellenic Conference. (2019). *About.* Retrieved from https://www.npcwomen.org/about/

National Pan-Hellenic Council. (2019). *About.* Retrieved from https://www.nphchq.org/quantum/ our-history/

National Sexual Violence Resource Center. (2019). *Statistics.* Retrieved from https://www.nsvrc. org/statistics

Neumark-Sztainer, D. (2005). Can we simultaneously work toward the prevention of obesity and eating disorders in children and adolescents? *International Journal of Eating Disorders, 38*(3), 220–227.

Newman, J. (2018, March 16). "Lean In": Five years later. *New York Times.* Retrieved from https:// www.nytimes.com/2018/03/16/business/lean-in-five-years-later.html

Nicolazzo, Z. (2016). *Trans* in college: Transgender students' strategies for navigating campus life and the institutional politics of inclusion.* Sterling, VA: Stylus.

North, D. L., & Matsoukas, M. (Writer & Director). (2016, October 23). Racist as fuck. (Season 1, episode 3) [TV series episode]. In I. Rae & L. Wilmore (Creators), *Insecure.* 3 Arts Entertainment.

Northouse, P. G. (2018). *Leadership: Theory and practice* (8th ed.). Thousand Oaks, CA: SAGE.

Olcott, D., & Hardy, D. (2005). *Dancing on the glass ceiling: Women, leadership, and technology.* Madison, WI: Atwood Publishing.

Oliver, B. (2018, October 12). Why leaning in has not worked for women of color. *Fast Company.* Retrieved from https://www.fastcompany.com/90243134/why-leaning-in-has-not-worked-for-women-of-color

Ortiz, A. M., & Rhoads, R. A. (2000). Deconstructing whiteness as part of a multicultural educational framework: From theory to practice. *Journal of College Student Development, 41*(1), 81–93.

Owen, J. E. (2012). Using student development theories as conceptual frameworks in leadership education. In K. L. Guthrie & L. Osteen (Eds.), *Developing student leadership capacity* (New Directions for Student Services, No. 140, pp. 17–36). San Francisco, CA: Jossey-Bass.

Owen, J. E. (2015, July). *Courageous Leadership: Building Capacities for Risk-Taking and Resilience.* Keynote Address. Association of Leadership Educators 25th Annual Conference. Washington, D. C.

Owen, J. E. (2016). Fostering critical reflection: Moving from a service to a social justice paradigm. In W. Wagner & J. M. Pigza (Eds.), *Innovative learning for leadership development* (New Directions for Student Leadership, No. 145, pp. 49–55). San Francisco: CA. Jossey-Bass.

Owen, J. E., Hassell-Goodman, S., & Yamanaka, A. (2017). Culturally relevant leadership learning: Identity, capacity, and efficacy. *Journal of Leadership Studies, 11*(3), 48–54.

Owen. J. E., & Wagner, W. (2010). Situating service-learning in the context of civic engagement. In B. Jacoby & P. Mutascio (Eds.), *Looking in, reaching out: A reflective guide for community service-learning professionals* (pp. 231–253). Providence, RI: Campus Compact.

Palmieri, J. (2018). *Dear madame president: An open letter to the women who will run the world*. New York, NY: Grand Central.

Pascarella, E. T., Hagedorn, L. S., Whitt, E. J., Yeager, P. M., Edison, M. I., Terenzini, P. T., & Noura, A. (1997). Women's perceptions of a "chilly climate" and their cognitive outcomes during the first year of college. *Journal of College Student Development, 38*, 109–124.

Pascarella, E., & Terenzini, P. (2005). *How college affects students (Vol. 2): A third decade of research*. San Francisco, CA: Jossey-Bass.

Pew Center on Religion and Public Life. (2016). *The gender gap in religion around the world*. Retrieved from https://www.pewforum.org/2016/03/22/the-gender-gap-in-religion-around-the-world/

Pew Research Center. (2016). *Racial, gender wage gaps persist in U.S. despite some progress*. Retrieved from https://www.pewresearch.org/fact-tank/2016/07/01/racial-gender-wage-gaps-persist-in-u-s-despite-some-progress/

Pew Research Center. (2017). *Six facts about the U.S. military and its changing demographics*. Retrieved from https://www.pewresearch.org/short-reads/2017/04/13/6-facts-about-the-u-s-military-and-its-changing-demographics/

Pew Research Center. (2018). *The data on women leaders*. Retrieved from http://www.pewsocialtrends.org/fact-sheet/the-data-on-women-leaders/

Picillo, A., & Devine, L. (2017). *Breaking the grass ceiling: Women, weed, and business*. Scotts Valley, CA: Createspace Independent Publishing.

Pierce, A. (2015, July 7). *"Leaning in" won't liberate us. National Organization for Women*. Retrieved from https://now.org/blog/leaning-in-wont-save-us/

Pigza, J., Owen, J. E., & Associates. (2021). *Women and leadership development in college: A facilitation resource*. Sterling, VA: Stylus.

Pipher, M. B. (1994). *Reviving Ophelia: Saving the selves of adolescent girls* (Kindle edition). New York, NY: Putnam. (パイファー, M. B. ／岡田好恵 (訳) (1997).『オフェリアの生還：傷ついた少女たちはいかにして救われたか?』学習研究社)

Pittinsky, T. L., Bacon, L. M., & Welle, B. (2007). The great women theory of leadership? Perils of positive stereotypes and precarious pedestals. In B. Kellerman & D. L. Rhode (Eds.), *Women and leadership: The state of play and strategies for change* (pp. 93–125). San Francisco, CA: Jossey-Bass.

Preskill, S., & Brookfield, S. D. (2009). *Learning as a way of leading: Lessons from the struggle for social justice*. San Francisco, CA: Jossey-Bass.

Proudford, K. L. (2007). Isn't she delightful? Creating relationships that get women to the top (and keep them there). In B. Kellerman & D. L. Rhode (Eds.), *Women and leadership: The state of play and strategies for change* (pp. 431–452). San Francisco, CA: Jossey-Bass.

Reason, R., Broido, E., Davis, T., & Evans, N. (2005). *Developing social justice allies* (New Directions for Student Services, No. 110). San Francisco, CA: Jossey-Bass.

Renn, K. A. (2007). LGBT student leaders and queer activists: Identities of lesbian, gay, bisexual, transgender, and queer identified college student leaders and activists. *Journal of College Student Development, 48*, 311–330.

Renn, K. A., & Patton, L. D. (2011). Campus ecology and environments. In J. H. Schuh, & S. R. Harper (Eds.), *Student services: A handbook for the profession* (5th ed.). San Francisco, CA: Jossey-Bass.

Renn, K. A., & Reason, R. D. (2012). *College students in the United States: Characteristics, experiences, and outcomes*. San Francisco, CA: Jossey-Bass.

Rhode, D. L. (2014). *What women want: An agenda for the women's movement*. New York, NY: Oxford University Press.

Rhode, D. L. (2017). *Women and leadership*. New York, NY: Oxford University Press.

Riggio, R. E. (1988). *The charisma quotient: What it is, how to get it, how to use it*. New York, NY: Dodd Mead.

Rocco, M. L. (2017). *Moving beyond common paradigms of leadership: Understanding the development of advanced leadership identity* (Doctoral dissertation). University of Maryland, College Park, MD. Retrieved from https://doi.org/10.13016/M2T727G5V

Rokeach, M. (1973). *The nature of human values*. New York, NY: Free Press.

Roosevelt, E. (1960). *You learn by living: Eleven keys to a more fulfilling life*. New York, NY: Harper & Row.

Ryan, M. K., & Haslam, S. A. (2005). The glass cliff: Evidence that women are overrepresented in precarious leadership positions. *British Journal of Management, 16*, 81–90.

Sanchez-Hucles, J. V., & Davis, D. D. (2010). Women and women of color in leadership: Complexity, identity, and intersectionality. *American Psychologist, 65*(3), 171–181.

Sanchez-Hucles, J. V., & Sanchez, P. (2007). From margin to center: The voices of diverse feminist leaders. In J. L. Chin, B. Lott, J. K. Rice, & J. Sanchez-Hucles (Eds.), *Women and leadership: Transforming visions and diverse voices* (pp. 211– 227). Malden, MA: Blackwell.

Sanchez, P., Hucles, P., Sanchez-Hucles, J., & Mehta, S. C. (2007). Increasing diverse women leadership in corporate America: Climbing concrete walls and shattering glass ceilings! In J. L. Chin, B. Lott, J. K. Rice, & J. Sanchez-Hucles (Eds.), *Women and leadership: Transforming visions and diverse voices* (pp. 228–244). Malden, MA: Blackwell.

Sandberg, S. (2013). *Lean in: Women, work, and the will to lead*. New York, NY: Knopf.（サンドバーグ, S.／村井章子（訳）(2013). 『LEAN IN：女性、仕事、リーダーへの意欲』日本経済新聞出版社）

Sax, L. J., Bryant, A. N., & Harper, C. E. (2008). The differential effects of student-faculty interaction on college outcomes for women and men. *Journal of College Student Development, 46*, 642–657.

Schein, E. H. (2016). *Organizational culture and leadership* (5th ed.). San Francisco, CA: Jossey-Bass.（シャイン, E. H.／梅津祐良, 横山哲夫（訳）(2012). 『組織文化とリーダーシップ（第四版）』白桃書房）

Seemiller, C., & Grace, M. (2016). *Generation Z goes to college*. San Francisco, CA: Jossey-Bass.

Shambaugh, R. (2007). *It's not a glass ceiling, It's a sticky floor: Free yourself from the hidden behaviors sabotaging your career success*. New York, NY: McGraw-Hill.

Shankman, M. L., Allen, S. J., & Haber-Curran, P. (2015). *Emotionally intelligent leadership: A guide for students* (2nd ed.). San Francisco, CA: Jossey-Bass.

Shea, H. D., & Renn, K. A. (2017). Gender and leadership: A call to action. In D. Tillapaugh & P. Haber-Curran (Eds.), *Critical perspectives on gender and student leadership* (New Directions for Student Leadership, No. 154, pp. 83–94). San Francisco, CA: Jossey-Bass.

Sidani, J. E., Shensa, A., Hoffman, B., Hammer, J., & Primack, B. A. (2016). The association between social media use and eating concerns among U.S. young adults. *Journal of the Academy of Nutrition and Dietetics, 116*(9), 1465–1472.

Simon, S., & Hoyt, C. L. (2012). Exploring the effect of media images on women's leadership self-perceptions and aspirations. *Group Processes & Intergroup Relations, 16*(2), 232–245.

Sinno, S. M., & Killen, M. (2009). Moms at work and dads at home: Children's evaluations of parental roles. *Applied Developmental Science, 13*(1), 16–29.

Sixteen Days Campaign (2019). *About*. Retrieved from https://16dayscampaign.org/

Slaughter, A. (2012). Why women still can't have it all. *The Atlantic*. Retrieved from https://www.theatlantic.com/magazine/archive/2012/07/why-women-still-cant-have-it-all/309020/

Smith, C. P., & Freyd, J. J. (2014). Institutional betrayal. *American Psychologist, 69*(6), 575–587.

Smith, M., & Strauss, V. (2019, January 28). Activists call on education department to take action for "menstrual equity." *Washington Post*. Retrieved from https://www.washingtonpost.com/local/education/activists-call-on-education-department-to-take-action-for-menstrual-equity/2019/01/28/

Smith, S. (n.d.). *Loving-kindness mantra*. Retrieved from http://www.contemplativemind.org/

practices/tree/loving-kindness

Smith, W. A. (2010). Toward an understanding of Black misandric microaggressions and racial battle fatigue in historically white institutions. In E. M. Zamani-Gallaher & V. C. Polite (Eds.), *The state of the African American male in Michigan: A courageous conversation* (pp. 265–277). East Lansing: Michigan State University Press.

Sollee, K. (2015, October 30). Six things to know about fourth wave feminism. *Bustle.* Retrieved from https://www.bustle.com/articles/119524-6-things-to-know-about-4th-wave-feminism.

Spears, L. C. (2010). Character and servant leadership: Ten characteristics of effective, caring leaders. *Journal of Virtues & Leadership, 1*(1), 25–30.

Stanton, E. C., Anthony, S. B., Gage, M. J., & Harper, I. (1922). *History of woman suffrage: Six volumes.* Rochester, Susan B. Anthony and Charles Mann Press.

Stein, J. (2018, September 15). Census shows gender pay gap is narrowing. *Washington Post.*

Steinem, G. (1987). *Outrageous acts and everyday rebellions.* New York, NY: Henry Holt.

Stice, E., & Shaw, H. E. (2002). Role of body dissatisfaction in the onset and maintenance of eating pathology: A synthesis of research findings. *Journal of Psychosomatic Research, 53*(5), 985–993.

Stogdill, R. M. (1974). *Handbook of leadership: A survey of theory and research.* New York, NY: Free Press.

Sue, D. W. (2010). Microaggressions in everyday life. *Psychology Today* [*online*]. Retrieved from https://www.psychologytoday.com/us/blog/microaggressions-in-everyday-life/201010/racial-microaggressions-in-everyday-life

Tillapaugh, D., & Haber-Curran, P. (Eds.). (2017). *Critical perspectives on gender and student leadership* (New Directions for Student Leadership, No. 154). San Francisco, CA: Jossey-Bass.

Tillapaugh, D., Mitchell, D., Jr., & Soria, K. M. (2017). Considering gender and student leadership through the lens of intersectionality. In D. Tillapaugh & P. Haber-Curran (Eds.), *Critical perspectives on gender and student leadership* (New Directions for Student Leadership, No. 154, pp. 23–32). San Francisco, CA: Jossey-Bass.

Tolentino, J. (2016, April 12). How "empowerment" became something for women to buy. *New York Times.* Retrieved from https://www.nytimes.com/2016/04/17/magazine/how-empowerment-became-something-for-women-to-buy.html

Turk, D. B. (2004). *Bound by a mighty vow: Sisterhood and women's fraternities, 1870–1920.* New York, NY: NYU Press.

Turner, M. (2001). Don't forget about the women. *Black Issues in Higher Education, 18*(6), 34–35.

UNESCO Institute of Statistics. (2017). *Women in science.* Retrieved from http://uis.unesco.org/en/topic/women-science

United States Bureau of Labor Statistics. (2018). *Healthcare occupations.* Retrieved from https://www.bls.gov/ooh/healthcare

United States Census Bureau. (2019). *Equal pay day.* Retrieved from https://www.census.gov/newsroom/stories/2019/equal-pay.html

United States Equal Employment Opportunity Commission. (2019). *Facts about equal pay and compensation discrimination.* Retrieved from https://www.eeoc.gov/eeoc/publications/fs-epa.cfm

United States Glass Ceiling Commission. (1995). *A solid investment: Making full use of the nation's human capital* (Final Report of the Commission). Washington DC: U.S. Government Printing Office.

University of Michigan University Health Services. (2019). *Body image.* Retrieved from https://www.uhs.umich.edu/bodyimage

Valoy, P. (June 8, 2015). Transnational feminism: Why feminist activism needs to think globally. *Everyday Feminism.* Retrieved from https://everydayfeminism.com/2015/01/why-we-need-transnational-feminism/

Vasan, N., & Przybylo, J. (2013). *Do good well: Your guide to leadership, action, and social innovation.* San Francisco, CA: Jossey-Bass.

Wade, L., & Ferree, M. M. (2015). *Gender: Ideas, interaction, institutions.* New York, NY: W. W.

Norton.

Waldron, J. J., Semerjian, T. Z., & Kauer, K. (2009). Doing 'drag': Applying queer feminist theory to the body image and eating disorders across sexual orientation and gender identity. In J. J. Reel & K. A. Beals (Eds.), *The hidden faces of eating disorders and body image*, 63–81. Reston, VA: American Alliance for Health, Physical Education, Recreation, and Dance.

Walker, A. (1982). *You can't keep a good woman down*. New York, NY: Women's Press Ltd. (ウォーカー, A. ／柳沢由実子 (訳) (1986). 『いい女をおさえつけることはできない：アリス・ウォーカー短篇集』集英社)

Watson, E. (2014). *Gender equality is your issue too. Speech to the United Nations.* Transcript retrieved from https://www.unwomen.org/en/news/stories/2014/9/emma-watson-gender-equality-is-your-issue-too

Williams, J. C. (2004, October). The maternal wall. *Harvard Business Review*. Retrieved from https://hbr.org/2004/10/the-maternal-wall

Wiseman, R. (2009) *Queen bees & wannabes: Helping your daughter survive cliques, gossip, boyfriends, and other realities of girl world*. New York, NY: Three Rivers Press.

Women Are Getting Even. (2019). *Causes of the wage gap*. Retrieved from http://www.wageproject.org/

Woman's Rights Convention. (1848). *The first convention ever called to discuss the civil and political rights of women*. Seneca Falls, NY. Retrieved from the Library of Congress, https://www.loc.gov/item/27007548/

Women's Sports Foundation. (2019). *Advocate equality*. Retrieved from https://www.womenssportsfoundation.org/

Workplace Bullying Institute. (2010). *Workplace bullying survey*. Retrieved from https://www.workplacebullying.org/wbiresearch/2010-wbi-national-survey/

Yamanaka, A. (2018). *Phenomenological exploration on the experience of microaggression by women faculty of color and its relations to self-efficacy*. (Unpublished doctoral dissertation). George Mason University, Fairfax, VA.

Yates, E. L. (2001). Noteworthy news: Women's colleges receive high marks for learning effectiveness. *Black Issues in Higher Education, 17*(24), 22–23.

Zaccaro, S. J., Kemp, C., & Bader, P. (2004). Leader traits and attributes. In J. Antonakis, A. T. Cianciolo, & R. J. Sternberg (Eds.), *The nature of leadership* (pp. 101–124). Thousand Oaks, CA: SAGE.

Zamudio, M. M., Russell, C., Rios, F. A., & Bridgeman, J. L. (2010). *Critical race theory matters: Education and ideology*. New York, NY: Routledge.

Zimmerman, H. (2017). *Navigating the labyrinth toward college student government presidency: A phenomenological study of women who run for student government president*. (Doctoral dissertation). University of California–Los Angeles. Retrieved from https://escholarship.org/uc/item/8h10w4z6

事項索引

A-Z

AAUW →全米大学女性協会
#astroSH　*182*
AWIS →女性科学者協会
#balanceTonPorc　*182*
#banbossy　*100*
BlackFemmes　*241*
CAWP →政治におけるアメリカ人女性センター
CRLL モデル→文化の影響を考慮したリーダーシップ学習（CRLL）モデル
feminisms　*39*
FLIP　*241*
#himtoo　*182*
IAT →潜在連合テスト
It's on Us　*136*
IWPR →女性政策研究所
LGBT 学生団体　*147*
#metoomilitary　*182*
#MeToo　*181*
#moiaussi　*182*
MSL →リーダーシップに関する多機関合同研究
NASPA　*223*
NCCWSL →全米の女性学生リーダーのための全国会議
NCWGE →教育における女性と女子のための全米連合
NEDA →全米摂食障害協会
NMGC →全米多文化グリーク評議会
NotAlone.gov　*136*
NOW →全米女性機構
NPC →米国全グリーク団体会議
NPHC →米国全グリーク団体評議会
RAINN →レイプ・虐待・近親相姦全国ネットワーク
#Share222　*119*
STEM 分野　*163, 190*
Undocublack　*241*
VAWA →女性に対する暴力防止法
V デー　*136*
Womxn　*42, 271*
#YoTambién　*182*

あ

アイデンティティ　*79*
アクティビストの燃え尽き　*255*
『新しい女性の創造』　*40*
アドボカシー　*135, 242*
アライ　*261*
　社会正義の──　*248, 249, 261*
　維持する　*246, 247*
板ばさみの傍観者　*106, 266*
イデオロギー　*56, 57, 261*
インターセクショナリティ　*81, 145, 233, 240, 261*
　お飾りの──　*82, 262*
インポスター症候群　*88, 115, 261*
ウーマニスト　*41, 261*
映画　*110*
影響力理論　*45*
エージェンシー→行為主体性
エージェント・アイデンティティ　*79, 261*
エミリーのリスト　*161*
エンパワメント　*221, 261*
　偽の──　*221, 262*
オーセンティックリーダーシップ　*70, 261*
オートエスノグラフィー　*27*
お飾りのインターセクショナリティ　*82, 262*
恐れを知らない少女　*119*
オフィーリア・コンプレックス　*105, 262*
オフランプ　*194, 197, 262*
オンランプ　*194, 197, 262*

か

ガールズ・インク　*123*
ガールズ・オン・ザ・ラン　*120*
解放　*58, 244*
　──のサイクル　*242*
　──への意識　*256, 262*
ガイランド　*131*
カウンターナラティブ　*59, 262*
確証バイアス　*177, 262*
学生アクティビスト　*241*
学生自治会　*148*
学生ローン　*141*
家族　*103*
家族・医療休暇法　*181, 210*
価値観　*67, 68, 262*
学校　*104*
家父長制　*218*
紙袋テスト　*139, 263*
ガラスのエスカレーター　*186, 188, 262*
ガラスの天井　*186, 191, 262*
　心理的な──　*175*
ガラスの崖　*186, 188, 262*
絡み合う抑圧のマトリックス　*83, 261*
カラリズム　*139, 262*
玩具　*102*
関係性リーダーシップ　*71, 263*
関係的リーダー　*86*
感情宣言　*128*
感情知性型（EQ）リーダーシップ　*70, 263*
完璧主義　*141, 142*
企業　*158*
起業家　*158*
企業型フェミニズム　*200*
技術的問題　*70, 268*
キャパシティ・ビルディング　*242*
キャリアの中断　*194*
キャンパス風土　*234*
休暇制度　*210*
給与公平法　*181*
給与の透明性　*210*
教育における女性と女子のための全米連合　*108, 152*
境界線　*254*
強制勢力　*57, 269*
クエスチョニング　*50*
くっつく床　*186, 189, 263*
クラリー法　*134*
クリーク　*106*
グリーク団体　*146*
クリティカル・スカラシップ　*30*
クリティカル・リフレクション　*53, 55, 74, 263*
　──のための質問　*55, 56*

索　引

クリティカルな希望　256, 263
クローズライン・プロジェクト　135
継承者　91, 97, 263
ゲーム　102
権限　221
健康家族法　210
権力　57, 221
行為主体性　58, 263
工業化理論　46, 270
公正　58
構造的多様性　157, 263
高賃金職就職研修　210
高等教育　161
コード・スイッチング　226, 227, 263
ゴールディーブロックス　163
国際被害者非難反対デー　136
国立性暴力リソースセンター　135
国境を超えたフェミニズム
　→トランスナショナル・フェミニズム
こどもの頃の体験　101
コミュニティ・エンゲージメント　73, 264
コミュニティをつくる　245, 247
雇用者　180
コンクリートの壁　186, 187, 264
コンシャスネス・レイジング　244, 247
コンバヒーリバー・コレクティヴ　41, 240

さ
サーバントリーダーシップ　71, 264
再ジェンダー化　232
差別　264
サポートシステム　255
さりげない完璧さ　114, 264
三重の困難　230, 264
参照／準拠勢力　57, 269
シーロー　23
シェイディズム→カラリズム
ジェンダー　28, 51, 117
　──アイデンティティ　48, 103, 264
　──クィア　50, 268
　──公正な職場づくり　207
　──・ステレオタイプ　172,

175, 176
　──ノンコンフォーミング　49, 264
　──パリティ　133
　──表現　50, 218, 265
　──プレゼンテーション　50, 265
　──役割　102, 265
　──由来の暴力に抗う16デイズ・アクティビズム　182
　シス──　49, 265
　トランス──　49, 268
シスジェンダー　49, 265
シスター・サークル　146
実力主義神話　80, 265
シビック・エンゲージメントの方法　243
社会階級　117
社会化のサイクル　112, 113, 242, 265
社会正義のアライ　248, 249, 261
社会的アイデンティティ　79
社会的圧力　118, 265
社会的位置　57, 265
社会的構築　265
社会的勢力　57, 269
社会文化的会話　235
社会変革型リーダーシップ　72
社会変革モデル　72, 265
宗教　108, 117
修正第19条　40
殉教　255
準備する　244, 247
障害　117
瘴気　229, 266
状況対応型リーダーシップ　46
情報勢力　57, 269
女王蜂　106, 266
　──症候群　203
女子大学　129, 130
女性
　──科学者協会　152
　──議員を増やそう　149, 161, 204
　──政策研究所　152
　──センター　144
　──とリーダーシップ　22
　──に対する暴力防止法　134
　──のエンパワメントの商

品化　222
　──の科目　128
　──の健康とリプロダクティブ・ライツ　137
　──の年　41
　──らしいリーダーシップ　151
所得　100
進化心理学　217
人種　100, 116
　──由来の偏見による心的ストレス　211, 226, 231, 266
診断テスト　73
心理的なガラスの天井　175
神話的規範　201, 266
スタンドポイント理論　83, 261
ステッピングバック　195
ステレオタイプ　225, 229
　──化　79
　──脅威　175, 205, 229, 230, 266
　ジェンダー・──　172, 175. 176
ステンドグラスの天井　109
ストレス　118, 141
スピード出世話　206
スポーツ　108, 149, 164
　チーム──　120
スラットウォーク　136
性差別　134
政治　160
政治におけるアメリカ人女性センター　160
成人形成期　76
性的指向　50, 117, 266
正当勢力　57, 269
制度的裏切り　134, 266
生の健康教育　138
性別　48, 266
性暴力　133, 134
生理　137
セールスフォース　180
セカンドシフト　195
セクハラ　133
摂食障害　139
セネカ・フォールズ会議　39
セブン・シスターズ　129
セルフ・アウェアネス　68
セルフ・オーサーシップ　76-78, 266
セルフ・コンパッション　142

セルフケア　142
善意の性差別　176, 267
1964年公民権法　181
先駆者　90, 97, 267
潜在的偏見　176, 177, 205, 267
　——に対抗する方法　179
潜在連合テスト　177, 178, 205, 215
全米摂食障害協会　138
全米女性機構　152
全米性暴力ホットライン　135
全米大学女性協会　152
全米多文化グリーク評議会　148
全米の女性学生リーダーのための全国会議　204
専門勢力　57, 269
相互エンパワメント　229, 267
ソーシャル・メディア　109, 110, 119
組織　180
　——文化　132
ソロリティ　146, 147

た
ターゲット　106, 266
ターゲット・アイデンティティ　79, 267
第一波フェミニズム　39
大学教育の機会　128
第三波フェミニズム　41
退職革命　194
タイトルナイン　40, 108, 133, 211
第二次モリル法　129
第二波フェミニズム　40
代表性　157
第四波フェミニズム　42
対話　253
焚きつけ役　91, 97, 267
立場性　29
脱ジェンダー化　232
ダブルバインド　174, 267
多文化センター　145
男女の賃金格差　167, 169, 267
男女平等憲法修正案　181
チームスポーツ　120
違いを超える対話　74, 270
父親の壁→パターナル・ウォール
チャンピオン　106, 266
冷たい教室　267
テイクバック・ザ・ナイト　136
ディズニーの女性キャラクター　120
適応型（アダプティブ）リーダーシップ　69, 267
適応課題　70, 268
テクノロジー　110
デニムの日　135
同一賃金法　181
同一労働同一賃金　209
トークニズム　230, 268
特性研究　45
特権　80, 268
トランス*　49, 216, 268
トランスジェンダー　49, 268
トランスナショナル・フェミニズム　42, 263
トリガー警告　27
トリクルダウン・フェミニズム　200
トリプルバインド　174
とりまき　106, 266

な
内面化された抑圧　79, 115, 175, 268
名前のない問題　40
ナラティブ　59
偽のエンパワメント　221, 261
偽フェミニズム　200
二番手　106, 266
認識的特権　227, 268
認識的不正義　228
妊娠差別禁止法　181
ノンバイナリー　50, 216, 268

は
バーンアウト→燃え尽き（バーンアウト）症候群
パターナル・ウォール　188
働きかける　245, 247
母になることで生まれる壁→マターナル・ウォール
パラドックス　64, 268
パレスチナの正義のためのユダヤ人　241
パワー　220, 269
ピアメンター　76
非営利セクター　161
批判的思考　53
批判理論　54, 269
平等　58
　——の虚構　228
ピリオド　137
ピンク税　137
ファイナル・クラブ　148
不安　118, 141
　——障害　141
フィードバック　75
フェミニストなリーダー　153
フェミニストなリーダーシップ　151, 153, 240, 241
フェミニズム　36, 37, 269
　——の波　38
　企業型——　200
　第一波——　39
　第二波——　40
　第三波——　41
　第四波——　42
　トランスナショナル・——　42, 263
　トリクルダウン・——　200
　偽——　200
プライド・センター　146
ブラインド・オーディション　180
フラタニティ　146
ブラック・ライブズ・マター（BLM）運動　240
文化　132
文化の影響を考慮したリーダーシップ学習（CRLL）モデル　234-236, 269
米軍　163
米国教育協議会（ACE）女性ネットワーク　152
米国全グリーク団体会議　147
米国全グリーク団体評議会　147
ベクデル・テスト　110, 269
ヘゲモニー　52, 56, 269
変革型リーダーシップ　216
変化をつくりだす　246, 247
偏見　269
報酬勢力　57, 269
ポスト工業化理論　46
ポスト工業化時代のリーダーシップ理論　269
ボディイメージ　138
ボディランゲージ　119
ホワイトリボンキャンペーン　136

ま
マイクロアグレッション　116, 269

索　引

マターナル・ウォール　186,
　187, 270
水漏れパイプ　186, 190, 270
民主的な対話　74, 270
無意識の偏見　203
目覚める　244, 247
メタファー　185
メディア　109
メンター　76, 122
　ピア――　76
燃え尽き（バーンアウト）症
　候群　225, 226, 270
モリル・ランドグラント法
　128

や

8つのC　72, 265
抑圧と客体化への抵抗　83,
　261
抑圧の階層性　228, 270

ら

ラビリンス　191
リーダーシップ　23-25, 28, 43,
　45, 270
　――アイデンティティ　234

――・アイデンティティ発
　達（LID）モデル　85, 270
――・アイデンティティ発
　達モデルの6段階　84
――意欲　270
――開発　271
――・キャパシティ　234,
　270
――効力感　87, 234
――自己効力感　270
――に関する多機関合同研
　究　75, 76, 87
――の9つの学習課題　55,
　56
――の実行　271
――の性差　218
――のパラドックス　64
――の目的　58
――・ラビリンス　186, 191,
　194, 196, 271
オーセンティック――　70,
　261
関係性――　71, 263
感情知性型（EQ）――　70,
　263
サーバント――　71, 264

社会変革型――　72
状況対応型――　46
女性と――　22
女性らしい　151
適応型（アダプティブ）
　――　69, 267
フェミニストな――　151,
　153, 240, 241
変革型――　216
リーン・イン　28, 198, 200,
　202
リリー・レッドベター公正賃
　金復元法　181
倫理　68
冷却　105
レイプ・カルチャー　127
レイプ・虐待・近親相姦全国
　ネットワーク　135
歴史的黒人大学　129
連携する　246, 247
労働者公正法　210
ロー対ウェイド判決　40
露骨な性差別　172, 173

わ

ワーキングマザー同盟　241

人名索引

A-Z

Alexander, L. B. *161*
Alimo, C. J. *249*
Allen, S. J. *70*
Alliger, G. M. *45*
Alter, C. *181*
Anthony, S. B. *128*
Bader, P. *45*
Bass, B. M. *44-46, 216*
Benson, P. *148*
Bertrand Jones, T. *33, 234, 235, 269*
Bilodeau, B. L. *131*
Box, R. *164, 165*
Bridgeman, J. L. *59*
Broido, E. M. *249*
Brooks, R. *198*
Bryant, A. N. *131*
Burnette, J. L. *205*
Burns, J. M. *216*
Campbell, C. M. *76*
Cannady, M. A. *190*
Cash, T. F. *139*
Chandler, D. *142, 216*
Chin, B. *225*
Chozik, A. *174*
Chu, C. *89*
Chunoo, V. S. *234*
Cokley, K. *115*
Colditz, J. B. *110*
Crowe, C. *162*
Davis, D. D. *230*
Davis, T. *249*
Day, D. V. *24, 270*
DeBra, E. *129*
De Vader, C. L. *45*
Devine, L. *191*
Dinh, J. E. *215*
Enciso, A. *115*
Evans, N. *249*
Fagell, P. *119*
Feeney, N. *165*
Fenley, V. *172*
Field, A. T. *148*
Fiske, S. T. *176, 267*
Francis, A. *83*
Freyd, J. J. *134, 266*
Fricker, M. *228*
Friedman, S. *191*

Frohlinger, C. *190*
Gage, M. J. *128*
Gerbasi, A. *89*
Glick, P. *176, 267*
Goldin, C. *180*
Gordon, L. *198*
Gotanda, N. *145*
Grace, M. *108*
Greenleaf, R. K. *71, 264*
Greenwald, A. G. *177, 267*
Greenwald, E. *190*
Guthrie, K. L. *24, 33, 234, 235, 270*
Guy, M. E. *172*
Hall, R. J. *215*
Halpert, J. A. *187*
Hamill, P. *232*
Hammer, J. *110*
Hardy, D. *191*
Harper, C. E. *131*
Harper, I. *128*
Harris, K. N. *190*
Harwarth, I. *129*
Hassell-Goodman, S. *89*
Helfrich, G. *144, 145, 250*
Henry, A. *198*
Hickman, J. L. *187*
Hinze, C. F. *191*
Hodosi, T. *104*
Hoffman, B. *110*
Hoyt, C. L. *110, 176, 205, 230, 232*
Hughes, B. E. *147*
Hurtado, S. *147*
Inceoglu, I. *89*
Innella, A. N. *205*
Iskra, D. M. *191*
Jenkins, D. M. *24, 270*
Kahneman, D. *177*
Katuna, B. *232*
Kauer, K. *139*
Kaufman, S. B. *177, 178*
Kemp, C. *45*
Killen, M. *102*
Kinzie, J. *129*
Kollmayer, M. *104*
Kuh, G. D. *129*
Kuruvilla, C. *109*
Kusel, M. L. *216*

Lam, B. *171*
Laurison, D. *191*
Levensen, J. C. *110*
Light, P. *194*
Longerbeam, S. D. *32, 83, 86*
Lord, R. G. *45, 215*
Lott, B. *225*
Lucas, N. *43*
Luce, C. B *194*
Mainella, T. R. *32, 83, 86*
Maline, M. *129*
Martínez Alemán, A. M. *130*
Martinez, M. *115*
Matsoukas, M. *226*
McClain, S. *115*
McGhee, D. E. *177*
McMahon, T. R. *43*
Micheletti, L. M. *128-130*
Miller, C. C. *159, 165, 170*
Miller, D. *190*
Moraga, C. *213, 240*
Murphy, S. E. *176, 230, 232*
Neumark-Sztainer, D. *139*
Newman, J. *198*
Nicolazzo, Z. *133*
North, D. L. *226*
Northouse, P. G. *44, 45*
Olcott, D. *191*
Ortiz, A. M. *249*
Osteen, L. *32, 33, 83, 86, 234, 235*
Owen, J. E. *32, 33, 47, 53, 60, 74, 83, 86, 89, 236, 243*
Palmer, M. M. *129*
Palmieri, J. *175*
Pascarella, E. T. *131, 141*
Peller, G. *145*
Picillo, A. *191*
Pigza, J. *60*
Plans, D. *89*
Primack, B. A. *110*
Przybylo, J. *246*
Quealy, K. *159*
Randhawa, L. *144, 145, 250*
Rhoads, R. A. *249*
Rice, J. *225*
Riggio, R. E. *45*
Rios, F. A. *59*
Rokeach, M. *68*

索　引

Rouse, C.　*180*
Russell, C.　*59*
Said, R.　*83*
Saito, R.　*148*
Sanger-Katz, M.　*159*
Sax, L. J.　*131*
Schober, B.　*104*
Schultes, M.　*104*
Schwartz, J. L.　*177*
Seemiller, C.　*108*
Segar, T. C.　*216*
Semerjian, T. Z.　*139*
Shambaugh, R.　*189*
Shankman, M. L.　*70, 219, 263*
Shaw, H. E.　*139*
Shensa, A.　*110*
Sidani, J. E.　*110*
Simon, S.　*110*
Simounet, D. M.　*216*
Sinno, S. M.　*102*
Smith, C. P.　*134, 266*
Smith, M.　*76, 137*
Smith, S.　*192, 193*
Smolak, L.　*139*
Sollee, K.　*42*
Spears, L. C.　*71*
Spiel, C.　*104*
Stanton, E. C.　*128*
Stein, J.　*170*
Stice, E.　*139*
Stogdill, R. M.　*45*
Strauss, V.　*137*
Terenzini, P.　*141*
Thomas, A. D.　*129*
Thomas, G.　*89*
Thomas, K.　*145*
Torrez, M. A.　*108*
Turk, D. B.　*147*
Turman, N. T.　*108*
Turner, M.　*148, 231*
Umbach, P. D.　*129*
Valoy, P.　*42, 263*
Vasan, N.　*246*
Velazquez, D.　*235*
Wagner, W.　*33, 86, 243*
Wai, J.　*190*
Waldron, J. J.　*139*
Wilson, M. L.　*187*
Yamanaka, A.　*89, 162*
Yates, E. L.　*129*
Zaccarro, S. J.　*45*
Zamudio, M. M.　*59*
Zimmerman, H.　*149*

あ

アーネット（Arnett, J. J.）　*76*
アスティン（Astin, H.）　*90, 91, 97*
アダムズ（Adams, F.）　*60, 176*
アダムズ（Adams, M.）　*56, 115, 264, 268, 269*
アッカー（Acker, L.）　*146*
アレクサンダー＝スノウ （Alexander-Snow, M.）　*162*
アンサルドゥア（Anzaldúa, G. E.）　*35, 213, 240*
アンソニー, S. B.　*24*
イーグリー（Eagly, A. H.）　*33, 172-174, 176, 186, 189, 191, 192, 217, 218, 219, 225, 263, 271*
イートン, エリザベス　*109*
ウィースト, アンバー　*232*
ウィートン（Wheaton, M. M.）　*217, 220-222*
ウィラード, フランシス　*39*
ウィリアムズ（Williams, J. C.）　*187, 270*
ウィンフリー, オプラ　*24*
ウェイド（Wade, L.）　*51*
ウェル（Welle, B.）　*223*
ウェルズ, アイダ・B　*39*
ウォーカー（Walker, A.）　*23, 41, 261*
ウルフ, ナオミ　*41*
エイブス（Abes, E. S.）　*77, 78*
エカテリーナ二世　*44*
エドワーズ（Edwards, K. E.）　*249*
エドワーズ（Edwards, N. N.）　*162*
エマ・ワトソン（Watson, E.）　*37, 250*
エンヘドゥアンナ　*44*
オバマ, バラク　*23, 175, 181*
オバマ, ミシェル　*185*
オリバー（Oliver, B.）　*198, 201, 202*
オルダーマン（Aldermann, N.）　*214*

か

カーリ（Carli, L. L.）　*33, 172-174, 176, 186, 189, 191, 192, 217, 218, 219, 225, 263, 271*
ガスリー, キャシー　*75*
カプリーノ（Caprino, K.）　*253*
キザー（Kezar, A. J.）　*217, 220-222*
キングストン（Kingston, M. H.）　*64*
キング, マーティン・ルーサー　*63*
ギンズバーグ, ルース・ベーダー　*24*
クーニー（Cooney, K.）　*214*
クーベルタン, ピエール・ド　*164*
クーリック（Couric, K.）　*97*
グドロー（Goudreau, J.）　*188, 262*
クラーク, エドワード　*129*
クリフォード（Clifford, P. G.）　*221*
クリントン, ヒラリー　*174, 175*
クルーム（Croom, N.）　*146*
グレイディ（Grady, C.）　*38, 40, 41*
クレンショー（Crenshaw, K.）　*32, 41, 81, 82, 145, 261*
クローニン（Cronin, T. E.）　*64*
ゲイ（Gay, R.）　*27, 36, 37*
ケイバー（Caver, K. A.）　*229, 266*
ケラーマン, バーバラ　*33*
ゴースキー（Gorski, P. C.）　*226, 255, 256*
ゴールマン（Goleman, D.）　*70, 263*
コダマ（Kodama, C.）　*74*
コブル（Cobble, D. S.）　*198-201*
コミベス（Komives, S. R.）　*32, 43-45, 71, 76, 83, 85, 86, 88, 94, 121, 122, 215, 216, 270*
コリンズ（Collins, P. H.）　*41, 82, 145, 239, 240, 261*
コレイア（Correia, B.）　*74, 271*

さ

サリヴァン（Sullivan, K. R.）　*52*

サンチェス（Sanchez, P.）
225, 227-230, 264, 267
サンチェス＝ヒュークリース
（Sanchez-Hucles, J.） 33,
225, 227-230, 264, 267
サンドバーグ（Sandberg, S.）
28, 33, 189, 198, 200-202
サンドラー, バーニス 104
シェイ（Shea, H. D.） 31, 32,
127, 151, 153, 154, 241
ジェニファー・ローレンス
171
ジェノヴィーズ（Genovese, M.
A.） 64, 66
シェルハート（Schellhardt, T.
D.） 186, 262
シャイン（Schein, E. H.） 132,
156
ジャコビー（Jacoby, B.） 74,
263
ジャンヌ・ダルク 44
ジョージ（George, B.） 70,
261
ジョーダン, ジューン 23
ショーリ, キャサリン・ジェフ
ァーツ 109
ジョーンズ（Jones, B.） 191,
233
ジョンソン（Johnson, A. G.）
250
スー（Sue, D. W.） 116, 117,
269
スタイネム（Steinem, G.） 239
スタウト（Stout, J. G.） 190
スタントン, エリザベス・キャ
ディ 39
スティーブンス, マーシャ・ゲ
ンズラー 97
ストウ, ハリエット・ビーチャ
ー 39
ストリックランド, ドナ 162
スミス（Smith, W. A.） 226,
266
スローター（Slaughter, A.）
198-201, 206, 209
ゼウデ, サハレ・ワーク 160
ソリア（Soria, K. M.） 220
ソルピジオ（Sulpizio, L.） 121,
122

た
ダグラス, フレデリック 39
ダスグプタ（Dasgupta, N.）

190
タナー（Tanner, J. L.） 76
タブマン, H. 24, 41
チェン（Chen, C. W.） 167,
226, 255, 256
チゾム, シャーリー 201
チッカリング（Chickering, A.
W.） 253
チュン姉妹 45
デイビス（Davis, T.） 53, 54,
79, 80, 116, 249, 261, 262, 268
テイグ, トリシャ 232
ディックス, ドロシア 39
テイラー・スウィフト 98
ティラボー（Tillapaugh, D.）
215, 218, 220, 242
テオドーラ皇后 45
デューガン（Dugan, J. P.）
24, 32, 34, 46, 47, 52, 57,
74-76, 87, 88, 99, 108, 122,
215, 216, 234, 235, 241, 270,
271
トゥルース, ソジャナー 39
トーマス, クラレンス 41
ドレクスラー（Drexler, P.）
203
トレンティーノ（Tolentino, J.）
222

な
ナッシュ（Nash, R. J.） 253
ヌール・ジャハーン 45
ネーション, キャリー 39
ネフ, クリスティン 142

は
バーク, タラナ 181
パークス, ローザ 24
ハーシー（Hersey, P.） 46
ハーツ（Harts, M.） 201
ハーバー＝カラン（Haber-
Curran, P） 70, 99, 121, 122,
215, 218, 220, 242
バーハイド, キャサリン・ホワ
イト 189
パイファー（Pipher, M.） 32,
105
ハイフェッツ（Heifetz, R. A.）
69, 267
ハウズ（Howes, S. D.） 90
バクスター＝マゴルダ（Baxter-
Magolda, M. B.） 76, 77, 266
バスティアン（Bastien, A.）

227
バスティード（Bastedo, M. N.）
130
ハスラム（Haslam, S. A.）
188, 262
バトラー（Butler, M.） 146
バトラー（Butler, J） 41, 51,
54
ハリソン（Harrison, L.） 53,
54, 79, 80, 116, 249, 261,
262, 268
ハリマン, メアリー 67
ハロ（Harro, B.） 32, 112, 113,
118, 239, 242, 244-248, 265
ハン, ティク・ナット 244
バンデューラ（Bandura, A.）
87-90
ピアース（Pierce, A.） 202
ビーティ（Beatty, C.） 146
ピッティンスキー（Pittinsky,
T. L.） 223, 224
ヒトラー, A. 63
ビバリー（Beverly, M. G.）
162
ヒモヴィッツ（Hymowitz, C.）
186, 262
ヒューレット（Hewlett, S. A.）
33, 194-196, 203
ビヨンセ・ノウルズ・カータ
ー 203
ヒル, アニタ 41
ビルゲ, スルマ（Bilge, S.） 82,
261
ファルーディ, スーザン 41
フェリー（Ferree, M. M.）
51
フォアマン（Foreman, A.）
45
フォックス（Fox, R. L.）
148, 149
武則天皇后 45
フックス（hooks, b.） 37, 38,
118, 198, 200, 213, 269
プラウドフォード（Proudford,
K. L.） 188
ブラウン（Brown, B.） 75,
127, 142
ブラッドリー（Bradley, D. L.）
253
フランケル（Frankel, L. P.）
189, 190
ブランチャード（Blanchard, K.
H.） 46

フリーダン（Friedan, B.） *40*
フリードマン（Friedman, R.）
　140
ブリットン、エイドリアン　*192*
ブルックフィールド
　（Brookfield, S. D.）　*31, 54-56,
　58, 256, 261, 263*
プレスキル（Preskill, S.）　*31,
　54-56, 256, 263*
フレンチ（French, J. R. P.）
　57
ベーコン（Bacon, L. M.）　*223*
ベクデル（Bechdel, A.）　*110,
　269*
ヘルナンデス（Hernández, E.）
　77, 78
ペロシ、ナンシー　*160*
ホイト、クリスタル　*33*
ホートン（Horton, M.）　*60*
ホープ、ソロ　*164*
ポーラー、エイミー　*97*
ホール、ロバータ　*104*
ボッグス、G. L.　*23*
ホリス（Hollis, R.）　*189*
ボルドー、スーザン　*41*

ま
マーティン（Martin, C. L.）
　102

マイヤース（Myers, J. S.）
　135
マリーン（Marine, S. B.）　*144,
　145, 250*
ミッチェル（Mitchell, D.）　*220*
ミラー、キャロライン　*119*
ムーア（Muhr, S. L.）　*52*
紫式部　*45*
モット、ルクレシア　*39*
モヤ（Moya, P.）　*227, 268*

や
ヤコブ、ハリマ　*160*

ら
ライアン（Ryan, M. K.）　*188,
　262*
ラブ（Love, B. J.）　*34, 256,
　262*
リア（Lear, M. W.）　*38*
リーズン（Reason, R. D.）
　128-131, 249, 261
リーパー（Leaper, C.）　*103,
　104*
リーランド（Lerand, C.）　*90,
　91*
リバース（Livers, A. B.）　*229,
　266*
リンダー（Linder, C.）　*134,*

135, 249, 266
ル・グィン（LeGuin, U.）
　214
ルーズベルト、エレノア　*24,
　157*
ルーブル（Ruble, D. N.）　*102*
レイヴン（Raven, B. H.）　*57*
レン（Renn, K. A.）　*31, 32,
　127-131, 147, 151, 153, 154,
　241*
ロード（Lorde, A.）　*41, 63,
　201, 213, 228, 259, 266*
ロード（Rhode, D. L.）　*33, 37,
　160-162, 170, 171, 173, 175,
　177, 181*
ローバー（Lorber, J.）　*51*
ローバー、シンディ　*148*
ローレス（Lawless, J. L.）　*148,
　149*
ロッコ（Rocco, M. L.）　*85*
ロムニー、ミット　*160*

わ
ワイズマン（Wiseman, R.）
　32, 106, 107, 109, 114, 266
ワインスタイン、ハーヴェイ
　182
ワトキンス、シャロン・E.　*109*

【ジュリー・E・オーウェン（Julie E. Owen）博士について】
ジョージメイソン大学人文社会科学部統合的・実践的研究学環准教授。リーダーシップ・アイデンティティ発達と女性の成人発達、解放的リーダーシップ教育を実践、研究。女性とジェンダーや高等教育研究の教鞭も執り、公正なリーダーシップを実現しうる社会変革、アイデンティティと社会的権力が日常の実践に与える影響について声を上げ続ける。2匹の猫と共に暮らし、趣味は読書、ガーデニング、旅行。主著として、『A Research Agenda for Leadership Learning and Development through Higher Education』（2023年、共著、Elgar Press）、「Deepening Leadership Identity Development」（2023年、編著、*New Directions for Student Leadership 178,* Jossey-Bass）など。

【訳者紹介】
和栗百恵（わぐり ももえ）
福岡女子大学国際文理学部・准教授。修士（教育学）。
スタンフォード大学大学院教育学研究科修了。国際開発協力の仕事を経て、大学で学生・社会人向けの体験的学習の実践と研究を重ね、リーダーシップ開発教育に出逢う。主著に、「「女性」リーダーシップ教育開発：社会変革志向のリーダーシップ開発に向けて」（2023年、共著、『大学教育学会誌』）、「Who are you? あなたの「学ぶ」と「生きる」」『ヒューマン・スタディーズ：世界で語る／世界に語る』（2022年、共著、集広舎）など。

泉谷道子（いずみたに みちこ）
創価大学経営学部・准教授。愛媛大学留学生就職促進プログラム推進室・副室長。博士（心理学）。
ニューヨーク市立大学シティカレッジ教養学部卒業。九州大学大学院人間環境学府博士課程修了。NGO、大学、企業にて、開発教育、リーダーシップ教育・研究、留学生対象のキャリア教育に従事。主著に、「プロジェクト型授業参加による社会的責任リーダーシップの涵養」（2023年、共著、『日本リーダーシップ学会論文集』）、『リーダーシップの探求：変化をもたらす理論と実践』（2017年、共訳、早稲田大学出版部）など。

河井　亨（かわい とおる）
立命館大学スポーツ健康科学部・准教授。博士（教育学）。
高等教育研究、大学生の学びと成長について、理論と実践の両面から研究。主著に、『大学生の学習ダイナミクス：授業内外のラーニング・ブリッジング』（2014年、東信堂）、『若者のアイデンティティ形成：学校から仕事へのトランジションを切り抜ける』（2020年、共訳、東信堂）など。

WE ARE THE LEADERS WE'VE BEEN WAITING FOR:
Women and Leadership Development in College by Julie E. Owen
Copyright © 2020 by Taylor & Francis Group
All Rights Reserved.
Authorised translation from the English language edition published by Routledge,
a member of the Taylor & Francis Group LLC,
through Japan UNI Agency, Inc., Tokyo

リーダーシップはみんなのもの
フェミニズムから考える女性とリーダーシップ

2024 年 10 月 20 日　　初版第 1 刷発行

著　者　Julie E. Owen
訳　者　和栗百恵・泉谷道子・河井　亨
発行者　中西　良
発行所　株式会社ナカニシヤ出版
〒606-8161　京都市左京区一乗寺木ノ本町 15 番地
　　　　　　　　　　　Telephone　　075-723-0111
　　　　　　　　　　　Facsimile　　 075-723-0095
　　　　　　　Website　　https://www.nakanishiya.co.jp/
　　　　　　　Email　　　iihon-ippai@nakanishiya.co.jp
　　　　　　　　　　　郵便振替　01030-0-13128

印刷・製本＝ファインワークス／装幀＝上野かおる　装画＝橋本浩子
Copyright © 2024 by M. Waguri, M. Izumitani, & T. Kawai
Printed in Japan.
ISBN978-4-7795-1821-8
◎本書のコピー、スキャン、デジタル化等の無断複製は著作権法上の例外を除き禁じられています。本書を
　代行業者等の第三者に依頼してスキャンやデジタル化することはたとえ個人や家庭内での利用であっても
　著作権法上認められていません。